Rita Falk

Apfelstrudel-Alibi

Rita Falk

Apfelstrudel-Alibi

Ein Provinzkrimi

dtv

Von Rita Falk
sind bei dtv außerdem erschienen:

Provinzkrimis
Der erste Fall: Winterkartoffelknödel
Der zweite Fall: Dampfnudelblues
Der dritte Fall: Schweinskopf al dente
Der vierte Fall: Grießnockerlaffäre
Der fünfte Fall: Sauerkrautkoma
Der sechste Fall: Zwetschgendatschikomplott
Der siebte Fall: Leberkäsjunkie
Der achte Fall: Weißwurstconnection
Der neunte Fall: Kaiserschmarrndrama
Der zehnte Fall: Guglhupfgeschwader
Der elfte Fall: Rehragout-Rendezvous
Der zwölfte Fall: Steckerlfischfiasko

Romane
Hannes
Funkenflieger

MIX
Papier | Fördert gute Waldnutzung
FSC® C083411
FSC www.fsc.org

Originalausgabe

Tumblingerstraße 21, 80337 München
produktsicherheit@dtv.de

Umschlaggestaltung: Lisa Höfner | buxdesign, München
Umschlagmotive: Getty Images / ranplett, Gregor Schuster; Adobe Stock / Sascha Burkard, Fotofermer, womue, Marek Gottschalk, Andrey Burmakin, Viktor, Roman Samokhin, Wolfilser, ParinPIX, janvier, New Africa; RR 27 / Adobe Stock KI; nayeemislam2059 / freepik.com; Midjourney (KI)
Gesetzt aus der Garamond
Satz: Greiner & Reichel, Köln
Druck und Bindung: CPI books GmbH, Leck
Printed in Germany · ISBN 978-3-423-26445-7

Kapitel 1

»Also«, sag ich zum Simmerl und nehm noch einen letzten Schluck Cola, um mir den restlichen Leberkäs aus meinen Zähnen zu spülen, und stell die leere Flasche auf den Sektempfang-Stehtisch, der hier neuerdings die Metzgerei bereichert. Dann mach ich mich auf den Weg hinter ins Schlachthaus.

»Wie lang willst du dieses depperte Spielchen eigentlich noch durchziehen, Franz?«, ruft mir der Simmerl hinterher, während er den Tisch abräumt.

»Solange es nottut«, ruf ich retour. Und glaub mir, es tut not. Doch dazu muss ich wahrscheinlich erst noch kurz was erklären: Meine Susi, die ist nämlich jetzt Bürgermeisterin, was für mich ja an sich schon Strafe genug wär. Weil ich erstens mit dieser Sorte Karriere-Tussen so gar nix anfangen kann. Rein generell nicht. Und ich es zweitens auch nicht besonders mag, wie wichtig sie auf einmal ist. Also viel wichtiger als ich. Natürlich nur beruflich gesehen. Zumindest denkt sie das, die Frau Bürgermeisterin. Ständig hat sie irgendwie Stress, einen Termin oder ein Meeting. Unser alter Bürgermeister, der hat zuvor gute zwanzig Jahr lang diesen Job hier ausgeübt. Tag für Tag und ich kann mich nicht an einen einzigen stressigen erinnern. Das weiß ich haargenau, weil sein Büro gleich neben dem meinigen liegt. Aber bei der Susi, da ist es anders, die hat Stress, frag nicht!

Doch das ist nur die eine Hälfte des Elends. Die andere ist, dass sie sich seit ihrem fragwürdigen Aufstieg auch in privater Hinsicht komplett verändert hat. Weil sie jetzt nämlich in ihrer spärlichen Freizeit vollkommen ausgebucht ist. Will heißen, dass sie nun ständig irgendwo eingeladen wird, was einen regelrechten Rattenschwanz hinter sich nachzieht. Frisör, Maniküre, Pediküre, Massage, Sauna, Kosmetikerin und Sport. Sport ist das Schlimmste. Im Fitnessstudio, da gehört sie inzwischen ja quasi schon zum Inventar, und wenn sie nicht grad dort abhängt, dann macht sie Yoga oder geht joggen. Sie ist der Meinung, das muss einfach sein. Weil sie doch jetzt mordwichtig ist und repräsentative Pflichten hat. Und da muss man sich selbstverständlich wohlfühlen in seiner Haut und sollte sich von der allerbesten Seite zeigen, gell?

Ich persönlich ... ich finde diese Seite an ihr definitiv nicht ihre beste. Viel eher die, wo sie mit verwurstelten Haaren diesen durchsichtigen Fetzen trägt und ihren süßen Schmollmund macht. Das nämlich ist ihre Schokoladenseite. Ohne Frage.

Jetzt aber kommt erst das dicke Ende. Ein weiteres Dilemma an dieser unerfreulichen Entwicklung ist nämlich, dass sie durch das ganze Pensum kaum mehr daheim ist und deswegen die Meinung vertritt, ich müsste mich nun einfach »mehr einbringen«. Also praktisch in den Haushalt und so. Als wenn das meine Aufgabe wär! Doch da darf man nicht blöd sein und muss ... wie soll ich sagen ... man muss quasi eine Art Alternativprogramm starten. Drum geh ich nun neuerdings ebenfalls zum Joggen. Schlüpf also täglich hoch motiviert in meinen Polizei-Trainingsanzug, welcher zuvor fünfundzwanzig Jahre lang kein einziges Mal ein Tageslicht gesehen hat und bei der letzten Wäsche wohl ziemlich eingelaufen sein muss. Und dann lauf ich halt los. Lauf unsere Einfahrt entlang bis zur Hauptstraße vor, überquere dieselbige in zackigen Schritten und ein paar schwere Atemzüge später, da lehn ich auch schon beim Simmerl an seinem Stehtisch. Vermutlich hat er den eh nur meinetwegen dort hingestellt, damit ich nicht immer so haltlos in seiner Metzgerei rumhecheln muss. Aber wurst. Ja, und während die Susi nun denkt, ich laufe mir die Lunge aus dem Hals, da gibt's praktisch ersatzweise eine erstklassige Brotzeit und einen entspannten Ratsch obendrein, bevor ich mich eine knappe Stunde später im Schlachthaus tief über den Herd beuge. Genauer gesagt über den dampfenden Wurstkessel. Also sozusagen dort, wo Debreziner, Weißwürstl und Wiener für die Imbisskundschaft so vor sich hin sieden. Wie man sich unschwer vorstellen kann, hab ich demzufolge keine zwei Minuten später nicht nur einen feuerroten Kopf, sondern bin auch durch den ganzen Würstldampf so dermaßen schweißähnlich befeuchtet, als hätt ich grad einen Marathon absolviert. Was fast einem astreinen Alibi gleicht.

»Ach, sind wir wieder mal am Joggen, Herr Eberhofer?«, reißt mich jetzt urplötzlich die Metzgersgattin aus meinen Gedanken heraus. Sie muss wohl grad mitten aus dem Schlachthausboden gewachsen sein.

»Servus, Gisela«, sag ich und heb mein triefendes Haupt aus dem Tiegel.

»Servus, Franz«, grinst sie süffisant, lehnt sich an die Fliesenwand, legt den Kopf schief und verschränkt die Arme vor der Brust. »Was würdest mir eigentlich zahlen, wenn ich der Susi nix erzähl? Also praktisch nix von deinen ganzen dubiosen Joggingrunden hier bei uns.«

»Gegenfrage, Gisela«, sag ich und wisch mir das Kondenswasser aus den Augen. »Was würdest du mir eigentlich zahlen, wenn ich deinem Simmerl nix erzähl?«

»Was würdest denn dem schon erzählen wollen?«

»Lass mich kurz überlegen. Mei, vielleicht könnt ich ihm ja was von diesen dubiosen Singproben erzählen. Also die mit deinem schnuckeligen Chorleiter am Dienstag- und Donnerstagabend. Dort auf eurem Pendlerparkplatz drüben am Waldrand, wo es doch so romantisch ist. Ich seh euch da immer, wenn ich mit der Hinkelotta meine Runden dreh.«

So schnell hab ich noch nie jemanden rot werden sehen. Allerhand.

»Arschloch«, zischt sie noch knapp, bevor sie dann schnaubend die Bühne verlässt.

Warum ich dem Simmerl bisher noch nichts von den amourösen Ausflügen seiner Gattin erzählt hab und es auch nicht tun werde, das hat gute Gründe. Eine ganz ähnliche Situation hat es nämlich schon einmal gegeben in meinem Leben. Das ist ein paar Jahre lang her, vielleicht auch Jahrzehnte, doch ich erinnere mich noch haargenau daran. Es war ein lauer Sommerabend und ich war nach ein paar Halben beim Wolfi gemütlich auf dem Heimweg, wie mich plötzlich die Blase drückt. Also fahr ich rechts ran, steig aus und fang halt an, ins Gebüsch zu bieseln. Und grad wie ich da so steh und entspannt laufen lass, da bemerk ich hinter eben genau diesen Sträuchern ein Fahrzeug, das seltsame Bewegungen macht. Und weil es ja freilich schon eine Art Berufskrankheit ist, drum muss ich mir das doch genauer anschauen. Also pack ich den kleinen Franzl wieder in seine Hose zurück und bahn mir den Weg in Richtung beschlagener Autoscheiben. Klopf an dieselben, was das Fahrzeug prompt stillstehen lässt. Nach dem zweiten Anklopfen wird schließlich das Fenster geöffnet. Und da ist sie dann plötzlich gewesen, diese ungute Situation. Es war nämlich die Ehefrau eines sehr guten Freundes, die dort auf der Rückbank lümmelte. Und zwar barfuß bis zum Hals und zu zweit. Aber eben nicht mit ihm.

Nachdem er die Geschichte dann von mir erfahren hat, da war es dann eher ein Ex-Freund von mir. Eigentlich weiß ich bis heute nicht recht, warum er die Sache dann mit mir beendet hat und nicht mit ihr. Aber so ist es nun mal. Übrigens sind die beiden bis heute ein Paar. Ja, das kann kapieren, wer will, ich tu es nicht. Aber das nur zum besseren Verständnis. Damit man halt weiß, warum der Simmerl keinerlei Infos abkriegt, was diese Sache betrifft. Jedenfalls nicht von mir. Immerhin handelt es sich in diesem Fall auch nicht nur um einen guten Freund, sondern sozusagen um das wertvollste Glied in meiner Nahrungskette. Da würd ich mir ja lieber ins Knie schießen, als hier Themen anzuschneiden, die mich ja ohnehin nix angehen.

Wie ich kurz darauf den heimatlichen Hausgang betrete, stoß ich gleich auf die Susi. Sie steht vor dem Spiegel mit prüfendem Blick, trägt ein Dirndl und zupft sich ein paar Haarsträhnen zurecht. Dann malt sie ihre Lippen an.

»Ah, schon fleißig gewesen?«, fragt sie freundlich, ohne mich aber eines Blickes zu würdigen. Sie schaut umwerfend aus in der drallen Klamotte, was mich prompt veranlasst, ihren hübschen Nacken zu knutschen.

»Ja, sehr fleißig«, hauche ich so verführerisch, wie ich es nur hinkrieg. Relativ erfolglos, wie sich aber gleich rausstellen wird.

»Franz, bitte«, sagt sie, dreht sich zu mir um und irgendwie hat sich ihr Tonfall verändert. »Langsam solltest du … Ja, du solltest wirklich dringend deine Ernährung umstellen. Weniger Fleisch und mehr Obst und Gemüse, verstehst.

Wirklich dringend! Ah … selbst dein … dein Schweiß … der … ja, ich muss es leider so sagen, sogar dein Schweiß, der stinkt inzwischen nach Würstl und Leberkäs. Das ist doch nicht normal, Franz.«

»Geh, was du dir wieder einbildest.«

»Ich bilde mir nichts ein. Geh ins Wohnzimmer und frag den Paul. Du stinkst nach …«

»Ja, ich geh duschen«, kann ich sie grad noch unterbrechen. Und in derselben Sekunde hör ich mein Telefon läuten, was den unerquicklichen Dialog dann endgültig stoppt …

Dran ist der Moratschek. Der hat sich ja schon ewig nicht mehr gemeldet. Was nicht weiter schlimm ist. Ganz im Gegenteil. Weil, wenn der Moratschek anruft, dann hat das meist Auswirkungen der beruflichen Sorte.

»Na, Eberhofer«, kann ich ihn durch die Muschel vernehmen, untrüglich gefolgt vom Verzehr einer Prise Schnupftabak. »Wie ist es? Geht's Ihnen gut?«

»Bis soeben ging's noch«, sag ich, während ich die Treppe hochgeh. »Und selbst? Wie ist das richterliche Befinden?«

»Schlecht, Eberhofer. Sehr schlecht.«

»Ja, so ist das Leben, gell. Einmal auf und einmal ab. Da kann man nix machen«, entgegne ich und öffne die Badezimmertür.

»Kann man schon. Da kann man schon was machen, Eberhofer. Und zwar Sie höchstpersönlich … Sie können was machen. Wo wir gerade bei machen sind, was genau machen Sie gerade?«

»Ich mache grad die Dusche an«, antworte ich und schalte den Lautsprecher ein. Immerhin muss ich mich ja meines Trainingsanzugs entledigen, wenn ich duschen will. Herrgott noch eins, ist der eng!

»Sie machen die Dusche an? Um was zu tun? Um zu duschen?«

»Das ist in den allermeisten Fällen der Plan, wenn man die Dusche anmacht. Korrekt.«

»Natürlich ist das korrekt, Sie Spinner. Aber doch nicht an einem Arbeitstag um elf Uhr am Vormittag. Oder haben Sie etwa Urlaub?«

»Mei, Urlaub eigentlich nicht. Eher Ferien.«

»Ferien? Sie haben keine Ferien, Eberhofer. Kinder haben Ferien. Schüler, höchstens noch Studenten. Der Rest der Bevölkerung, sprich die arbeitende Mehrheit, die hat Urlaub.«

»Aber der Paul, der hat Ferien. Also mein Sohn sozusagen.«

»Ich weiß, wie Ihr Sohn heißt, Menschenskinder. Und ob Sie's glauben oder nicht, ich weiß auch, dass Ferien sind. Pfingstferien, um genau zu sein. Doch das war nicht meine Frage. Meine Frage war, ob Sie Urlaub haben. Also einen richtigen. Einen legitimen. Einen mit Urlaubsschein und Pipapo.«

Ich schüttle den Kopf.

»Und jetzt schütteln Sie nicht den Kopf, Eberhofer. Nur, weil ich das nicht sehen kann, zefix. Also kein Urlaub. Wie erklären Sie sich dann, dass Sie mitten in Ihrem Arbeitstag, den Sie voll bezahlt bekommen, vom Steuerzahler übrigens, dass Sie da einfach ganz gemütlich eine Dusche nehmen.«

»Richter Moratschek«, schnauf ich, wie ich mich endlich aus dem ersten Hosenbein rausgezwängt hab. »Kennen Sie die Sorte Polizisten, die wo mit hohem Blutdruck, kurzatmig und fettleibig keinem einzigen Verbrecher mehr hinterherkommen. Und jetzt nicken Sie nicht, nur, weil ich das nicht sehen kann. Also, natürlich kennen Sie diese Sorte Polizisten, eh klar. Immerhin sind Sie schon gefühlt seit hundert Jahren Richter, gell. Ein großartiger Richter sogar, der sie allesamt kennt, diese Pappenheimer. Und jetzt, Moratschek, jetzt kommt's. Um eben genau dem entgegenzusteuern, dem Verfall jeglicher Fitness praktisch, und auch um ein Vorbild zu sein für all die jungen Kollegen da draußen, exakt aus dem Grund heraus hab ich mich jetzt einem rigorosen Fitnessplan verschrieben. Und dazu gehört dann halt auch der Ausdauerlauf. Zweimal die Woche. Zwanzig, dreißig Kilometer, verstehens. Und von so einem Ausdauerlauf, da komm ich quasi grad zurück. Und, was sagens jetzt? Da sagens jetzt nix mehr, gell?« Inzwischen ist auch das zweite Bein wieder in Freiheit.

Tatsächlich sagt er nix mehr, der ehrenwerte Richter Moratschek. Man hört nur ein weiteres Mal, wie eine Ladung Gletscherprise hinter seine Kiemen wandert.

»Ein Fitnessplan, soso. Ja, da schau einer an«, murmelt er ein paar Wimpernschläge später in die Muschel. »Und wie muss ich mir das vorstellen? So voll diszipliniert, oder was?«

»Vollkommen.«

»Also auch kein Bier mehr?«

»Nix.«

»Keine Leberkässemmeln? Keine Fleischpflanzerlsemmeln?«

»Weder noch. Keine einzige, Moratschek. Nicht eine.«

»Ja, ja, das tät mir bestimmt auch nicht schaden.«

»Bestimmt nicht.«

»Meinens, ich sollt dann vielleicht auch gleich besser meinen Schnupftabak bleiben lassen, gell?«

»Unbedingt«, sag ich, setz mich nun auf den Badewannenrand und zieh die Socken aus. Irgendwie ist er schon ein netter Kerl, der Moratschek. Es folgt wieder ein Päuschen.

Wahrscheinlich muss er nun doch einen Moment lang innehalten, um sich quasi schon mal rein mental auf seine zukünftige neue Lebensweise einzuschwingen.

»Sagen Sie, glauben Sie eigentlich, dass Sie mit einem Vollidioten telefonieren?«, schreit er mir jetzt durch die Leitung, dass mir schier das Trommelfell platzt. »Kein Bier, kein Leberkäs und zweimal die Woche dreißig Kilometer weit laufen … Dass ich nicht lach! Eher kraxelt ein Pinguin auf die Zugspitz. Und jetzt Schluss mit der Märchenstunde und stattdessen bewegen Sie Ihren dienstlichen Arsch gefälligst nach Landshut rein, und zwar optimalerweise innerhalb von zwanzig Minuten, verstanden? Und dann stehen Sie bei mir hier auf der Matte. Geduscht oder ungeduscht, das ist mir vollkommen wurscht. So und jetzt Ende der Durchsage, Kommissar Münchhausen.«

Zack, aufgelegt.

Nachdem ich schließlich aus der Dusche raus und angezogen bin, schau ich noch auf einen Sprung ins Wohnzimmer. Dort sitzt der Paul am PC und macht irgendetwas Mathematisches, was auf mich wie eine Abiturarbeit wirkt. Da er aber erst in der fünften Klasse ist, scheint mir diese Möglichkeit zumindest fragwürdig, wenn auch nicht völlig ausgeschlossen, weil er ein echt helles Köpfchen ist und bereits eine Klasse übersprungen hat.

»Ich muss los, Paul«, sag ich und streich ihm über den Kopf.

»Arbeiten?«, sagt er, ohne den Blick vom Bildschirm zu nehmen.

»Ja. Wenn was ist, der Opa ist drüben.«

»Ich sitze hier auf einem Stuhl vor dem Computer, was soll da schon groß sein?«

»Der Blitz könnte einschlagen, die Decke runterkrachen,

der Dachstuhl einfallen, polnische Einbrecher könnten einbrechen oder sogar ein Massenmörder könnte … möglicherweise einer, der sich auf Fünftklässler mit mathematischen Talenten spezialisiert hat. Der Würger von Wolfenbüttel könnte kommen oder …«

»Okay, dann geh ich zum Opa.«

Sag ich doch, ein helles Köpfchen.

Wie ich von unserer Doppelhaushälfte über den Hof in Richtung altes Wohnhaus wandere, fällt mein Blick auf den Saustall. Auf meinen Saustall. Auf meinen heiß geliebten Saustall, um genau zu sein. Wie viele sorglose Stunden hab ich da drinnen verbracht? Wie viel Freiheit dort erlebt. Meine erste eigene Bude. Ein komplettes Männerding. Keine Bilder an der Wand, keine Blumen am Fenster. Dafür musste aber auch keiner die Schuhe ausziehen und es war immer ein Bier im Kühlschrank. Einfach schön halt. Nichts war wegzuräumen oder aufzuhängen und man konnte Metallica hören auf Höllenlautstärke, ganz egal wie spät es war. Ich glaub, mir hat noch nie was so gefehlt, wie es mein Saustall tut. Inzwischen hat ihn meine Nichte geerbt. Oder besser: Die Sushi hat sich den Saustall unter den Nagel gerissen. Natürlich heißt sie in Wirklichkeit nicht Sushi, sondern Uschi. Weil sie aber mütterlicherseits asiatische Wurzeln hat und einfach zuckersüß ist (oder war, inzwischen ist sie ein Teenager), drum hab ich sie gleich nach ihrer Geburt einfach mal Sushi genannt. Mittlerweile nennen sie alle so. Sogar ihre Lehrer.

Schon von der Diele aus kann ich die Beatles vernehmen, was darauf schließen lässt, dass der Plattenspieler läuft. Zielorientiert steuere ich das Wohnzimmer an, weil ich dort den Papa vermute, welcher nicht nur mein Erzeuger ist, sondern seit geraumer Zeit auch der von ehemals illegaler Botanik.

Will heißen, er baut seit ich denken kann Cannabis an. Früher heimlich in einer verborgenen Ecke des Gartens, seit der Gesetzesänderung rotzfrech mitten im Wohnhaus. Das weiß ich, wie es jeder weiß, der hier wohnt, und dennoch trifft mich jetzt beinah der Schlag. Inzwischen ist nämlich alles so dermaßen zugewuchert, dass sich praktisch die Fenster im Höchstfall nur noch erahnen lassen.

»Was verschafft mir die Ehre«, dringt nun die Stimme vom Papa durch diesen Dschungel hindurch.

»Sag mal, Papa«, stottere ich ein bisschen überfordert und schreite dabei Blumentopf um Blumentopf ab. »Eigenbedarf … Ich mein, schau dich doch mal um! Das hat doch hier nix mehr mit Eigenbedarf zu tun.«

»Hat ja auch niemand behauptet, dass das alles nur für mich ist«, sagt er, während er augenscheinlich seinen aktuellen Bestand kontrolliert.

»Ja, für wen sollte es denn sonst sein?«

»Bekannte … Verwandte …«, murmelt er kaum hörbar durch die Blätter hindurch.

»Was … was denn für Verwandte bitte schön?«

»Kennst du nicht.«

»Hast du einen Vogel, oder was? Ich bin dein Sohn und du mein Vater.«

»Was zu beweisen wäre.«

»Papa, was für Verwandte? Ich kenne alle deine Verwandten. Sogar namentlich und höchstpersönlich. Und einige davon mag ich noch nicht mal.«

»Der Leopold, der hat damit nichts zu tun. Und überhaupt, du solltest nicht so über deinen Bruder reden. Er hat auch seine guten Seiten«, sagt er weiter und kämpft sich einen Weg zu mir durch das Dickicht. »Aber wechseln wir das Thema. Was hat dich jetzt überhaupt hierhergetrieben?

Ich mein, du wirst doch einen Grund gehabt haben für deinen Besuch. Nur, dass du dich über meine Drogenplantage aufregen kannst, wird es ja nicht gewesen sein.«

»Ach ja, Mensch. Da siehst es mal, ich bin schon ganz benebelt, allein durch die bloße Anwesenheit hier.«

»Hab doch gesagt, dass es für die Verwandtschaft ist«, grinst er mir nun her.

»Ja, verdammt, ich muss los. Und der Paul, der ist drüben allein. Vielleicht kannst ja hernach mal kurz rübergehen und nach ihm schauen«, sag ich noch so und dreh mich dann ab.

»Logisch schau ich nach dem Paulchen. Obwohl wir gestern gestritten haben. Aber vielleicht können wir ja gleich eine feine kleine Friedenspfeife rauchen, wir zwei.«

»Das kannst du ruhig machen. Dann knall ich dich ab«, ruf ich ihm noch zu und öffne die Haustür. Das brummige Lachen vom Papa, das kann ich noch hören, als sie schon zurück ins Schloss gefallen ist.

Kapitel 2

Ich treffe auf einen recht bekümmerten Moratschek, wie ich schließlich und endlich in seinem amtsgerichtlichen Büro ankomm. Und im ersten Moment denke ich, meine minimale Verspätung wär möglicherweise der Auslöser dafür. Weil es mir halt beim besten Willen nicht möglich gewesen ist, innerhalb von seinen geforderten zwanzig Minuten bei ihm aufzuschlagen. Da haben auch Blaulicht und Sirene nicht groß was dran ändern können. Selbst dann nicht, wenn ich kurz vor der Ortsausfahrt von Niederkaltenkirchen nicht zufällig noch auf den Flötzinger gestoßen wär. Doch es sollte sich relativ zügig klären, dass gar nicht meine Person für den richterlichen Trübsinn verantwortlich ist, sondern die Letitia, welche sein Patenkind ist. Aber alles der Reihe nach.

Der Moratschek, der steht hier am Fenster, hat die Arme hinterrücks verschränkt und schaut in die Ferne. Ich soll es mir bequem machen, sagt er gleich nach seinem mürrischen Grußwort. Und dass er meine Hilfe braucht. Dann beginnt er zu erzählen und es ist deutlich, wie schwer ihm die Worte aus der Kehle kratzen.

Es ist erst knappe zwei Wochen her, da hat er noch getanzt mit ihr. Mit seiner Leddi, wie er sein Patenkind liebevoll nennt. Auf ihrer Hochzeit ist das gewesen. Ein rauschendes Fest in einem uralten, kleinen Dorf mitten in Italien. Fast wie im Film ist das gewesen. Sie war glücklich wie noch nie und hat ihren nagelneuen Gatten den ganzen lieben langen Tag angehimmelt, als wär er ein Popstar. Ja, und nun ist sie tot, seine Leddi. Weil sie am dritten Tag ihrer Flitterwochen auf einer Bergtour von irgendeinem Gipfel in den Dolomiten in den Tod gestürzt ist. Mit von der Partie war nur ihr Ehemann und der behauptet nun, dass es ein tragischer Unfall war, und mimt den bis ins Mark erschütterten und untröstlichen Witwer. Und genau das … das kauft er ihm einfach nicht ab, sagt der Moratschek am Ende seines tristen Monologs.

»Warum nicht?«, muss ich hier nachfragen.

»Weil die ganze Sache einfach bis zum Himmel stinkt. Dieser Kerl, das ist ein Betrüger. Ein Scharlatan. Ein Tunichtgut«, entgegnet er, den Blick weiterhin starr aus dem Fenster gerichtet.

»Hat er auch einen Namen?«

»Hat er. Schönberger. Michael. Der schöne Mike.«

»Der schöne Mike. Soso. Haben die Kollegen … also die vor Ort … haben die nicht …«

»Doch, doch. Natürlich haben die kurz ermittelt. Aber das sind Italiener, Eberhofer. Und wenn man vielleicht eines mit an Sicherheit grenzender Wahrscheinlichkeit über Italiener sagen kann, dann, dass ihnen die Ehefrau das Heiligste ist. Sie gehen zwar fremd, auf Teufel komm raus. Das weiß ein jeder und es tun wohl auch alle früher oder später. Und dennoch ist ihnen die Ehe irgendwie heilig. Die bringen ihre Gattin nicht einfach mal so um. Erst recht nicht so kurz nach der Hochzeit. Das macht ja im Normalfall auch gar keinen Sinn. Nein, nein, ich glaube, dass er dort unten mit seiner hinterfotzigen, tränenreichen Masche ganz einwandfrei durchgekommen ist, dieser Schönberger. Aber bei mir tut er das nicht. Ich hab dieses Bürschchen nämlich durchschaut. Vom ersten Moment an.«

»Wenn Sie wollen, dass ich ihn auch durchschauen kann, dann bräuchte ich schon noch ein paar mehr Details.«

»Die sollen Sie kriegen«, sagt er und dreht sich nun zu mir um. »Warum zum Geier haben Sie eigentlich Ihre Füße auf meinem Schreibtisch? Sind Sie noch ganz bei Trost, Eberhofer?«

»Sie haben doch gesagt, dass ich's mir bequem machen soll …«

»Herrschaftszeiten, nehmen Sie Ihre Haxen da runter, und zwar pronto! Und ziehen Sie Ihre Schuhe wieder an. Wir sind doch hier nicht in einem … in einem Meditationskurs«, knurrt er und so tu ich halt wie mir geheißen. Er schüttelt kurz sein richterliches Haupt und erzählt dann nahtlos weiter.

Eigentlich, sagt er, eigentlich hat er sich ja gleich gedacht, dass mit dem Kerl etwas nicht stimmt. Nicht stimmen kann. Gleich wie die Leddi die beiden miteinander bekannt gemacht hat, gleich da ist ihm schon irgendwas Unangenehmes aufgestoßen, dem Moratschek. Allein, wie sie da so gestanden ist, seine kleine Patentochter, unscheinbar und schüchtern neben diesem … diesem Adonis. Regelrecht angebetet hat sie ihn, zu ihm aufgeschaut, um dann mit roten Wangen und glänzenden Augen zu verkünden, dass sie den Bund der Ehe schließen wollen. Und das, wo sie ihn noch keine drei Monate kannte. Keine drei Monate! Das muss man sich mal vorstellen. Da stimmt doch was nicht. Besonders, wo sie ansonsten nämlich keineswegs leichtfertig war.

»Aber jetzt mal ehrlich, Moratschek. Was für einen Grund sollte der schöne Mike denn haben, seine nagelneue Ehefrau von einem Gipfel zu stoßen?«

»Kluge Frage, Eberhofer. Ja, da blitzt jetzt der Gendarm durch, gell? Die berühmte Frage nach dem Tatmotiv. Alibi und Tatmotiv, das ist des Pudels Kern. Und zwar bei jedem Kriminalfall.«

»Momentan haben wir keinen Kriminalfall, Moratschek. Sondern nur eine vom Berg geplumpste Patentochter.«

»Wenn Sie weiterhin aufmerksam zuhören, dann haben Sie innerhalb von dreißig Sekunden einen astreinen Kriminalfall.«

»Nur zu«, fordere ich ihn auf, und weil er sich jetzt dem Fenster zuwendet, leg ich meine Füße wieder auf den Schreibtisch.

»Die Leddi, die ist … war ein liebes Mädel. Sie hätte keine Schönheitswettbewerbe gewonnen, aber sie hat nett ausgesehen. Sie war Apothekerin und hat ein gutes Geld verdient. Aber deswegen bringt man noch niemanden um, denken Sie jetzt. Ja, ich kann Ihre Gedanken lesen und weiß auch, wenn Sie Ihre Haxen wieder auf den Schreibtisch legen. Selbst wenn Sie's noch so geräuschlos machen. Aber wenn Sie sich dabei besser konzentrieren können, dann sei's so. Jetzt passen Sie auf, wir kommen auf die Zielgerade, und das Tatmotiv ist keine drei Atemzüge mehr weit entfernt. Es ist nämlich so, dass die Eltern von der Letitia vor zweieinhalb Jahren ums Leben gekommen sind. Und ihrer Tochter, ihrem einzigen Kind, ein kleines Vermögen hinterlassen haben. Zwei Mietshäuser in bester Lage in Augsburg und eines in München. Allein von diesen monatlichen Einnahmen könnte eine kleine Familie problemlos ein ganzes Jahr lang gut durchkommen. Wenn man die Immobilien verkauft, dann dürfte man ausgesorgt haben.«

»Was macht er selber denn eigentlich beruflich, der schöne Mike?«, will ich nach einer kurzen Denkpause wissen.

»Er hat einen Campingplatz. Irgendwo zwischen Landshut und Freising. Das ist auch so eine halbseidene Geschichte. Campingplatzbetreiber. Das ist doch kein Beruf, Menschenskind.«

»Wie haben sich die beiden denn eigentlich kennengelernt?«

»In ihrer Apotheke. Sie hat dort gearbeitet und er hatte einfach eine gottverdammte Grippe. Von all den unzähligen Apotheken in unserem Lande, da musste er ausgerechnet in die ihrige kommen. Dabei wohnt er noch nicht mal dort ums Eck. Sondern ist mit dem Auto einfach zufällig vorbeigefahren. Schicksal hat die Leddi das genannt. Na ja, am Ende … am Ende war es das ja auch«, sagt er, macht eine kleine Pause und wischt sich mit dem Taschentuch über die Augen. »Es war Liebe auf den ersten Blick, hat sie gesagt, und ist wohl seit diesem Blick auch nicht mehr von ihrer Wolke sieben heruntergekommen. Jedenfalls hat er dann ziemlich holterdiepolter seine langjährige Partnerin verlassen und der Leddi einen Antrag gemacht, so schnell konnte man gar nicht schauen. Alles sehr übereilt und, wenn Sie mich fragen, auch mysteriös.«

»Sie sehen das jetzt natürlich nicht besonders objektiv, Moratschek«, muss ich hier einwenden.

»Natürlich nicht, was denken Sie denn? Mit Leddis Vater war ich schon im Kindergarten und sie war mein Patenkind. Ich kenn sie seit ihrer Geburt. Ich war mit an ihrem ersten Schultag und hab ihr zum bestandenen Abi meinen alten Toyota geschenkt. Gut, eigentlich war es der von meiner Frau. Aber nachdem die zweimal innerhalb nur einer Woche gegen unsere Garagenmauer gedonnert ist, da hab ich ihr dann lieber eine Jahreskarte für den Bus gekauft und fertig.«

»Verstehe.«

»Was genau verstehen Sie? Das mit der Buskarte oder dass ich mit der Leddi so eng war.«

»Beides.«

»Ja, wir waren sehr eng, wir beide. Und grad nach dem furchtbaren Unfall, wo ihre Eltern ums Leben gekommen sind, da sind wir zwei noch ein bisschen enger geworden. Mein Gott, was ist sie oft unbeholfen und scheu gewesen. Aber sie war auch fleißig und ehrlich und lieb. Und … und das ist jetzt entscheidend, sie war ungeheuer unsportlich. Vielleicht sogar der unsportlichste Mensch, den ich je kannte. Außer mir selber und Ihnen natürlich, lieber Eberhofer. Ja, und da kommt dann plötzlich so ein … so ein Traummann und eine Sportskanone vor dem Herrn, heiratet sie vom Fleck weg und schleppt sie drei Tage später einen verdammten Berg hinauf? Wo sie abstürzt und stirbt? Und das, obwohl sie jegliche Art von Risiko stets wie die Pest gemieden hat? Ich glaub, das Gefährlichste, was sie in sportlicher Hinsicht jemals gemacht hat, war eine Runde Minigolf. Ja, verdammt noch mal, da kann man doch gar nichts mehr objektiv sehen, Eberhofer. Beim besten Willen nicht. Schalten Sie doch mal Ihr Hirn ein, wenn Sie es noch nicht komplett versoffen haben.«

»Jetzt aber nicht persönlich werden, gell. Vielleicht nehmen Sie lieber eine Prise Schnupftabak, bevor Sie hier noch mit Akten schmeißen.«

»Ja, ja, entschuldigen Sie«, knurrt er und kramt ungeschickt sein Döschen aus dem Sakko. »Aber da muss einem doch der Gaul durchgehen.« Er verteilt zwei große Haufen. Zunächst auf dem Handrücken und dann in seine Nasenlöcher und wirkt gleich wieder deutlich entspannter.

»Also, um es kurz zusammenzufassen, Moratschek. Sie glauben, der schöne Mike, der hat die Leddi nur wegen ihrem Vermögen geheiratet. Um sie dann am dritten Tag ihrer Flitterwochen von einem Berg runterzuschubsen, damit er alles erbt. Ist das so weit korrekt?«

»Korrekter geht's nicht«, nickt er zu mir rüber und schaut jetzt auch ziemlich zufrieden aus. Ich zieh ein Packerl Tempos aus der Jackentasche, wink damit kurz und werf's ihm zu. Er versteht die Botschaft sofort, fischt ein Taschentuch heraus und entfernt die Gletscherprise-Krümel, die noch an seiner Nase kleben. Dann spricht er weiter. Leise, fast tonlos.

»Er … er ist bei mir gewesen, dieser Adonis. Gestern Abend … da ist er plötzlich auf meinem Fußabstreifer gestanden und hat sich … hat sich dann an meine Schulter geschmissen. Können Sie sich das vorstellen? Was für eine Dreistigkeit. Hat sich an meine Schulter geschmissen und hat geweint wie ein kleines Kind. Ich hab ihn einfach stehen lassen. Meine Frau war es, die ihn letztendlich doch hereingebeten hat. Ich bin dann weg. Bin vis-à-vis rüber ins Wirtshaus und hab dort bestimmt eine ganze Flasche Rotwein getrunken. Vielleicht war's sogar mehr. Er war jedenfalls wieder weg, wie ich schließlich heimgekommen bin.«

Jetzt dreht er sich langsam wieder vom Fenster weg und so nehm ich lieber mal und ebenso langsam meine Füße vom Schreibtisch. Ich weiß genau, was jetzt folgt.

»Und nun, Eberhofer, nun kommen Sie auf den Plan.«

Bingo!

»Aha«, sag ich, weil mir weiter nix einfällt.

»Erstens sind Sie Polizist. Und zweitens, und ich kann Ihnen noch nicht einmal sagen, warum, hab ich irgendwie einen Narren an Ihnen gefressen, obwohl Sie ganz zweifelsohne einen an der Waffel haben. Doch ganz egal wie unkonventionell Ihre Ermittlungsmethoden auch sein mögen, der Erfolg gibt Ihnen jedes Mal recht. Also ziehen Sie verdammt noch mal los und verhaften Sie dieses Arschloch. Bitte! Damit können Sie mich wieder zu einem glücklichen Menschen machen.«

»So gern ich Sie auch zu einem glücklichen Menschen machen tät, Moratschek, trotzdem kann ich jetzt nicht einfach so mir nix, dir nix auf seinen beschissenen Campingplatz fahren und den schönen Mike mal so grundlos verhaften. Das wissen Sie genau.«

»Dann finden Sie einen Grund. Lassen Sie sich was einfallen oder prügeln Sie das Geständnis meinetwegen auch aus ihm raus. Das ist alles fein. Nur sorgen Sie dafür, dass er hinter Gitter kommt. Außerdem, und das muss man so sagen, haben Sie doch schon ganz andere Fälle gelöst. Sogar Fälle, wo gar keiner geglaubt hat, dass es überhaupt Fälle sind. Erinnern wir uns nur an diesen dubiosen Dreifachmord dort in Ihrem Kaff vor etlichen Jahren«, sagt er weiter und ist jetzt richtig in Fahrt gekommen.

»Trotzdem hab ich keine Ahnung, wie Sie sich das vorstellen«, sag ich jetzt mehr zu mir selber und schüttle den Kopf.

»Ja, ich hab auch keine Ahnung. Und zweimal keine Ahnung ist doppelt scheiße. Dennoch gibt's für alles eine Lösung. Also, wie gesagt, lassen Sie sich was einfallen. Und zwar hurtig. Ich zähl auf Sie. So, und jetzt müssen Sie los, weil ich in fünf Minuten eine Verhandlung hab und zuvor noch einen Haufen absetzen muss. Habe die Ehre, Eberhofer. Und nicht vergessen: oberste Priorität! Bleiben Sie mir da dran, gell«, sagt er und hat mich somit quasi auch schon zur Tür rausgeschoben.

Auf dem Weg zum Streifenwagen zurück, da geht mir diese ganze Geschichte noch einmal so durch den Kopf. Jede winzige Kleinigkeit. Was glaubt der eigentlich, der

Moratschek? Ich kann ja schlecht auf diesen Campingplatz fahren und sagen: Schönberger, ich verhafte Sie jetzt, weil der Moratschek denkt, dass Sie sein geliebtes Patenkind von einem Berg in den Dolomiten runtergeschubst haben, um sich das Vermögen unter den Nagel zu reißen. Nein, so geht das nicht. Und er weiß das freilich haargenau, immerhin ist er ja nicht blöd und ein Richter obendrein. Nichtsdestotrotz muss ich ihm schon irgendwie recht geben. Diese Angelegenheit ist in der Tat höchst seltsam und stinkt bis zum Himmel. Und sagen wir einmal so: Wenn der Moratschek richtigliegt mit seinen Spekulationen, dann muss dieser Kerl in den Knast, keine Frage.

Jetzt bin ich ja zugegebenermaßen eigentlich kein vom Ehrgeiz zerfressener Polizist und lauf auch nicht hechelnderweise jeder Arbeit hinterher. Doch aus diversen Gründen heraus muss ich schon gestehen, dass ich nun ziemlich angefixt bin. Erstens darf so ein Mörder, immer schön vorausgesetzt, er ist es tatsächlich, natürlich nicht frei rumlaufen. Möglicherweise schlägt er ja ein weiteres Mal zu und mutiert gar zum Serienkiller. Also quasi frei nach dem Motto: Wer einmal Blut geleckt hat … Genau. Zweitens kann ich so sportliche und gut aussehende Männer eh nicht gut ausstehen. Schon rein generell nicht. Drittens könnte ich bei der Susi endlich wieder mal punkten und ihr deutlich machen, dass es wohl doch mein Job ist, der wo wichtiger ist. Viertens würde ich auch unseren ehrenwerten Richter zu einem glücklichen Menschen machen, wie wir bereits wissen. Und zu guter Letzt würde ich auch den Birkenberger Rudi wieder einmal sehen. Ist ja auch schon ein gutes Weilchen her, wenn ich so nachdenk. Mit der Überzeugungskraft all dieser Gründe krame ich mein Telefon aus der Jacke, ehe ich ins Auto steige.

Keine zehn Sekunden später dröhnt es mir schon entgegen: »Franz, gut, dass du anrufst. Kannst du mir vielleicht ein bisschen Geld leihen.« Das halte ich doch für eine eher seltsame Art der Begrüßung. Grad wenn zuvor fast zwei Jahre lang Funkstille geherrscht hat.

»Wieso? Laufen die Geschäfte nicht mehr so gut?«, frag ich und starte den Motor.

»Nein, Franz, überhaupt nicht. Es ist praktisch fast wie verhext. Das kannst du dir nicht vorstellen. Die Leute, die sparen, wo es nur geht. Kaum noch einer lässt seine Ehefrau beschatten oder meinetwegen auch den Gatten. Firmenspionage: Fehlanzeige, gefakte Krankmeldungen: Fehlanzeige. Ich könnte die Liste noch ewig fortsetzen, es läuft immer aufs Gleiche heraus: alles Fehlanzeige, verstehst? Privatdetektive sind eine aussterbende Spezies, befürchte ich. Also, wie schaut's aus? Kannst du mir jetzt was leihen oder nicht?«

»Ja, wie viel brauchst denn?«

»Zweitausend oder drei …«, kommt es nun eher zaghaft retour.

»Euro?«

»Ja, natürlich Euro, du Spinner. Oder denkst du, ich kann hier mit Lire bezahlen?«

»Rudi, das ist verdammt viel Geld. Das hab ich nicht einfach mal so im Hosensack.«

»Das ist auch gar nicht notwendig, du kannst es prima überweisen. Eine Blitzüberweisung wär allerdings super.«

»Sehr witzig.«

»Nein, ist es nicht. Es ist sogar alles andere als witzig, Franz. Ich hab diesen Monat noch keine Miete bezahlt und heute ist der Zwanzigste. Was heißen will, dass in zehn Tagen bereits die nächste fällig ist. Mein Auto hab ich schon vor Wochen verkauft und außer ein paar Scheiben Toastbrot und einem halben Glas Erdnussbutter ist nix mehr zum Essen da. So schaut's aus, wenn du's genau wissen willst.«

»So ein Erdnussbuttertoast ist aber schon etwas Feines.«

»Das mag sein, immer vorausgesetzt, dass man keine Allergie gegen Nüsse hat.«

»Du hast eine Allergie gegen Nüsse?«, muss ich hier nachfragen, weil mir das vollkommen unbekannt ist.

»Wahrscheinlich schon. Jedenfalls kratzt mir immer der Hals, wenn ich sie esse, diese Erdnussbutter.«

»Aber wieso kaufst du sie dann?«

»Ich hab sie nicht gekauft, sie ist noch von meinem Vormieter da.«

»Rudi, wie lange wohnst du jetzt schon dort? Fünf Jahre?«

»Fünfeinhalb.«

»Du hast seit fünfeinhalb Jahren ein halbes Glas Erdnussbutter, das noch von deinem Vormieter ist? Warum?«

»Hab ich für schlechte Zeiten aufgehoben. Und momentan sind die Zeiten eben schlecht. Zumindest bei mir. Oder glaubst du ernsthaft, dass ich dich anpumpen würd, weil ich mir eine Rolex kaufen will?«

»Die kriegt man auch gar nicht für zwei- oder dreitausend Euro«, muss ich hier loswerden.

»Franz, ich werde dieses Gespräch jetzt beenden.«

»Wieso? Geht doch auf meine Rechnung.«

»Ha! Das war ja klar, dass nun so was noch kommt. Ich werde dieses Gespräch jetzt beenden, weil es mich demütigt. Weil DU mich demütigst. Weil ich meinen besten Freund um Geld anflehe …«

»Ich bin dein einziger Freund, Rudi«, muss ich ihn hier kurz unterbrechen. Nur der Richtigkeit halber.

»Bist du nicht!«

»Doch.«

»Also, dann muss ich eben meinen einzigen Freund anflehen, was ohnehin schon schlimm genug ist und mich in den Tiefen meiner Menschenwürde verletzt.«

»Jetzt halt mal den Ball flach und werd nicht dramatisch, Rudi. Du kriegst die Kohle und nun entspann dich.«

»Wann?«

»Mei, keine Ahnung. Die nächsten Tage halt.«

»Vor oder nach meinem Hungertod?«

»Also gut. Morgen früh. Morgen früh komm ich nach München gesaust, lad dich zum Mittagessen ein, mach dir den Kühlschrank voll und zahl deine depperte Miete.«

»Wirklich?«

»Wirklich. Alles natürlich gegen einen Schuldschein.«

»Gegen einen Schuldschein? Das ist jetzt nicht dein Ernst, oder? Denkst du, ich würde dir das nicht zurückzahlen wollen?«

»Wenn du es eh zurückzahlen willst, dann kannst du doch auch ohne Bauchweh diesen blöden Schuldschein quittieren, oder nicht? Also, was ist jetzt, Deal oder nicht?«

»Deal«, kommt es einen tiefen Atemzug später ein bisschen trotzig durch die Muschel.

»Prima, so machen wir das. Dafür hältst du aber die nächsten zehn Minuten lang deine Klappe, verstanden? Hältst die Klappe und hörst mir ganz genau zu. Wär nämlich gut möglich, dass wir zwei grad einen neuen Fall an der Backe haben.«

»Okay, schieß los«, sagt er noch und so schieß ich halt los.

Kapitel 3

Kaum hab ich das Gespräch mit dem Rudi beendet, ist die Susi an der Strippe. Genauer gesagt hat sie schon zuvor ein paar Mal angerufen, aber wie gesagt, da hatte ich ja ein anderes Telefonat in der Leitung und selbst mir ist es nicht möglich, zwei Telefongespräche gleichzeitig zu führen.

»Ja, Susi, was gibt's?«, sag ich jetzt in den Hörer.

»Es ist inzwischen das fünfte Mal, dass ich anruf«, zischt sie mit ihrer Bürgermeisterinnen-Stimme.

»Ich weiß.«

»Warum gehst du dann nicht ran oder rufst zurück?«

»Weil du einfach schneller warst, Susi-Maus. Ich hätte dich bestimmt gleich …«

»Ja, bestimmt«, unterbricht sie mich prompt. »Der Paul ist allein zu Hause.«

»Nein, ist er nicht. Der Papa ist da und die Oma, auch wenn sie flachliegt. Und die Panida und die Sushi, die sind ebenfalls …«

»Aber keiner von denen ist dazu abgeordnet, ein Babysitter für den Paul zu sein.«

»Stopp, Madam«, muss ich hier aber entschieden dazwischengrätschen, und nun ist es die Polizisten-Stimme, die aus mir spricht. »Ich bin auch nicht als Babysitter abgeordnet, verstanden. Ich hab nämlich ebenfalls einen Beruf und den hatte ich lange vor dir und dem Paul. Und auch vor deiner … deiner lächerlichen Karriere. Was denkst du eigentlich, wer du bist? So, und nun hab ich zufällig einen Mord aufzuklären. Also sei so gut und regiere dein restliches Volk und lass mich gefälligst zufrieden mit deinem Käse.«

»Ha!«, hör ich jetzt nur noch knapp, dann ist es mucksmäuschenstill in der Leitung.

»Bist du noch dran, Susi?«, frag ich deswegen nach.

»Weißt du, was du bist, Franz? Du bist einfach nur ein ganz gemeiner Arsch, genau das bist du. Und ehrlich gesagt frage ich mich wieder einmal, was ich eigentlich an dir finde. Wenn ich so nachdenke, dann fällt mir eigentlich nicht wirklich was ein. Aber gut, lassen wir das. Ich hab heut noch einen langen Arbeitstag, es wird spät.«

»Du hast seltsamerweise ständig lange Arbeitstage. Wenn ich da so an deinen Vorgänger denke, dann hat der die allermeiste Zeit über Solitär gespielt oder blöde Golfbälle auf seiner Puttingmatte hin und her geschubst.«

»Vielleicht ist er ja auch genau aus diesem Grund heraus inzwischen mein Vorgänger und kein Bürgermeister mehr. Hast du da schon mal drüber nachgedacht? Jedenfalls wird's bei mir eben leider wieder später und da müsste vielleicht jemand von euch heut bitte schön noch einmal so gut sein und den Paul abfüttern und ins Bett bringen. Ich schaffe es einfach beim besten Willen nicht. Ach ja, und es wär übrigens ganz prima, wenn du dir am Wochenende einmal eine Stunde für mich Zeit nehmen könntest.«

»Ich für dich? Du bist es ja, die nie da ist.«

»Eine Stunde, Franz.«

»Zum Schnackseln?«, frag ich ein bisschen versöhnlich und insgeheim freu ich mich schon.

»Nein, Franz, nicht zum Schnackseln. Sondern vielmehr, um unsere aktuelle Lebenssituation zu besprechen. Unsere

Zukunft, verstehst. Und ob es überhaupt eine gemeinsame gibt. Denn so … so kann es ja wohl nicht weitergehen. Sagst halt einfach Bescheid, wann es dir passt, gell. Und jetzt, servus.«

»Susi …? Susi …?«

Aufgelegt. Miststück.

Unsere aktuelle Lebenssituation will sie besprechen. Hat die einen Pecker, oder was? Die bräuchte doch einfach nur genauso sein, wie sie früher war, dann wär's völlig geschmeidig und es gäb überhaupt nichts zu besprechen. Nicht das Geringste. War doch alles einwandfrei entspannt die ganzen letzten Jahre lang. Aber ehrlich, seit sie nun Bürgermeisterin ist, da ist sie quasi völlig mutiert und hat sich komplett verändert. Grad so, wie wenn ein anderer in sie hineingeschlüpft wär. Vielleicht eine Art Poltergeist oder so was in der Art. Ja, das sind so meine Gedanken, wie ich jetzt in unseren Hof reinfahr.

Das Wohnzimmer ist leer, der Computer verwaist und auch auf mein mehrfaches Rufen hin bleibt das Haus stumm und still. Dann wird er wohl drüben sein, der Paul. Drüben im alten Wohnhaus beim Papa und bei der Oma. Und genau wie vermutet kann ich ihn dort schließlich auch finden. Da hockt er nämlich gemütlich im Schneidersitz der Oma gegenüber. Um genau zu sein, in ihrem Bett, wo sie neuerdings die allermeiste Zeit verbringt. Ja, unser altes Mädchen, es funktioniert einfach nicht mehr so richtig. Ist oft müde, schwach und erschöpft, was aber in ihrem Alter wohl auch mehr als legitim sein dürfte. Der Paul ist oft hier oben bei ihr und beide scheinen das sehr zu genießen. Heute ist es offensichtlich ein Kartenspiel, mit dem sie sich die Zeit vertreiben. Bei genauerer Betrachtung ein Quartett, wo es um Motorräder geht. Davon hat die Oma zwar ungefähr die gleiche Ahnung wie der Papst von einem Swingerclub, aber darum geht es auch gar nicht. Vielmehr geht es darum, dass die beiden einfach eine gute Zeit zusammen verbringen.

»Umdrehungen dreitausendfünfhundert«, sagt die Oma ziemlich laut, weil sie denkt, alle hätten so schlechte Ohren wie sie.

»Siebentausend«, triumphiert der Paul nun in etwa derselben Lautstärke und streckt ihr erwartungsfroh die kleine Hand entgegen. Ein bisschen mürrisch rückt sie noch ihre Karte heraus, ehe sie meine Anwesenheit notiert.

»Franz, hast etwa schon Feierabend?«, will sie dann zuerst einmal wissen, und so nicke ich kurz.

»Ja«, sag ich und geh rüber zum Bett. »Spielts ein Quartett, ihr zwei?«

»Ja, das ist noch ein altes«, antwortet der Paul, ist aufgesprungen und strahlt mich an. »Beim Quartett, da kann sie wenigstens nicht bescheißen, die Oma. Schau mal, Papa, wie alt das ist. Da sind noch D-Mark-Preise drauf. Das ist doch bestimmt noch von euch, wie ihr klein wart. Du und der Onkel Leopold. Damit habt ihr früher auch immer gespielt, oder?«

Ich nehm ihm mal seinen Stapel aus der Hand. Tatsächlich, D-Mark-Preise. Und jede Menge Kabaflecken.

»Nein«, sag ich und geb ihm seine Karten zurück. »Mit dem Onkel Leopold, da hab ich nur einmal Karten gespielt und danach nie mehr wieder. Im Leben nicht. Der hat nämlich immer gewinnen müssen. Wenn er nicht gewonnen hat, dann hat er einen ausgewachsenen Nervenzusammenbruch gekriegt und das halbe Dorf zusammengebrüllt, die alte Heulsuse.«

»Was erzählst du denn dem Kind für Geschichten?«, können wir nun plötzlich den Leopold höchstselbst aus dem

Türrahmen raus vernehmen. Er muss sich herangerobbt haben. Die alten Holzdielen, die ansonsten jeden Schritt verraten, haben seine aktuelle Ankunft jedenfalls nicht vorhergesagt.

»Glaub ihm bloß kein einziges Wort, deinem Papa. Es war nämlich genau umgekehrt. Wenn einer nicht verlieren hat können, dann ist er es gewesen. Einmal, da hat er mir sogar einen Kugelschreiber in den Kopf gerammt, weil er verloren hat. Ich hab mit drei Stichen genäht werden müssen. So schaut's aus. Diese Schmerzen werde ich niemals vergessen. Und das ist die Wahrheit, Paulchen.«

»Paul«, sagt der Paul.

»Ja, meinetwegen auch Paul. Glauben darfst du es trotzdem. Wenn ich mal so genauer nachdenke, dann muss ich ohnehin sagen, dass er immer ziemlich fies war zu mir. Obwohl ich ihn mit meiner brüderlichen Liebe quasi überschüttet habe«, erzählt die alte Schleimsau nun weiter. »Ich glaub sogar, dass er mich als Kind nie richtig hat ausstehen können.«

»Das tut er bis heute nicht, Paul«, muss ich hier der Vollständigkeit halber noch erwähnen. »Weswegen bist du eigentlich gekommen, Leopold?«

»Ach ja, genau. Ich hab euch grad das Abendessen rübergebracht, das die Panida gekocht hat. Ihr solltet es essen, ehe es kalt wird.«

»Lass mich raten, Leopold. Hühnchen mit Reis und Gemüse? Oder Reis und Gemüse mit Hühnchen?«

»Was für ein erbärmlich undankbarer Tropf du doch bist, Franz! Und wie hämisch obendrein. Irgendwie hab ich sogar das Gefühl, es wird immer schlimmer mit dir. Es wird immer schlimmer, seit die Susi die Frau Bürgermeister ist und du immer noch das kleine Würstchen bei der Bayrischen Polizei. Ganz abgesehen davon ist die thailändische Küche nicht nur schmackhaft, sondern auch bekömmlich und gesund. Und du solltest dankbar sein, dass sie überhaupt für euch mitkocht, die Panida. So, Oma, soll ich dich runterbringen?«

»Nein, sollst du nicht. Ich bring die Oma runter. Und jetzt Abflug hier und schau besser, dass du die Treppe selber runterkommst, eh ich dich schubs«, entgegne ich noch. Anschließend helf ich der Oma zuerst aus den Federn heraus und dann in ihren Hausmantel hinein. Hock sie in der Diele draußen in ihren Treppenlift, den wir neuerdings haben, und nehm sie unten wieder in Empfang.

Nach dem Hühnchen mit Reis und Gemüse machen wir dasselbe Spielchen, nur in umgekehrter Reihenfolge und mit einem kleinen Zwischenstopp im Bad. Danach bring ich auch das Paulchen ins Bett. Wenn er es selber nicht hören kann, dann darf man ihn übrigens noch völlig entspannt Paulchen nennen.

Kaum lieg ich endlich in T-Shirt und Unterhose auf dem Sofa und hab die Fernbedienung in Beschlag, da läutet mein Telefon und der Wolfi ist dran. Und das ist jetzt ausgesprochen seltsam, weil er mich sonst nie anruft. Höchstens mal zum Geburtstag. Aber auch da eher nicht, weil ich an den meisten meiner Geburtstage ja eh bei ihm im Wirtshaus rumhäng.

»Wolfi, was gibt's?«, frag ich genau in dem Moment, wo im Fernseher zwei ältere Mädels Yoga machen und eine davon Angst hat, sich in die Hose zu bieseln, während ihr die andere rät, es doch einfach ganz entspannt laufen zu lassen. Diese Sorte von Werbung kommt inzwischen relativ häufig und immer um die gleiche Urzeit. Und genau genommen ist das gar nicht so schlecht, denn dadurch werde ich praktisch nicht fett. Weil es mich nämlich jedes Mal so dermaßen herwürgt dabei, dass mir quasi jegliche Gelüste auf irgendwelche Naschereien komplett vergehen. Eigentlich kein Wunder, wenn da manch einer schwul wird. Und mal angenommen, die Susi, die ist später auch mal nicht mehr ganz dicht, dann kommt sie weg. Nein, das würde ich echt nicht ertragen.

»Hörst du mir eigentlich zu, Franz?«, reißt mich der Wolfi nun aus meinen Gedanken heraus. »Ich hab dich gefragt, wann du endlich kommst.«

»Warum sollte ich kommen? Wir haben doch gar nichts ausgemacht?«

»Stimmt, mit mir hast du nix ausgemacht, aber wohl mit dem Flötzinger. Jedenfalls hockt der hier seit über einer Stunde am Tresen, heult in sein Bierglas und behauptet, er wartet auf dich.«

»Stimmt. Hab ich ganz vergessen.«

»Es geht ihm echt hundsmiserabel. Seine Mary … die heiratet wieder.«

»Ich weiß. Hat er mir heut Mittag schon kurz erzählt.«

»Ich weiß. Hat er mir soeben erzählt.«

»Ja, scheiße! Aber ich kann jetzt nicht weg hier, weil die Susi nicht da ist.«

»Das hab ich mir schon gedacht, dass sie nicht da ist.«

»Bist du ein Hellseher, oder was?«

»Das nicht. Aber sie kann gar nicht da sein, also bei dir sozusagen. Weil sie nämlich bei mir ist«, erklärt er mir nun. Allerhand.

»Sie ist bei dir im Wirtshaus, die Susi?«

»In voller Montur.«

»Mit wem?«

»Mei, eine davon ist diese Sonderbare, die auch auf der

Gemeinde arbeitet. Weißt schon, dieses Flintenweib, wo man immer das Gefühl hat, dass man gleich salutieren muss …«

»Die Jutta?«

»Genau, die Jutta. Ja, und die zwei anderen … die kenn ich nicht. So ein Kerl im Anzug ist dabei, der jede Menge Pläne hier angeschleppt hat, und noch einer im Karohemd mit Schnauzbart und einem Ohrring. Sie sitzen da, trinken Wasser und reden wohl über den Umbau vom Kindergarten oder so was in der Art.«

»Wer ist sonst noch da? Irgendwelche anderen Gäste?«, will ich hier wissen.

»Außer dem Flötzinger, meinst du?«

»Ja.«

»Niemand.«

»So, Wolfi«, sag ich, während ich wieder in meine Jeans zurückschlüpf. »Dann schmeiß die Susi samt ihrer Truppe jetzt raus. Sagst halt einfach, dass du jetzt zusperrst und dann bin ich zehn Minuten später praktisch schon da.«

»Wie stellst du dir das vor? Wie, bitte schön, soll ich das machen, Franz? Ich kann doch nicht einfach meine Gäste vor die Tür setzen.«

»Ja, keine Ahnung. Musst dir halt was einfallen lassen. Sagst meinetwegen, dass deine Oma im Sterben liegt, oder so was.«

»Du hast sie doch nicht mehr alle«, schnaubt er jetzt durch die Muschel.

»Der Flötzinger, der hat Depressionen und ich hab Lust auf ein Bier. Da wirst du das doch wohl hinkriegen für die zwei besten Gäste, die du jemals hattest, oder etwa nicht?«

»Ja, von mir aus. Ach, leck mich am Arsch«, sagt er noch, dann hängt er mir ein.

Ein paar Minuten später, grad wie ich mir die Schuhe zubind, da schleicht sich plötzlich der Paul ins Wohnzimmer. Bleibt dann im Schlafanzug und barfuß neben der Anrichte stehen, hat seinen Kuschel-Tiger unter dem Arm und blickt zu mir rüber.

»Papa, magst du den Onkel Leopold eigentlich nicht?«, fragt er und schaut mich mit seinen müden Augen ganz eindringlich an.

»Komm einmal her zu mir, kleiner Mann«, sag ich und klopf auf meine Schenkel. Er saust übers Parkett auf mich zu, kraxelt auf meinen Schoß und schmiegt mir dann sein Köpfchen an die Brust. »Wieso denkst du das?«, frag ich retour.

»Weil du nie nett bist zu ihm. Und es ist doch dein Bruder.«

»Doch, ich mag den Onkel Leopold schon. Nicht alles an ihm, aber das ist nicht weiter schlimm, weil man doch an allen Menschen irgendetwas besonders gern mag und etwas anderes mag man halt weniger. Wie zum Beispiel bei der Oma. Die magst du doch auch sehr und trotzdem magst du es nicht, dass sie dich beim Spielen immer bescheißt.«

»Aber was magst du denn am Onkel Leopold? Und was magst du nicht?«

»Mei ...«, sag ich und muss kurz überlegen, »seine Ehefrau, die Panida zum Beispiel, die mag ich. Und seine Kinder, die mag ich natürlich auch.«

»Das zählt aber nicht.«

»Natürlich zählt das. Alles zählt. Doch, wirklich. Ich mag den Onkel Leopold. Manchmal mag ich ihn sogar sehr. Aber das muss er auch gar nicht unbedingt wissen.«

»Ich muss also keine Angst haben, dass du ihn umbringst?«, fragt er ganz leise.

»Wie kommst du denn da drauf?«

»Im Religionsunterricht ... da haben wir neulich über diesen Brudermord geredet. Also damals bei Kain und Abel. Das war echt gruselig, Papa.«

»Verstehe. Nein, du musst keine Angst haben, dass ich den Onkel Leopold umbringe, Spatz«, sag ich und küss ihn auf den Hinterkopf.

»Aber du hast ihm schon einmal einen Kugelschreiber in den Kopf gerammt.«

»Das ... hähä ... das zählt nicht«, antworte ich und merk, dass ich rot werde.

»Alles zählt. Hast du grad selber gesagt.«

»Ja, schon, Spatz. Aber ich werde den Onkel Leopold trotzdem nicht umbringen.«

»Bestimmt nicht?«

»Nein, wahrscheinlich nicht«, sag ich noch so und dann müssen wir alle zwei lachen. Wie lange die Susi währenddessen schon im Türrahmen gestanden ist, kann ich gar nicht sagen. Jedenfalls wirkt sie ein bisschen gerührt, als wir sie schließlich entdecken. Der Paul springt gleich auf und läuft ihr in die Arme.

»Ach, ich hab dich so vermisst, mein Engel. Geh rauf in dein Zimmer, Schätzlein. Ich zieh mich nur kurz um und komm dann gleich nach«, sagt sie, drückt ihn noch ein weiteres Mal und dann saust er auch schon nach oben.

»Gute Nacht, Paulchen«, ruf ich ihm noch nach, während ich aufsteh.

»Gute Nacht, Väterchen«, ruft er zurück und entlockt mir damit ein Grinsen.

»Seltsam«, sagt die Susi jetzt, während sie ihren Schmuck ablegt.

»Was ist seltsam?«

»Ihr Männer. Ihr Männer seid seltsam. Da werd ich echt nicht mehr schlau draus. Der Flötzinger, zum Beispiel. Der Flötzinger, der hockt beim Wolfi am Tresen und weint sich die Augen aus. Und der Wolfi selber muss um Neune abends plötzlich seine Kneipe zusperren, weil er einen Migräneanfall hat. Und auch bei dir, Franz … Ich meine, auf einmal hockst du hier kuschelnd mit deinem Sohn auf der Couch. Das ist doch sonst nicht dein Ding. Ich frag mich, ob das möglicherweise am Alter liegen mag, dass ihr euch jetzt endlich auch einmal von eurer sensiblen Seite zeigen könnt. Sei doch mal ehrlich, Franz, früher, da hätte sich dein Gas-Wasser-Heizungs-Spezl doch lieber in einer Kloschüssel ertränkt, ehe er in der Öffentlichkeit in Tränen ausgebrochen wär. Und der Wolfi, der hätte sich doch auch lieber schachtelweise Tabletten in den Rachen gepfiffen …«, überlegt sie nun so vor sich hin und hat den Kopf schief gelegt. Sie steht nun mit dem Rücken vorm Spiegel, sodass ich sie von hinten und vorne seh. Und in dem diffusen Licht, das von der Stehlampe kommt, da sieht sie einfach umwerfend aus. In dieser Hinsicht hat sich kaum was geändert. Nach all den Jahren kann sie mich immer noch ganz schön in Fahrt bringen. Übrigens im Minimum gleichen Maße wie auch auf die Palme.

»Du, Susi, ich würd jetzt wirklich gern schnackseln«, sag ich und geh ein paar Schritte auf sie zu.

»Ich weiß, Franz. Aber Strafe muss sein. Ich bin beleidigt, verstehst. Verletzt und beleidigt. Du warst nämlich vorher am Telefon wirklich ein richtiges Arschloch. Da kann ich nicht so einfach den Schalter umlegen, zur Tagesordnung übergehen und lustig drauflosrammeln. Das geht einfach nicht.«

»Aber …«

»Pst«, sagt sie ganz leise und legt mir den Finger auf die Lippen. »Außerdem ist da eine kleine Seele dort oben, die mich bestimmt vermisst hat und jetzt auf mich wartet. Und auf dich, Franz, auf dich wartet auch eine. Eine ganz arme Seele sogar. Und zwar beim Wolfi am Tresen. Er schaut wirklich ganz furchtbar aus, dein alter Flötz. Also, bis morgen, Franz. Schlaf dann gut.«

»Du auch, Susi. Und vielleicht könntest du dich ja mit dem Beleidigtsein ein bisschen beeilen«, sag ich dann so und hör sie noch kichern, wie sie schon die Stufen emporsteigt.

Kapitel 4

Gleich wie ich mich schließlich auf den Weg mach, da kann ich die Hinkelotta vor der Haustür entdecken. Dort liegt sie – wie so oft – auf ihrem alten Schaffell unter dem Bankerl und schlummert gemütlich in die erste laue Nacht hinein. Doch wie sie den Kies unter meinen Schritten knirschen hört, da springt sie auf und kommt mir entgegengelaufen. Genauso wie sie es halt auch sonst immer tut. Mit wedelndem Schwanz und dreibeinig, wie sie nun mal ist. Und so wandern wir los, wir zwei Hübschen. Mittlerweile ist sie zu einer wahrlich würdigen Nachfolgerin für meinen ersten Hund, den Ludwig, geworden. Obwohl ich mir bei seinem Tod und lang drüber hinaus ganz sicher war, dass genau das niemals passieren wird. Nicht passieren kann. Weil der Ludwig mein Held war. Und ganz obendrein wohl auch das einzige Lebewesen, das mich jemals kompromisslos geliebt hat. Und zwar trotz meiner winzigen Fehler. Das war einfach unglaublich, und nicht nur, weil ich mich immer und um jede Uhrzeit auf ihn verlassen hab können. Selbst wenn ich manchmal erst um drei oder vier in der Früh vom Wolfi heimgekommen bin, selbst da war er keine Sekunde lang nachtragend oder hat irgendwie blöd herumgezickt. Nein, eher im Gegenteil. Da hat er mich mitleidig angeschaut, dann in einer fast stoischen Ruhe einen Eimer aus dem Kammerl geholt und hat mir den einfach nebens Bett gestellt, ehe er dann regungslos meinen Schlaf bewacht hat. Und am nächsten Morgen, da konnte ich ihn überglücklich machen, indem ich nur aus dem Bett gestiegen bin und wieder einigermaßen grad laufen konnte. Ja, das sind so meine Gedanken, die mir durch den Kopf gehen. Und auch wenn ich dabei etwas wehmütig werde, muss ich doch sagen, die Hinkelotta ist toll. Wenn man's genau nimmt, dann ist sie inzwischen wohl ohnehin das einzige Familienmitglied, das mir ein echter Komplize ist. Was zuvor ja immer der Part von der Oma war. Über Jahrzehnte hinweg sozusagen. Wenn nämlich der Leopold, die alte Schleimsau, meinetwegen den Papa wieder mal vollgeschleimt hat oder mit der Susi zwischenmenschliche Funkstille war, dann war es immer die Oma, die mein Fels in der Brandung war. Meine Seelenverwandte. Und mein Kummerkasten. Da hat meine Welt schier in Trümmern liegen können, die bloße Anwesenheit von der Oma und schon ein paar Dampfnudeln mit Vanillesoße später, da ist praktisch alles wieder in Ordnung gewesen. Doch leider dürfte auch das inzwischen Geschichte sein. Denn es sieht ganz danach aus, als würde sich das alte Mädchen langsam, aber sicher aus dem Staub machen wollen. Sie hat stark abgebaut, erst recht in den letzten Tagen und Wochen, und ist sehr auf unsere Hilfe angewiesen. Ihre Beine sind voller Wasser und das Atmen fällt ihr schwer. Und immerfort ist sie müde. Lebensmüde, wie sie es selbst nennt. Und wenn die Panida nicht wär, dann müssten wir vermutlich schon längst alle den Kitt von den Wänden essen oder beim Simmerl einziehen. Nein, da kann man über Hühnchen mit Reis und Gemüse sagen, was man will, es sichert zumindest das Überleben.

Gleich wie ich zur Tür reinkomme, da kann ich ihn freilich schon sehen, unseren Gas-Wasser-Heizungs-Pfuscher. Er hockt dort am Tresen über einem Glas Bier und hat seinen Blick tief drin versenkt. Die Leuchte, die über ihm von der Decke hängt, also die mit der Bierreklame drauf, die wirft ein gelbliches Licht auf seine Visage, was ihm keineswegs schmeichelt. Übrigens im gleichen Maße, wie es der dunkle Anzug nicht tut, den er seltsamerweise heut trägt. Auf den ersten Blick wirkt er darin wie ein Bestattungsunternehmer. Auf den zweiten auch. Ein Bestattungsunternehmer beim eigenen Begräbnis, um genau zu sein.

»Das wievielte ist das?«, frag ich in Hinblick auf sein Bierglas und gleich ganz ohne Grußwort, wie ich mich jetzt neben ihn setz.

»Ah, schön, dass du endlich da bist, Franz«, entgegnet er, glotzt mich durch seine beschlagenen Brillengläser hindurch an und versucht, sich ein Lächeln abzuquetschen. »Es ist noch das erste.«

»Es ist noch das erste? Du hockst seit über zwei Stunden hier vor deinem ersten Bier und es ist noch halb voll? Was ist los? Hast du hineingekotzt, oder was?«

»Nein«, antwortet er, während er erneut sein Glas fixiert. »Aber wahrscheinlich hab ich hineingeweint.«

»Wo ist der Wolfi?«

»Der Wolfi? Der ist heim. Er hat gesagt, er kann mich nicht mehr ertragen. Außerdem würde er sich auch wegen uns zwei Haubentauchern nicht die ganze Nacht um die Ohren schlagen. Wir würden ja eh wissen, wo alles ist. Und dass wir hinterher absperren sollen, das hat er auch noch gesagt.«

»Komm«, sag ich, während ich aufsteh und mir sein Bierglas schnapp. »Ich zapf uns was Frisches. Und du kannst ja derweil schon mal anfangen zu erzählen, weil ich nämlich auch nicht vorhab, mir die ganze Nacht um die Ohren zu schlagen.«

Er zieht ein Taschentuch aus seinem Zwirn und schnäuzt sich noch ziemlich ausgiebig, ehe er dann seinem Elend freien Lauf lässt.

Von Facebook hat er es erfahren. Also das mit der Mary und diesem blöden Wichser. Bis vor Kurzem, da ist das ja einfach nur ihr Nachbar gewesen. Hat den Ignatz-Fynn ein paar Mal mit zum Training genommen, weil sie halt ins selbe Fitnessstudio gehen. Das war alles, sonst nix. Aber dann, als sich die Mary im Herbst den Arm gebrochen hat, da ist das Ganze plötzlich intensiver geworden. Da hat dieser Kerl quasi im Sinne der Nachbarschaftshilfe ihre Einkäufe besorgt. Und bald nicht nur die. Und jetzt ... jetzt will sie ihn plötzlich heiraten. In zehn Tagen schon.

»Meine Mary«, sagt der Flötzinger nun und zieht sein Handy hervor. »Meine Mary, so schön wie eine Blume. Und dann dieser ... dieser Humpen. Schau dir das doch an, Franz. Da ist doch der Glöckner von Notre-Dame ein George Clooney dagegen.« Jetzt präsentiert er mir ein paar Fotos, wo sie eben drauf sind, die beiden Turteltäubchen. Ich werfe einen Blick drauf und muss sagen: nein. Denn rein visuell gesehen könnte es gar nicht konträrer sein. Also ich mein, zu dem, was ich grade gehört hab. Es ist nämlich ein äußerst attraktiver Typ, der mir da entgegenblickt, was für einen Engländer ja ohnehin und rein generell schon eher ungewöhnlich ist. Und freilich ist auch die Mary mit auf den Bildern, und zwar genau so, wie ich sie kenne, nur halt in glücklich, wenn man so will. Und auch vielleicht etwas dicker. Und das sag ich ihm auch, dem Flötzinger.

»Glücklich sieht sie aus, die Mary. Aber zugelegt hat sie auch ordentlich. Sie sieht aus wie ein Nilpferd. Leck mich am Arsch«, sag ich. Vielleicht allein schon, um ihm die Sache ein bisschen leichter zu machen. Aber auch, weil es wahr ist.

»Das stimmt nicht. Sag mal, spinnst du?«, kontert er leicht empört und entreißt mir sein Handy. Anschließend fängt er an, den Bildschirm zu polieren, als wenn ich ihn fürchterlich eingesaut hätt. »Nein, sie ist schön, meine Mary. Und schlank wie eine Elfe. Und überhaupt, sie sieht einfach umwerfend aus.«

»Was ja wohl eindeutig nicht an dir liegen kann.«

»Arschloch. Aber schau mal. Schau mal, was sie da anhat, die Mary. So sexy, oder? So was hat sie bei mir nie angehabt. Immer nur diese ... diese Flanellfetzen, vollgesabbert von den Kindern. Und jetzt? Schau sie dir an ... wie ein Filmstar sieht sie aus.«

»Du musst dir dringend eine neue Brille besorgen, Flötz. Oder die alte vielleicht auch einfach nur mal putzen. Was du auf den Bildern hier siehst, ist mir ein Rätsel. Jedenfalls entspricht es nicht der Realität. Nicht im Geringsten. Sondern wahrscheinlich viel eher dem, was du gern sehen möchtest. Keine Ahnung, weswegen.«

»Nein, nein, Eberhofer.«

»Doch, doch, Flötzinger. Und ehrlich gesagt frag ich mich sowieso die ganze Zeit über schon, warum du plötzlich so durchhängst. Ja, warum du plötzlich so durchhängst, Flötz, und sie unbedingt zurückhaben willst. Bloß, weil sie jetzt ein anderer hat, oder was? Ich mein, du hast sie doch während eurer ganzen Ehe nicht so angebetet wie jetzt. Sie war einfach da und fertig. Und es hat dich nicht im Geringsten interessiert. Ganz im Gegenteil. Du ... du bist doch in einem fort nur anderen Weibern hinterhergestiegen. Warst doch praktisch im ganzen Landkreis als Gigolo bekannt und bist ihr bei jeder Gelegenheit fremdgegangen. Ja, wirklich bei jeder Gelegenheit, Flötz. Oder hast du das echt schon vergessen, wo du überall Rohre verlegt hast?«

»Ja, mein Gott, irgendwann ist halt mal die Luft raus nach so vielen Jahren. Das … das machen doch viele Männer. Übrigens nicht nur Männer. Nein, nein, da darf man sich gar nicht groß täuschen. Auch Frauen haben gelegentlich so ihre Affären. Bestes Beispiel ist aktuell ja die Simmerl Gisela.«

»Du … du weißt das von der Gisela? Also, ich mein, die Geschichte mit dem Chorleiter, oder was?«, frag ich und bin jetzt doch ziemlich verdutzt.

»Ob ich das weiß? Logisch weiß ich es, Franz. Das halbe Dorf weiß es. Ist ja auch nicht besonders diskret so ein Pendlerparkplatz. Nur der arme Simmerl, der weiß halt nix.«

»Allerhand.«

»Ja, ja. Aber sagen will's ihm halt auch keiner. Weil wohl jeder denkt, dass er dann hinterher dort kein Fleisch mehr kriegt. Oder eine Wurst. Kann man auch keinem verübeln, oder? Also wenn ich mir vorstelle, ich würd da kein Fleisch mehr kriegen … Nein, von mir erfährt er kein Wort, der Simmerl.«

»Allerhand«, sag ich wieder.

»Ja, das mag allerhand sein, doch darum geht's hier gar nicht. Weil's jetzt nämlich nicht um den Simmerl geht, sondern um mich. Um mich und um die Mary. Und darum, dass ich sie verdammt noch mal zurückhaben will.«

»Flötzinger, was ist denn eigentlich los mit dir? Du hörst dich an wie ein kleines Kind, dem man sein Spielzeug weggenommen hat.«

»Es ist mir scheißegal, wie ich mich anhöre, Franz. Ich will sie zurück, meine Mary. Und auch meine Kinder. Sonst … ja, sonst kannst du mich hier gleich abknallen.«

»Ich hab meine Waffe gar nicht dabei.«

»Franz!«

»Ja, keine Ahnung. Dann musst du vielleicht einen Flug buchen und rüberfliegen zu ihr. Kauf einen Strauß Rosen meinetwegen. Baccara, die funktionieren immer ganz prima. Zumindest bei der Susi. Gut, die kosten was, aber das sollt's dir schon wert sein. Und dann nimmst du den Strauß, fährst einfach hin und basta.«

»Das hab ich doch schon gemacht, Franz. Gestern … gestern bin ich dort gewesen und am Abend, da war ich dann wieder zurück. Und weißt du was, Franz? In echt, da schaut sie sogar noch viel schöner aus als auf all diesen Fotos.«

»Du warst … Moment mal, Flötz … Du meinst, du bist gestern in London gewesen?«

»Und vorgestern. Und vorvorgestern«, nickt er jetzt in sein Bierglas. »Die ersten zwei Tage, da hab ich mich ja nicht zu klingeln getraut. Bin einfach nur die Straße auf und ab gelaufen wie ein Bekloppter und hab versucht, sie ein bisschen zu beobachten«, erzählt er weiter und nimmt einen Schluck Bier. »Aber gestern, da hab ich dann meinen ganzen Mut zusammengenommen und hab einfach geläutet, weil ja sonst der Rückflug verfallen wär.«

»Weiter«, nicke ich.

»Der Ignatz-Fynn, der hat aufgemacht. Stell dir vor, der sagt sogar schon Daddy zu diesem Arsch. Meine Kinder, Franz … meine Kinder sagen Daddy zu diesem potthässlichen, wildfremden Inselaffen. Kannst du dir das vorstellen?«

»Aber was ist denn rausgekommen?«, frag ich und bin jetzt ehrlicherweise schon ein bisschen baff. »Ich mein, du hast doch dann geredet mit der Mary, oder etwa nicht?«

»Mei, geredet. Was heißt geredet? Ich hab gesagt, dass sie zu mir zurückkommen soll, und sie hat den Kopf geschüttelt und Nein gesagt. Und dann … dann ist dieses Arschloch plötzlich hinter ihr aufgetaucht und hat gefragt, ob's irgendwelche Probleme gibt. Ich hab ihn dann angeschrien, dass ihn das einen Scheißdreck angeht. Hat er nicht verstanden, er spricht ja kein Deutsch. Trotzdem hat er dann gemeint, dass ich mich jetzt lieber verdrücken soll. Die Mary hat mir das übersetzt. Steht einfach da in seiner ganzen Selbstherrlichkeit neben meiner Mary in dieser Diele, trocknet einen Teller ab und sagt, dass ich mich verpissen soll. Vor meinen Kindern und meiner Frau.«

»Ex-Frau. Und weiter?«

»Nix weiter. Ich hab mich dann wie ein geprügelter Hund auf dem verdammten Fußabstreifer umgedreht und bin dorthin zurück, woher ich zuvor gekommen war. Auf die Straße in den Regen. Das war's. Dann hab ich mir ein Taxi bestellt und trara, hier bin ich wieder.«

»Das ist vielleicht krass.«

»Ja, das ist es. Und das alles auf Englisch.«

»Ich fürchte, der Zug ist abgefahren, Flötz.«

»Ja, das fürchte ich auch«, schnieft er in sein Taschentuch.

Ein paar Atemzüge lang schweigen wir jetzt.

»Aber vielleicht, Flötz … vielleicht solltest es einfach mal positiv sehen«, unterbreche ich dann die drückende Stille. »Weil, sagen wir einmal so, wenn sie nämlich wieder verheiratet ist, die Mary, dann musst du wenigstens keinen Unterhalt mehr zahlen. Also zumindest für sie nicht.«

»Ja, das hat die Sandra auch schon gesagt.«

»Wer ist die Sandra? Den Namen, den hör ich zum ersten Mal heut.«

»Die Sandra? Mei, das ist eine Freundin.«

»Eine … Freundin?«

»Ja, seit drei oder vier Wochen ungefähr. Ein tolles Mädel, wirklich. Eigentlich wohnt sie ja schon fast ein bisschen bei mir. Aber jetzt nichts falsch verstehen, gell. Ich … also, ich hätt sie dann schon noch rausgeschmissen, wenn die Mary wieder zurückgekommen wär. Schließlich kann man ja nicht zu dritt … Nein, ehrlich, zu dritt, das wär wahrscheinlich eher nicht so gut gelaufen.«

»Flötzinger, das ist jetzt nicht dein Ernst, oder? Ich meine, du laberst mir hier grad ein Ohr ab und hast schon längst wieder eine Neue am Start?«, frag ich komplett fassungslos.

»Mei, was heißt eine Neue am Start. Ich … ich kann halt nicht gut allein sein, Franz. Das weißt du genau. Außerdem kann ich nicht kochen und ich verwasche auch ständig alles. Meine Klamotten, die sind schon komplett hellblau und rosa. Aber angenommen, die Mary, also die käm wieder …«

Einen Moment lang kann ich ihn nur noch anstarren. Hören kann ich ihn nicht mehr. Sein Mund bewegt sich zwar und ich merke, dass er was sagt, aber rein akustisch dringt nichts zu mir durch. Dann ex ich mein Bier und erheb mich. Auch die Hinkelotta ist prompt auf ihren drei Pfoten. Auf dem Weg zum Ausgang ruft er mir dann hinterher: »Was ist denn los, Franz? Wo willst du jetzt hin?«

»Such dir einen Psychologen, Flötz«, ruf ich retour. »Dringend! Ach ja, und schick mir die Adresse von der Mary, ich muss ihr nämlich unbedingt gratulieren.«

Ja, gratulieren muss man der Mary auf jeden Fall. Den Flötzinger los zu sein, das ist das Beste, was ihr jemals hätt passieren können. Da muss man noch nicht mal groß hoffen, dass ihre zweite Wahl eine bessere ist. Sie ist es. Definitiv.

Es brennt noch Licht im Wohnhaus, wie ich die Hinkelotta zu ihrem Schlafplatz bringe, und so will ich noch einen Blick ins Wohnzimmer werfen.

»Ah, Burschi«, brummt der Papa dort aus seinem Lehnstuhl heraus und im Grunde kann man ihn doch nur erahnen, so verqualmt wie's hier drinnen ist. »Komm, setz dich noch einen kleinen Moment her zu mir.« Und weil ich im Grunde ohnehin was auf dem Herzen hab und ich ihn dazu auch gut gelaunt brauch, setz ich mich halt dazu. Allerdings weiß ich dann doch nicht so recht, wie ich anfangen soll. Weil das Thema, das mir grad unter den Nägeln brennt, eben für den Papa ein wahrhaft hochheikles ist. Das weiß ich genau.

»Soll ich uns vielleicht noch ein Bier holen?«, frag ich, um noch einen Augenblick Zeit zu gewinnen, und steh wieder auf. »Eine Feierabend-Halbe, was meinst?«

»Das machst«, antwortet er erwartungsgemäß und so geh ich halt rüber zur Küche. Dort hol ich uns zwei Bier aus dem Kühlschrank, während ich auf der Suche nach einer brauchbaren Idee ein Stoßgebet zum Himmel schicke. Denn andernfalls dürften die Chancen wohl schlecht stehen, um das zu kriegen, was ich im Idealfall schon morgen so dringend bräuchte.

»Du, Papa«, sag ich, wie ich wieder zurück bin, und öffne die Flaschen. »Sag mal, dein alter Admiral, fährt der eigentlich noch? Ich mein, den hast du ja schon seit Ewigkeiten nicht mehr bewegt.«

»Den muss man nicht mehr bewegen. Der ist einfach nur da und das ist schön.«

»Ja, aber der Motor und so. Ich mein, das wird ja alles nicht besser, wenn er ständig nur rumsteht.«

»Da musst du dir keine Sorgen machen, der schnurrt wie ein Kätzchen, und das in seinem Alter. Da wirst sicherlich im ganzen Gau keinen finden, der auch nur annähernd so läuft wie der alte Opel.«

»Das ist prima, weil ich brauch ihn«, sag ich im vollen Bewusstsein, dass es nicht sehr diplomatisch ist.

»Das mag schon sein, dass du ihn brauchst, aber du kriegst ihn nicht«, antwortet er nun ein weiteres Mal erwartungsgemäß, was meinen Kampfgeist aber nur schürt.

»Wetten, dass ich ihn krieg.«

»Lass mich raten«, sagt er nach einer kleinen Gedenkminute. »Ah, du willst mich erpressen, ich kenn dich, du Schlawiner«, lacht er brummig, und da kann ich wohl getrost davon ausgehen, dass er schon mehr als ein Tütchen intus hat.

»Ich muss dich erpressen, du lässt mir ja gar keine andere Wahl.«

»Die vielen Pflanzen hier, hab ich recht?«

Ich grinse, zuck mit den Schultern und proste ihm zu.

»Du würdest tatsächlich deinen eigenen Vater hinhängen?«, fragt er und grinst retour, während er die Bierflasche hochhievt.

»Nur ungern. Aber ich würde ja sozusagen in Teufels Küche kommen, gell. Stell dir nur vor, wenn bekannt würde, dass ich in meiner Funktion als Polizist da nicht eingeschritten bin. Familie hin, Familie her. Das könnte mich ja meinen Job kosten, gell. Das verstehst du doch, oder?«

»Franz«, sagt der Papa und wird plötzlich viel ernster. Setzt sich dann auf und lehnt sich weit zu mir nach vorne. »Erstens weißt du, dass ich mich nicht erpressen lass. Nicht von dir und von niemandem sonst. Und zweitens weiß ich, dass du es gar nicht erst versuchen würdest, weil du Erstens kennst. Also sei gescheit und probier's auf einem anderen Weg. Wofür genau brauchst du den Wagen? Denk nach, Burschi. Am wichtigsten sind dabei immer zwei Dinge: der Anfang und die Wahrheit.«

Er lehnt sich wieder zurück und zündet seinen Joint noch mal an, der ihm inzwischen ausgegangen war. Dann nimmt er einen sehr tiefen Zug.

Der Anfang und die Wahrheit. Also keine Erpressung. Scheiße.

Der Anfang. Der Anfang ist der Moratschek mit seinem toten Patenkind, das möglicherweise ermordet wurde. Und die Wahrheit? Die Wahrheit ist, dass ich den Rudi brauch, um das herauszufinden. Weil ich den Rudi immer brauch, um einen verdammten Mörder dingfest zu machen. Immer gebraucht hab. All die vielen Jahre lang. Der zweite und wesentlich unangenehmere Teil der Wahrheit (weil wir damit zum Admiral kommen) ist aber, dass der Rudi im Zuge seiner Verarmung kein Auto mehr hat. Er aber eins braucht für etwaige Ermittlungen. Und der Papa eins hat, aber keins braucht. Den Rest kann man sich denken … Doch schon im nächsten Moment, da wird es wohl erhört, mein Stoßgebet von soeben. Weil plötzlich der Anfang und die Wahrheit die so streng verschlossene Tür zum Papa seinem Auto öffnen.

»Also gut, Papa«, sag ich, nachdem ich noch einmal tief durchgeschnauft hab, und jetzt beug ich mich ein wenig zu ihm nach vorne. »Es geht um deinen alten Spezl. Es geht um den Moratschek. Um genau zu sein, um sein Patenkind. Es ist nämlich tot. Und sollte mich da mein kriminalistischer Spürsinn nicht völlig täuschen, dann ist es mit an Sicherheit grenzender Wahrscheinlichkeit ermordet worden.«

»Das Patenkind vom Moratschek?«, fragt er und wirkt prompt merklich entsetzt. »Das … das müsste ja dann wohl die Leddi sein. Ja, ja, der Moratschek, der hat ja nur die eine … Grundgütiger, die Leddi! Aber warum? Was … was ist denn da bloß geschehen?«

Dazu muss ich jetzt vielleicht doch kurz erklären, dass sich der Papa und der Moratschek kennen. Gut kennen trifft es wohl besser. Viele Flaschen Rotwein, unerträglich laute Beatles- und Stones-Abende, zahllose Joints und nicht zuletzt wohl derselbe Jahrgang schweißen zusammen, gar keine Frage. Das nur kurz zum besseren Verständnis. Damit man halt weiß, woher es rührt, sein durchaus betroffenes Interesse. Warum mir diese alten Seilschaften nicht gleich in den Sinn gekommen sind, ist mir ein Rätsel. Aber wurst.

So lass ich ihn nun die nächsten Minuten über relativ ausführlich an meinem Wissensstand teilhaben, was, vielen umfangreichen Zwischenfragen geschuldet, unvermeidbarerweise zu einem zweiten Bier führt.

»Und deswegen brauch ich nun dringend ein Auto«, sag ich abschließend. »Weil der Rudi eben …«

»Ja, ja, seines verkauft hat, da er am Hungertuch nagt. Hab ich schon verstanden, Burschi. Bin ja nur bekifft und nicht behindert«, unterbricht er mich und steht ganz offensichtlich noch immer unter dem Einfluss dieser Todesnachricht. »Ja, mei, was soll's. Es ist für einen guten Zweck. Nimm den Wagen in Gottes Namen. Hier steht er ja ohnehin nur blöd rum und hat keinerlei Aufgabe zu erfüllen. Nimm ihn und bring dieses Schwein hinter Gitter. Und morgen in der Früh, da werd ich als Erstes den Moratschek anrufen.«

»Prima«, sag ich und steh schon mal auf. »Wo ist der Autoschlüssel?«

»Der Autoschlüssel? Der ist im Tresor. Da, wo er hingehört«, antwortet er und erhebt sich nun ebenfalls aus seinem Sessel.

»Seit wann haben wir denn einen Tresor?«, frag ich, weil ich davon noch nie was gehört hab.

»Wir … wir haben keinen Tresor. Aber ich hab einen«, entgegnet er und kann einen kleinen triumphalen Unterton dabei kaum unterdrücken.

»Von mir aus auch das. Also, seit wann hast du einen Tresor?«, muss ich meine Frage korrigieren und verdreh mal die Augen.

»Seit du fuchzehn warst und mitten in der Nacht mit dem Admiral zur Susi gefahren bist«, sagt er jetzt über seine Schulter hinweg und ist schon draußen im Hausgang.

»Das war nur, weil so ein achtzehnjähriger Idiot mit einem Fiesta auf sie scharf war. Da hab ich ihr halt irgendwie imponieren wollen«, muss ich hier klarstellen.

»Passt schon, hätte ich auch gemacht. Ich hab nur deine Frage beantwortet.«

»Außerdem hab ich Autofahren können. Wahrscheinlich konnte ich schon Auto fahren, bevor ich gelaufen bin.«

»Nein, erst mit zehn. An deinem zehnten Geburtstag, das weiß ich noch wie heut, da hab ich dir deine allererste Fahrstunde gegeben. Und die Oma hat eine Torte gebacken, wo ein Auto drauf war.«

Stimmt, ich kann mich an die Torte noch haargenau erinnern, hab sogar grad den Geschmack auf der Zunge.

»Und sonst? Was hast du sonst noch so in deinem Tresor?«, will ich nun wissen, weil ich jetzt irgendwie angefixt bin.

»Mein Testament, ein paar erstklassige Pornos und eine lange Locke von deiner Mama«, antwortet er, während er durch die Kellertür verschwindet.

»Kann ich die mal sehen?«, schrei ich ihm hinterher. Hier muss man nämlich auch nachts auf keinerlei Ruhezeiten achten, weil außer uns nur die Oma im Haus ist. Und die halt ebenso taub ist wie ein Maulwurf blind.

»Was willst du sehen? Die Pornos? Hast du nicht selber welche? Ich mein, du kannst sie schon haben, aber ich will sie zurück.«

»Nein, nicht deine depperten Pornos. Die lange Locke von der Mama.«

»Nicht heut, Franz«, sagt er dann leise, wie er wieder vor mir steht. Er kriegt noch immer glasige Augen, wenn er von der Mama spricht. Fast ein halbes Jahrhundert nach ihrem Tod.

»Also gut. Ein andermal. Schlüssel …«, entgegne ich und halte schon mal die Hand danach auf.

»Morgen früh«, sagt er knapp. Dann wischt er sich mit dem Handrücken rasch über die Lider, steckt den Autoschlüssel in den Hosensack und geht zurück ins Wohnzimmer. Umgehend hör ich sein Feuerzeug klicken.

»Also gut. Morgen früh«, sag ich und auf dem Weg zur Haustür kraul ich der Lotta noch kurz übers Fell. »Gute Nacht, ihr zwei.«

»Nacht, Burschi«, hör ich den Papa noch durch die geschlossene Wohnzimmertür hindurch.

Nur ein paar Minuten später kann ich vom Badezimmerfenster aus ein Licht brennen sehen. Es kommt von drüben, vom Schupfen. Außer den Dingen, die sich ohnehin in jedem Schupfen weltweit befinden dürften, steht in dem unseren noch ein uraltes Auto. Eingehüllt in verschlissene Wolldecken und Laken und mit einer dicken Schicht Staub obendrauf steht dort ein Opel Admiral. Ob er das selber so prickelnd findet, in dieser Dunkelheit zu verrotten, wage ich ohnehin zu bezweifeln. Womöglich ist er mir sogar unendlich dankbar, dass er nun endlich wieder mal raus darf ans Licht und unter die Menschen. Dass er wieder gebraucht wird und seine Dienste tun kann. Wer kann das schon wissen. Der Admiral ist jedenfalls das erste Auto vom Papa gewesen und es wird wohl auch für immer und ewig sein einziges bleiben. Von meinen eigenen Fahrstunden vielleicht abgesehen, durfte da niemals jemand im Fahrersitz hocken und verliehen hätte der Papa sein Heiligtum im Leben nicht. Für nichts auf der Welt. Und ich hab echt keinen Schimmer, wann er es selber überhaupt zuletzt gefahren hat. So wirklich gefahren hat er es wohl sowieso nie. Also zumindest nicht so, wie ich ein Auto fahr. Gaspedal durch, bis der Tacho explodiert. Nein, immer schön achtsam mit dem geliebten Vehikel und nur nichts riskieren. Jetzt aber verleiht er es plötzlich. Er leiht es dem Rudi. Damit wir gemeinsam einen Mord aufklären können.

Auf Zehenspitzen beweg ich mich nun ins Schlafzimmer rein und so geräuscharm wie nur möglich leg ich mich ins Bett.

»Ich hab mich beeilt«, kann ich dann die Susi aus ihren Federn heraus ganz leise vernehmen.

»Womit?«, frag ich, weil ich's wirklich nicht weiß, und dreh mich zu ihr. Sie schaut mich an und legt mir die Hand auf die Brust.

»Mit dem Beleidigtsein. Eigentlich bin ich schon fertig damit«, grinst sie nun und macht dann ihren Schmollmund, während ihre Hand nun etwas südlicher wandert.

»Soso, du hast dich beeilt«, grins ich zurück.

»Ja, hab ich. Aber du … du kannst dir ruhig etwas Zeit lassen.«

Später, grad wie mir die Augen zufallen wollen, da kann ich dann plötzlich noch was hören. Es ist relativ leise und kommt drüben vom Schupfen. Ist das Musik? Ein Gesang, oder was? Ja, ja, das ist es. Der Admiral, der singt mir heut wohl ein Schlaflied.

Kapitel 5

Ich könnte Hosianna schreien, wie ich nach gefühlt hundert Stunden endlich einen Parkplatz im Rudi seiner Straße gefunden hab. Gut, ein richtiger Parkplatz ist es eigentlich nicht, eher eine Zufahrt in einen der Hinterhöfe. Die aber ist so eng, dass im Leben kein normaler PKW nicht durchpassen tät. Und weil es ja ohnehin ein Streifenwagen ist, den ich dort abstell, steig ich aus und mach mich auf den Weg. Es sind nur ein paar Schritte bis zu Rudis Eingang und dort angekommen stoß ich zunächst mal auf einen Zeitgenossen der eher ungewöhnlichen Sorte. Der Kerl trägt eine Sonnenbrille, zahllose Ringe an so ziemlich jedem seiner Finger, einen Bart, der locker bis zum Bauchnabel reicht, und so viele Tattoos in seinem Gesicht, dass man gar nicht weiß, wo man zuerst hinschauen soll. Er hockt auf der schmalen Treppe, die zu den Klingeln führt, und zwar relativ mittig.

»Servus«, sag ich in dem Moment, wo mir klar wird, dass hier kein Durchkommen ist, wenn er seinen Hintern nicht wegbewegt.

»Servus«, entgegnet er ruhig und mustert mich ein paar Atemzüge lang ziemlich intensiv, was mich gelinde gesagt irritiert. Kann er sich nicht einfach in Bewegung setzen? »Lass mich raten: Du bist der Eberhofer Franz, dieses Arschloch. Hab ich recht? Ein simples Ja oder Nein würde reichen. Und falls Nein, dann: echt sorry.«

»Oha, ein Spaßvogel, und das schon am frühen Morgen. Aber gut. Obwohl sich das mit einem Ja oder Nein nicht einwandfrei beantworten lässt«, sag ich ebenso ruhig, stell mein rechtes Bein auf seine Stufe, beug mich weit zu ihm nach vorne und schau ihn mir von der Nähe aus an. »Aber ja, ich bin der Eberhofer Franz. Und ja, ein Arschloch kann ich gelegentlich auch ganz gut sein, das kommt immer auf mein Visavis an.«

Er grinst und nimmt seine Sonnenbrille ab. Zum Vorschein kommen die grünsten Augen, die ich je gesehen hab.

»Ich krieg tausendsiebenhundertfünfzig Euro von dir«, wechselt er dann das delikate Thema, während er versucht, in die Aufrechte zu kommen, was in Anbetracht meiner eigenen Position durchaus schwierig für ihn ist.

»Ich wüsste nicht, weswegen.«

»Ne, schon klar«, lacht er, dreht sich vor mir um und hüpft danach die Stufen empor. Er bewegt sich wie ein Teenager, dürfte aber gut in meinem Alter sein. »Ich werde es dir gerne erklären. Komm mit.«

Und während ich dann wie ferngesteuert hinter ihm hertappe, frag ich mich erstens freilich, wieso ich das mache. Und zweitens, warum ein völlig Fremder, der bis zum Haaransatz tätowiert ist, tausendsiebenhundertfünfzig Euro von mir will. Doch noch bevor ich diese Gedanken überhaupt fertig denken kann, da hock ich in einem Zimmer, das bis zur Decke vollgepackt ist mit allem, was der Mensch nicht braucht. Genau wie übrigens die restliche Wohnung. Herrje, ein Messi! Das hat mir grad noch gefehlt.

»Tee?«, fragt er knapp und geht zu einem Herd, an dem sich die Töpfe in schwindelerregende Höhen raufstapeln. Nicht anders sieht es im Spülbecken aus. Ich bin ziemlich angewidert und schüttle den Kopf.

»Du, ich muss auch gleich wieder los. Der Birkenberger Rudi, der wartet …«

»Der Birkenberger Rudi wartet auf dich, ich weiß«, unterbricht er mich, während er in seinen Geschirrbergen nach etwas sucht. Wird schließlich fündig und fischt ein Glas heraus, das diesem Ausdruck nicht wirklich gerecht wird, und hält es kurz unter den Wasserhahn. »Wir haben eine gute Wasserqualität hier in München. Hast du das gewusst?«

»Nein«, sag ich und steh wieder auf. »Und es interessiert mich auch nicht besonders. Abgesehen davon kann, wer immer auch aus diesem Glas trinken mag, ebenso gut aus der Kloschüssel schlabbern. So, war nett mit dir und ich kann mich kaum trennen, aber du verstehst … ich muss los.«

Flink wie ein Wiesel steht er plötzlich im Türrahmen und versperrt mir den Weg. Wär ich unbewaffnet oder etwa eine Frau, dann wär mir die Situation aktuell eher unangenehm.

»Bevor ich meine Kohle nicht hab, gehst du nirgendwohin«, sagt er in einem übertrieben freundlichen Ton, doch seine grünen Augen sprühen Funken.

»Mach keinen Blödsinn, du Spinner«, sag ich, und um meinen Worten Nachdruck zu verleihen, lüpf ich meine Lederjacke.

»Und ich hab eine schusssichere Weste«, grinst er und lüpft nun seinerseits das Hemd. Selten hab ich in meinem Alltag jemanden mit einer schusssicheren Weste rumlaufen sehen.

»Das mag schon sein. Aber nicht an den Kniescheiben«, sag ich mittlerweile schon leicht genervt.

»Okay, okay. And the winner is … Aber gib mir fünf Minuten und lass es dir wenigstens erklären.«

Was soll's.

Eugen heißt er, mein nagelneuer Busenfreund, wie sich nun rausstellen soll. Und wenn er nicht gerade wieder wegen seinem amtlich beglaubigten Dachschaden irgendwo in einem Bezirkskrankenhaus abhängt, was er von Zeit zu Zeit wochenlang tut, dann wohnt er eben hier. Seinem Stiefvater gehört das Haus, und wenn's grade gut bei ihm läuft, dann mimt er so was wie den Hausmeister, da die Besitzer vorzugsweise auf Sylt oder in Südafrika residieren. Somit ist er quasi einer der Nachbarn vom Rudi. Genau genommen wohnt er schräg unter ihm. Und genau in dieser nachbarschaftlichen Eigenschaft, da hat er dem armen Rudi eben in der jüngeren Vergangenheit des Öfteren mal unter die Arme gegriffen. Und zwar sowohl von seiner menschlichen Seite her als auch von der finanziellen. Letzteres hat er sogar alles haargenau aufgeschrieben, sagt der Eugen dann weiter und zieht einen unappetitlichen Fetzen Papier aus seiner ebensolchen Hose.

»Tausendsiebenhundertfünfzig Euro. Inklusive der letzten Monatsmiete, die ich allerdings nur abkassiere. Wenn er die Miete am nächsten Ersten nicht pünktlich begleicht, dann fliegt er übrigens raus. Der Alte von meiner Mutter, der will die Bude eh längst renovieren. Kriegt er hinterher fast das Doppelte dafür. Hier hab ich alles mal zusammengerechnet, was der Rudi noch berappen muss. Steht auf dem Zettel, kannst nachrechnen.«

»Passt schon«, sag ich und kram zähneknirschend meinen Geldbeutel hervor. Zähl das Geld vor ihm ab und leg's dann auf eine Dose, die auf einem Stapel Zeitungen steht, der auf einem von drei Kühlschränken liegt.

»Wenn du noch einen Hunderter drauflegst, dann kann er auch seinen Fernseher zurückhaben.«

»Du hast den Fernseher vom Rudi?«

»Yep, ich hab seinen Fernseher. Ich hab einige Fernseher hier. Ich bin … ich bin inzwischen fast so was wie eine Art Pfandhaus sozusagen.«

»Er braucht keinen Fernseher«, sag ich und steck den Geldbeutel wieder zurück.

Er lümmelt immer noch dort im Türstock rum. Die wachen Augen auf mich gerichtet, die Arme verschränkt.

»Wo warst du eigentlich die letzten zwei Jahre?«, will er dann plötzlich wissen und ich hab keinen Schimmer, was er eigentlich meint. Und das sag ich ihm auch.

»Wo ich war? Was meinst du damit, wo ich war?«

»Also, pass auf«, sagt er weiter und schnauft einmal tief durch. »Jetzt werd ich dir noch was erzählen. Nimm es als Abschiedsgeschenk meinetwegen. Der Rudi, der ist eben, und übrigens schon eine ganze Weile lang, mein Nachbar, und gelegentlich, da trinken wir ein Bierchen zusammen. Also immer nur bei schönem Wetter und … äh, wenn ich meine Medikamente absetzen darf. Dort hinten im Hof, da ist eine kleine Mauer, wo die Abendsonne so draufscheint, und da hocken wir dann.«

»Das klingt echt megaromantisch, Eugen. Aber du, nix für ungut …«

»Nein, das hörst du dir jetzt gefälligst noch an«, sagt er nun in einer Schärfe, dass meine Hand schon rein automatisch wieder nach der Waffe greift. »Der Rudi, der hat mir nämlich erzählt, dass du sein Freund bist. Und auch, dass du ein Bulle bist. Sogar so was wie ein Superbulle, hat er gesagt. Einer, der die kniffligsten Fälle knackt und sämtliche Verbrecher in allen Niederungen Niederbayerns quasi dingfest macht. Er verehrt dich und ist irre stolz, dir bei deiner Arbeit zur Seite zu stehen. Ein Dreamteam quasi. Und er behauptet auch steif und fest und immer, immer wieder, dass du sein Freund bist. Doch ich hab dich hier noch niemals gesehen, Superbulle. Aber wie gesagt, ich bin ja auch oft unterwegs, da muss das nix heißen. Allerdings, und das muss nun durchaus was heißen, erzählt der Rudi schon lange nix Neues mehr über dich.«

»Muss ja auch nix heißen«, sag ich so und zuck mit den Schultern.

»Doch das muss es. Denn er würde was erzählen, wenn er was wüsste. Du bist nämlich sein Lieblingsthema. Aber er erzählt nix, also weiß er auch nix. Habt ihr euch zerstritten?«

»Nein, überhaupt nicht.«

»Nein, überhaupt nicht. Soso. Ein Freund, der sich zwei Jahre lang nicht rührt und nicht meldet. So geht man nicht mit Menschen um. Mit Freunden erst recht nicht. Weißt du was, Eberhofer, meiner Meinung nach hast du dir den Dienstgrad Arschloch echt redlich verdient. Rein menschlich gesehen. So, das war's und jetzt hau ab«, sagt er noch und gibt den Türrahmen frei. Was bildet sich der eigentlich ein? Und warum fühl ich mich grad so dermaßen scheiße deswegen?

Dieses Thema beherrscht den restlichen Vormittag, könnte man sagen. Der Rudi und ich reden über nix anderes mehr. Sowohl auf dem Weg zum Supermarkt und zurück als auch auf dem ganzen Weg nach Niederkaltenkirchen gibt es nur ein und dasselbe Thema. Und das heißt Eugen. Eugen und Franz. Und Eugen und Rudi. Und Franz und Rudi wegen Eugen. Dabei führen wir ja schon seit Jahrzehnten quasi eine Art On-off-Beziehung, der Rudi und ich. Haben wir einen Fall, sind wir *on*, und wenn nicht, dann eben *off*. Gut, das liegt wohl eher an mir. Doch wenn ich Wochen und Monate rein berufsbedingt mit dem Rudi verbringen muss, dann brauch ich hinterher eine längere Pause. Anders ist das nicht zu schaffen.

Immerhin hab ich abschließend wenigstens noch eine Erklärung erhalten. Eine Erklärung für die zahllosen Tätowierungen in diesem Gesicht. Weil er sich die alle hat stechen lassen, da er sich selber nicht sehen mag, der Eugen. Also im Spiegelbild, sozusagen. Er kann nämlich einfach diese Ähnlichkeit nicht ertragen, die ihn mit seinem leiblichen Vater verbindet. Der hat sich wohl totgesoffen vor ein paar Jahren. Doch bevor er das schließlich getan hat, da hat er dem armen Eugen das Leben zur Hölle gemacht. Und auch das von seiner Mutter. Da kann man dann schon wieder irgendwie verstehen, warum er so ist, wie er ist. Und auch die Sache mit seinen Zweitwohnsitzen macht dann vielleicht Sinn. Erst recht, wo er sich auch schon gelegentlich das Leben nehmen wollte. Irgendwann wird es schon klappen, hat er dem Rudi erzählt.

Kurz bevor wir in den Hof reinfahren, da läutet mein Telefon und der Moratschek ist dran. Er sagt, dass er einen astreinen Campingwagen für mich besorgt hat, genauer gesagt, sogar eine Art Wohnmobil. Weil es doch im Zuge etwaiger verdeckter Ermittlungen ganz prima wär, wenn ich mich damit auf dem Campingplatz einfinden würde. Da könnte ich mir doch vielleicht als ganz privater Camper die ganze Sache mal aus der Nähe anschauen.

»Moratschek«, muss ich seinen euphorischen Redeschwall irgendwann unterbrechen. »Schauens, ich sag Ihnen doch auch nicht, wie Sie Ihre Verhandlungen zu führen haben. Also, sind Sie so gut und mischen Sie sich nicht in meine Ermittlungen ein.«

»Aber wie wollens denn ermitteln, wenn Sie nicht inkognito sind? Glauben Sie, der gibt Ihnen in Ihrer Funktion als Polizist eine Audienz, oder was? Für den ist der Fall abgeschlossen und fertig. Der schmeißt Sie hochkant raus, das dürfen Sie mir glauben«, sagt er und ist jetzt direkt ein bisschen in Rage.

»Nicht einmischen, Moratschek.«

»Eberhofer, es geht hier nicht um irgendeinen Mordfall. Es geht um mein Patenkind. Um die Tochter meines ältesten und engsten Freundes. Er war von der ersten Klasse an bis zum Abi mein direkter Banknachbar. Wir haben gemeinsam unsere ersten Mädels gehabt und auch den ersten Rausch. Ich bin ihm das praktisch höchstpersönlich schuldig, dass diese Geschichte aufgeklärt wird.«

»Ja, Moratschek, das mag alles so sein. Trotzdem machen Sie Ihren Job und ich mach den meinen.«

»Gut. Aber eine allerletzte Frage noch. Sie müssen doch verdeckt ermitteln, oder?«

»Ja, das würde Sinn machen. Weil, wie Sie schon so schön gesagt haben, offiziell ist die Sache durch und freiwillig wird er wohl kaum ein Geständnis rausrücken, der schöne Mike.«

»Dachte ich mir. Dachte ich mir. Aber Sie sind nicht zufällig auf die Idee gekommen, dass Sie den Birkenberger auf den Campingplatz schicken, sozusagen in seiner Funktion als Privatdetektiv?«

»Das wäre dann die Frage nach der letzten Frage und somit muss ich sie nicht mehr beantworten. Immer schön an die Spielregeln halten, Moratschek.«

»Eberhofer! Beantworten Sie jetzt diese verdammte Frage, Herrschaftszeiten. Und … und wagen Sie es bloß nicht, dass Sie mir jetzt einhängen …«

Und zack – ist er weg.

»Heiliger Bimbam«, sagt der Rudi keine halbe Stunde später, wie er langsam, fast andächtig, um den Admiral schleicht. »Er … er sollte in ein Museum.«

»Bevor du ihn anfasst, Rudi«, sagt der Papa aus dem Fahrersitz heraus, »eine kurze Bedienungsanleitung.«

»Sie sind sich wirklich sicher, dass Sie mir dieses Schätzchen hier anvertrauen wollen, Herr Eberhofer?«, fragt der Rudi und wirkt dabei wie ein Schulbub.

»Nein«, antwortet der Papa. »Aber ich hab keine andere Wahl.«

»Freilich, das macht man schon für seinen Sohn, gell«, entgegnet der Rudi ehrfürchtig.

»Ich mach es für den Moratschek«, brummt der Papa und steigt aus. »Und jetzt pass mal gut auf …«

Was nun folgt, ist eine Einweisung der Sorte, wo der Birkenberger hinterher ohne jeden Zweifel und mit verbundenen Augen die Karre bis auf die letzte Schraube hin auseinander- und dann wieder zusammenbauen könnte. Derweil hab ich mir einen Kaffee gemacht und kann mir diese umfangreiche Unterweisung nun praktisch prima durchs Küchenfenster ansehen. Und fast tut er mir ein bisschen leid, der Rudi, wo er da wie ein Primaner vor dem Papa steht, hoch konzentriert und im Schweiße seines Angesichts jede einzelne Silbe in sein Gehirn reinzumeißeln versucht.

Später, als ich dann wieder nach draußen komm, da stehen die beiden Seite an Seite vor der alten Kiste und schweigen.

»Also, Rudi«, sag ich beim Eintreffen in ihrem Kosmos. »Wir müssen.«

»Sie haben es selber gehört, Herr Eberhofer. Wir müssen«, sagt der Rudi und wirkt direkt etwas erleichtert. Wahrscheinlich ist er froh, endlich den strengen Einweisungen meines Erzeugers zu entkommen. Er dreht sich ab, geht zum Streifenwagen rüber und öffnet den Kofferraum. Daraus holt er nun die Sachen, die er zuvor in München noch hineingepackt hatte. Will heißen, eine Kühlbox, einen riesigen und uralten Seesack und ein Zelt in etwa aus dem gleichen Semester. Anschließend sollen die gesammelten Werke nun heckseits in den Admiral wandern.

»Wenn du meinem Baby auch nur ein Haar krümmst …«, brummt der Papa nun relativ bedrohlich über die Schulter vom Rudi hinweg, während er höchstselbst und äußerst behutsam den Kofferraumdeckel schließt.

»Dann bin ich tot, ich weiß. Sie haben's grad schon ein paarmal erwähnt«, sagt der Birkenberger immer noch schwitzend und kichert leicht ins Hysterische rein.

Kapitel 6

Campingplatz Isarflimmern steht auf einem ovalen Schild exakt über den Schranken der Einfahrt. Flaniert werden die azurblauen Lettern von jeweils einer Palme, quasi hinten und vorne. Was genau eine Palme mit der Isar verbindet, wird mir wohl für immer ein Rätsel bleiben, steht aber im Zuge meiner Ermittlungen auch nicht wirklich auf meiner Prioritätenliste ganz oben. Das komplette Gelände hinter den Schranken liegt sehr idyllisch zwischen Wiesen und Bäumen und eben am Ufer der Isar, wie ja schon der Name verrät. Es ist im etwa selben Maße weitläufig wie picobello und hat mit den Campingvisionen, wie ich sie bis soeben noch hatte und die wohl meiner Pfadfinderzeit geschuldet sind, keinen wirklich gemeinsamen Nenner. Es gibt diverse Pools hier, ein paar kleinere Shops, drei Restaurants, einen Tennis- sowie einen Minigolfplatz und sogar ein Wellnessbereich hat hier offenbar Einzug gehalten. Alle Achtung.

Dieses umfangreiche Angebot können wir übrigens ganz prima durchs Fernglas erkennen, der Rudi und ich. Denn ausgebufft, wie wir nun einmal sind, wir zwei, da haben wir freilich erst einmal Stellung bezogen, um aus einiger Entfernung vom eigentlichen Ziel der Begierde eine Art Bestandsaufnahme zu machen. Schließlich muss man sich ja erst mal einen Überblick verschaffen, gell?

»Ja«, sagt der Rudi nach einer Weile unter seinem Feldstecher heraus. »Ich hatte schon durchaus schlechtere Voraussetzungen in meinem Berufsleben. Und gut, dass ich meine Badehose noch eingepackt hab. Da werd ich nämlich schwimmen gehen. Am allerliebsten mach ich das ja gleich nach dem Aufstehen, noch vor dem ersten Kaffee. Schwimmen am Morgen, Franz, das ist wie … wie … Ich weiß nicht, man fühlt sich halt wie neugeboren. Liebst du das eigentlich auch, Franz? Schwimmen am Morgen?«

»Dass du mir den Sinn für diese ganze Aktion hier aber schon richtig durchschaut hast, Rudi?«, sag ich, nehm das Fernglas runter und seh mal zu ihm rüber. Seine Augen funkeln in heller Vorfreude. »Du sollst hier nämlich die Observation in einem mutmaßlichen Mordfall machen und nicht etwa das Seepferdchen.«

»Ja, du Klugscheißer. Aber als Privatdetektiv, da solltest du dich auch als ein solcher verhalten. Also idealerweise möglichst unauffällig. Und in diesem speziellen Fall eben wie ein Camper. Ein Camper, der es liebt, morgens in der freien Natur seine Bahnen zu ziehen. Aber natürlich kann ich auch gern im karierten Anzug mit aufgeschlagenem Kragen, Hut und Sonnenbrille hinter irgendwelchen Zeitungen lauern und diskret eine Pfeife rauchen. Ganz wie du willst.«

»Du rauchst doch gar nicht.«

»Ich … ich sollte jetzt besser einchecken.«

»Mach das. Und ich fahr noch mal kurz beim Moratschek vorbei und wir telefonieren später.«

»Oder wir machen einen Videocall.«

»Einen was …?«

»Einen … einen Videocall. Mein Gott, das ist ein Telefongespräch, wo man … wo man sich halt auch sehen kann.«

»Ich glaub, ich hab dich heut schon genug gesehen. Wir telefonieren«, sag ich und steig in den Streifenwagen.

»Weißt du was, Franz. Weißt du, auf was ich mich am aller-, allermeisten freue?«, will der Rudi wissen und ist nun ebenfalls grad am Einsteigen. Er tut es äußerst behutsam, der Papa hat ihn perfekt dressiert.

»Auf was freust du dich denn am allerallermeisten, Rudi? Auf das Leben nach dem Tod?«

»Das hab ich mir schon gedacht, dass du das nicht weißt. Aber das kannst du auch gar nicht wissen. Ich weiß es ja selber erst seit zwei Minuten. Also, am meisten freu ich mich morgen früh auf die Arschbombe. Ja, ich werde eine Arschbombe machen. Werde Anlauf nehmen, hochspringen und die Beine anziehen. Und werde mit der Arschbombe meines Lebens die diesjährige Badesaison eröffnen. Das hab ich seit meiner Kindheit nicht mehr gemacht. Was sagst du dazu, Franz.«

»Verletz dich nicht, Rudi. Das sag ich dazu«, antworte ich abschließend und starte kopfschüttelnd den Motor. Wie verzweifelt muss man eigentlich sein, wenn man so einen Partner braucht?

Aus diversen Gründen heraus rufe ich den Moratschek lieber vorher kurz an, ehe ich ihn im Amtsgericht beehre. Weil ich erstens nicht wissen kann, ob er grad in einer von seinen mordwichtigen Verhandlungen ist. Und dann kann es gut möglich sein, dass ich stundenlang vor der dämlichen Tür zum Gerichtssaal hocke. Natürlich kann man da derweil auch prima ein kleines Nickerchen machen und das hab ich auch zigmal schon getan. Seitdem ich aber neulich so dermaßen tief weggenickt bin, dass mich die polnische Putzfrau am Abend aufgeweckt hat, da bin ich irgendwie nicht mehr so entspannt. Aber nicht etwa, weil sie mich aufgeweckt hat, sondern eher, weil ich mich offenbar auf der Wartebank niedergelegt und mich mit meiner Lederjacke zugedeckt hatte. So richtig eingekuschelt hatte ich mich da. Das war mir dann doch etwas unangenehm. Immerhin ist dort ja laufend ein Kommen und Gehen und weiß der Geier, wer mich da alles hat rumliegen sehen. Der zweite Grund meines Anrufs ist aber auch der, dass ich aufgrund meines abrupten Auflegens von zuvor jetzt zweifellos einen dienstlichen Einlauf zu erwarten hab. Da ist er nämlich empfindlich, der werte Herr Richter. So was mag er nicht. Doch erfahrungsgemäß sind seine Anschisse am Telefon deutlich schneller vorüber, als wenn ich direkt und höchstselbst anwesend bin. Dann nämlich neigt er dazu, die komplette Bühne zu bespielen. Rennt in seinem Büro auf und ab wie ein Tiger im Käfig, hält mir all meine Verfehlungen vor und kommt dabei bis zu Adam und Eva zurück, aber zu keinem zeitnahen Ende. Nein, dann doch lieber ein paar Unflätigkeiten durch den Telefonhörer posaunt bekommen, und gut ist es.

Und so geschieht es dann auch. Schon beim zweiten Läuten meldet er sich, lässt kurz und knapp seinem Unmut freien Lauf und findet doch rasch zu einer regulären Atmung zurück. Und wie ich schließlich mein nahes Kommen verkünde, da ist er beinah schon wieder fröhlich.

Wir verteilen dann die Rollen genauso wie bei unserem letzten Treffen. Will heißen, er steht am Fenster und starrt in die Ferne und ich hock wie gehabt an seinem Schreibtisch drüben. Zur Feier des Tages, oder besser gesagt zur Auflockerung der Atmosphäre oder der Ehrlichkeit halber vielleicht doch eher aufgrund meines fehlenden Mittagessens, da hab ich uns aus der Bäckerei ums Eck grad noch schnell einen frischen Erdbeerkuchen geholt.

»Ich werd Ihre Hilfe brauchen, Moratschek«, versuch ich dann ziemlich rasch, den Grund meines Erscheinens einzuläuten, und schieb mir das erste Stück Kuchen in den Mund. Hm … er ist fraglos bei Weitem nicht so hammermäßig, wie es der von der Oma ist, doch der Hunger treibt ihn trotzdem gut rein.

»Sie kriegen jede Hilfe, die ich Ihnen geben kann«, kommt's aus der juristischen Kehle.

»Prima. Also aufgepasst. Sie müssen zum Schönberger, Moratschek. Also zu ihm nach Haus praktisch. Ich weiß nicht … vielleicht sagen Sie zu ihm, dass Sie einfach noch einmal die Sachen von der Leddi anschauen wollen. Ihre Fotos zum Beispiel, ihre persönlichen Dinge halt. Sagen Sie ihm, dass Ihnen das wichtig ist, damit Sie Abschied nehmen können. Und dann, Moratschek, dann müssen Sie versuchen, irgendetwas zu finden. Im Idealfall so was wie ein Tagebuch meinetwegen oder zumindest ihr Handy … oder einen Laptop von mir aus. Ich mein, es könnte doch gut sein, dass sie da irgendwas aufgeschrieben hat. Irgendwelche Notizen gemacht hat, die uns möglicherweise weiterbringen.«

»Ja«, entgegnet er nach einer kleinen Gedenkminute. »Ja, das wär schon gut möglich. Zumindest würde es zu ihr passen. Geschrieben hat sie ja eigentlich immer schon gern, unsere Leddi. Ich mein, allein die ganzen Glückwunschkarten, die hat das Mädel ja immer mit der Hand geschrieben und die waren auch stets recht ausführlich und lang.«

»Sehen Sie. Da stehen die Chancen doch gar nicht so schlecht, dass wir da womöglich was finden können.«

Ein paar Momente lang hält er jetzt wieder inne. Isst nur schweigend seinen Kuchen und starrt aus dem Fenster.

»Ich … ich glaub, ich kann das nicht«, sagt er schließlich, während er sich zu mir umdreht. Wischt sich mit der Papierserviette über den Mund und stellt dann den Kuchenteller ab. »Wahrscheinlich müsste ich diesen Mistkerl erwürgen, wenn ich ihn sehe. Außerdem, und da bin ich mir sicher, würde er merken, dass ich nicht in friedlicher Absicht komme. Da geb ich leider keinen talentierten Schauspieler ab.«

»Aber schauens, Herr Richter, in Ihrem Job, da haben Sie's doch öfter mal mit Mistkerlen zu tun und da müssen Sie ja auch funktionieren.«

»Das ist was völlig anderes, weil es mich ja nicht persönlich betrifft. Sobald es mich aber persönlich betreffen würde, da wär ich wegen Befangenheit eh raus. Die Herrschaften, die haben sich nämlich schon was gedacht dabei, als das seinerzeit so beschlossen worden ist. Ganz davon abgesehen wären ja auch Beweise, die ich uns auf diese Art und Weise verschaffen würde, bei einem späteren Verfahren gar nicht zulässig.«

Gut, das leuchtet dann schon irgendwie ein.

Nun schweigt er ein weiteres Mal, und weil mir grad auch nix einfallen will, tu ich halt dasselbe wie er, esse das zweite Stück Kuchen und überlege. So ein Tagebuch, das wär jetzt schon ziemlich geschmeidig gewesen. Was ja nicht automatisch heißt, dass wir eins finden. Oder wenn wir eins finden, dass auch was Brauchbares drinsteht. Doch irgendwo muss man ja anfangen zu ermitteln. Besonders, wenn man eigentlich gar nicht ermitteln darf, weil der Fall von offizieller Seite her bereits abgeschlossen ist. Dann greift man wohl schon rein automatisch nach jedem Strohhalm.

»Aber Sie haben recht, Eberhofer«, reißt mich der Richter nun aus meinen Gedanken heraus. »Wenn es irgendeine Möglichkeit gibt, dann dürfen wir hier natürlich nichts unversucht lassen. Und dann muss man vielleicht auch zu

Mitteln greifen, zu denen man im Normalfall nicht greifen tät. Oder auch Personen.«

»Sie denken da an Ihre Frau, hab ich recht?«, mutmaße ich so vor mich hin.

»Wie gut Sie mich doch kennen, Eberhofer. Respekt«, sagt er und wendet sich wieder zum Fenster. »Und trotzdem nehmens jetzt Ihre verdammten Haxen da runter, zefix!«

»Ich kann mich nicht gut konzentrieren, wenn sie unten sind. Ich schwör's. Da läuft mir dann praktisch das ganze Blut rein und somit ist mein Hirn völlig leer und sozusagen unterversorgt.«

»Gut, ich red mit ihr«, sagt er, ohne auf meine Worte weiter einzugehen. »Ich red mit meiner Frau. Sie macht das bestimmt. Sie hat das Mädel ja auch so in ihr Herz geschlossen. Gehabt.«

»Sie wissen aber schon, dass Sie Ihre werte Gattin da womöglich zu einem Mörder schicken würden?«

»Wissen Sie, da muss ich mir keine Sorgen machen. Meine Frau, die ist ein so guter Mensch, einfach, weil sie an nichts Schlechtes im Menschen glaubt. Sogar als wir die Informationen von einem alten Spezl von mir aus dem Nachlassgericht gekriegt haben, dass der schöne Mike eben jetzt der Alleinerbe ist, selbst da hat sie ihm noch die Stange gehalten. Er hätte nun so einen schweren Verlust gehabt, hat sie gesagt, und da wär es doch nur würdig und recht, wenn er jetzt alles erbt. Nein, sie will einfach an nix Schlechtes glauben. Im Grunde, da will sie's ja auch gar nicht so genau wissen. Ich darf ihr zum Beispiel auch nie was Schlimmes von meinen Verhandlungen erzählen. Nur die lustigen Sachen will sie hören, die ja durchaus mal passieren. Nein, da müssen wir uns wirklich keinerlei Sorgen machen. Als er das letzte Mal bei uns war, der schöne Mike, angeblich um sich auszuweinen … Aber ich glaub, das hab ich Ihnen eh schon erzählt … da ist sie mit ihrem großen Herzen mit ihm und einer Engelsgeduld stundenlang in unserer Küche gehockt, hat alle seine Lügen geglaubt, hat ihn bemitleidet und getröstet. Ja, sie ist halt ein Schaf, ein sehr liebes. Und das weiß er auch. Warum also … warum sollte er ihr was antun? Und glauben Sie mir, ich würde sie keiner Gefahr aussetzen. Sie ist meine Frau seit fast vierzig Jahren und bestimmt keine schlechte. Drum würd ich sie schon sehr gern noch ein Weilchen behalten.«

»Das hätt sie jetzt bestimmt gern gehört, Ihre Frau. Also grad so die letzten Sätze.«

»Das weiß sie ja, ich sag es ihr oft. Wissen Sie, es war nicht immer leicht mit mir. Ich war als junger Richter schon ein Wilder und hab oft nix anbrennen lassen. Und was hat sie gemacht? Sie hat gesagt, wenn du deine Zeit lieber mit anderen Frauen verbringst als mit mir, dann liegt es an mir und nicht an dir. Dann bin ich für dich nicht interessant genug und daran muss ich arbeiten. Und das hat sie getan. Über Jahrzehnte. Hat sich nie gehen lassen, war immer für mich da und hat mir all meine Fehler verziehen. Wenn ich so recht überlege, dann hab ich sie eigentlich gar nicht verdient.«

Bei den letzten Worten bricht ihm beinah die Stimme weg und er muss sich ausgiebig räuspern.

»Ich … ich bräuchte übrigens noch die Adresse«, sag ich, allein schon, um das Thema zu wechseln. »Also die vom … ich nenn es mal Unglücksort. Also praktisch vom Hotel, wo die beiden abgestiegen sind, die Leddi und ihr schöner Mike.«

Er kommt an den Schreibtisch und kritzelt was auf einen Block. Komplett aus dem Gedächtnis heraus und ohne irgendwo nachzusehen. Dann reißt er den Zettel ab, überreicht ihn mir und geht retour zum Fenster. Und weil er jetzt erneut den Eindruck erweckt, als würd er eine längere Gedenkminute einlegen, da klopf ich ihm zum Abschied bloß kurz auf die Schulter und bin dann auch schon weg.

Wie ich heimkomm, ist eine Armada hinten im Garten, das kann man kaum glauben, und dementsprechend reichlich ist die Informationsflut, die mich prompt überrollt. Am mitteilungsbedürftigsten sind freilich die Kinder. Genauer die Sushi und das Paulchen, wo quasi das Mikrofon gar nicht mehr aus der Hand geben wollen, um nur ja den ersten Platz im Aufmerksamkeits-Derby zu erkämpfen. Und so erfahr ich dann eben relativ zügig, dass die Panida heut mit ihren zwei Eigengewächsen und unserem Paul in München im Tierpark Hellabrunn gewesen ist. Und ehrlich gesagt, man sieht es ihr an, so abgekämpft, wie sie ist. Sie sagt, sie wär schon groggy gewesen, noch ehe sie dort überhaupt einen Parkplatz hat ergattern können. Die Sushi sagt, der ganze Ausflug war Kacke. Kinderkacke um genau zu sein. Und dass sie jetzt zu alt wär für so einen Scheiß, sowieso die Schnauze voll hat von Familie und auch keinen Bock auf Abendbrot, weil sie eh viel zu fett ist. Stattdessen will sie nun endlich hinter zum Silo am Dorfrand, wo sie neuerdings gern mit ihren Artgenossen abhängt. Will heißen, mit unzufriedenen, pickeligen Nörglern, die miserabel angezogen sind und eine ebensolche Musik hören. Ich kenn die Typen, sie sind öfters im Saustall. Seit sie mit dieser in etwa gleichem Maße fragwürdigen wie unterernährten Truppe unterwegs ist, unsere Sushi, sieht sie selbst aus wie ein Zombie, fühlt sich ständig zu dick und ist Lichtjahre entfernt von dem kleinen asiatischen Zuckerröllchen, das sie so lange Zeit war. Die rosa und lila Strähnen auf ihrem Kopf machen das keinen Deut besser. Ein Jammer, wirklich.

Der Paul sagt, dass die Informationstafeln in Hellabrunn absolut lächerlich sind. Weil die Infos über die jeweiligen Tierarten dort wohl eher für Doofe verfasst worden sind. Er jedenfalls konnte dadurch keinerlei neuen Wissensstand erlangen. Unser kleiner Klugscheißer halt. Und auf den jüngsten Spross aus dem Eberhofer-Clan, also praktisch dem Leopold seinen kleinen Kronprinz, da kann man im Moment einfach nur neidisch sein, weil der nämlich inzwischen die Segel gestreckt hat und bäuchlings auf der Wiese eingeschlafen ist. Unter einem alten Zwetschgenbaum sitzt die Oma im Liegestuhl und macht ein Kreuzworträtsel. Auch auf sie bin ich durchaus öfters mal neidisch. Der liebe Gott hat sie mit Taubheit beschenkt.

Der Anruf vom Birkenberger ist sozusagen direkt zeitgleich mit dem Erscheinen vom Leopold und somit perfekt.

»Ich hab dir ein paar Bilder geschickt«, kann ich den Rudi vernehmen, geh ein paar Schritte abseits, und wie ich außer Hörweite bin, schalt ich den Lautsprecher an. Dann nehm ich mir die erwähnten Fotos vor. Aha.

»Warum schickst du mir Fotos von einem braun gebrannten Sonnyboy in Shorts und Muskelshirt? Muss ich mir Gedanken machen, Rudi?«

»Gedanken machen schadet ja rein generell nicht. Bei diesem Sonnyboy allerdings, da handelt es sich um deinen Schönberger, und zwar in praktisch allen erdenklichen Positionen in seiner Funktion als Campingplatzbetreiber. Die Shorts und das Shirt sind somit seine Arbeitskleidung, wenn du so willst.«

Gut, auf den zweiten Blick ist das durchaus denkbar. Auf einem der Bilder hat er einen Besen in der Hand. Auf einem andern einen Schlauch und auf einem dritten mäht er den Rasen. Könnte man schon irgendwie als eine Art von Arbeit durchgehen lassen.

»Hast du was rausfinden können?«, muss ich jetzt nachfragen.

»Ich bin erst seit zwei Stunden hier und hab dir grad schon ein Dutzend Fotos geschickt. Und ganz nebenbei, da hab ich noch eingecheckt, mir einen Überblick über das ganze Gelände verschafft, hab meinen Platz bezogen und das Zelt aufgebaut.«

»Ja, da kriegt er jetzt ein Fleißbild, der kleine Rudi.«

»Aua! Scheiße! Schon wieder …«

»Oh, ich wollte dich nicht verletzen, mein kleines Sensibelchen.«

»Ich red doch nicht von dir, Mann. Aber diese scheiß Mücken hier, die machen mich noch wahnsinnig. Ich steh direkt am Ufer und diese Mistviecher fressen mich auf. Ich schau schon aus wie eine Pinnwand. Die Camper mit Zelt, die sind übrigens generell nicht so nobel untergebracht, wie es die mit Reifen unter der Heimat sind. Unsere Duschen und Toiletten, die sind ewig weit weg und auch bei Weitem nicht so edel gekachelt. Aber in den edlen Pool, da dürfen auch die Zeltler. Und genau in den, da werd ich jetzt springen, mein Bester. Danach gibt's vorne im Biergarten noch ganz geschmeidig einen feinen Wurstsalat, und wenn die Wampe dann voll ist, werd ich mir ein kleines Feuerchen machen. Allein schon, dass die blöden Viecher wegbleiben. Das wiederum dürfen übrigens nur die Zeltler, weil wir halt direkt am Wasser sind.«

»Das hört sich ja alles fast schon nach einem Traumurlaub

an, Rudi. Dann hoffe ich doch sehr, dass du morgen gut erholt endlich mal mit ein paar brauchbaren Ermittlungen um die Ecke kommst.«

»Das werd ich, keine Sorge. Aber vielleicht kannst du mir doch noch kurz erörtern, welchen Beitrag du eigentlich leisten willst zur Aufklärung unseres Falles. Oder gedenkst du alles an mich zu delegieren und hockst Leberkäs futternd und furzend in deinem Bürostuhl mit den Haxen am Tisch und wartest einfach meine Ergebnisse ab?«

Was er plötzlich für einen süffisanten Unterton hat.

»Das war der Plan. Und jetzt entspann dich, du Zicke. Mach deine Arschbombe und lass den Sonnyboy nicht aus den Augen. Und ich fahr derweil nach Südtirol und schau mich dort mal ein bisschen um.«

»Das finde ich gut, dass du nach Südtirol fährst. Und ja, ich werde eine Arschbombe machen, und nein, ich werde meinen Sonnyboy nicht aus den Augen lassen. Aber eines nimmst du zurück. Die Zicke, die nimmst du zurück. Und zwar sofort.«

»Okay, mach ich«, sag ich und verdreh mal die Augen.

»Sag es!«

»Was denn?«

»Sag es richtig. Sag, dass du die Zicke zurücknimmst. Wort für Wort.«

Herrje!

»Ja, Rudi, ich nehme die Zicke zurück.«

»Ich bin keine Zicke.«

»Nein, bist du nicht.«

»Gut. Dann hören wir uns morgen. Servus, Franz.«

»Ja, servus.«

Zicke!

Kapitel 7

Ich breche ziemlich früh auf, wie ich mich am nächsten Morgen auf den Weg Richtung Südtirol mach, und das restliche familiäre Umfeld wird noch vom Sandmännchen bewacht. Irgendwann in der Nacht muss es noch ganz ordentlich geregnet haben, was mir die Pfützen auf dem Weg zum Auto verraten. In den Kofferraum wandert die kleine Reisetasche, die mir die Susi letztes Weihnachten unter den Christbaum gelegt hat. In Wirklichkeit heißt das jetzt Weekender, hat sie mir dann noch erklärt. Weil man so was heutzutag benutzt, wenn man halt nur kurz mal für ein Weekend verreisen will. Also für ein Wochenende sozusagen. Wobei das dann freilich nicht zwingend ein Wochenende sein muss. Man kann die Tasche schon auch ganz prima an einem Dienstag benutzen. Oder an einem Mittwoch meinetwegen. Ja. Nein, was ich eigentlich sagen wollte, noch bevor die Sonne aufgeht, da bin ich samt Weekender schon auf der Salzburger Autobahn unterwegs.

Gleich hinter Innsbruck muss ich dann tanken und hol mir einen Cappuccino und kurz nach dem zweiten bin ich auch schon am Ziel. Um genau zu sein, handelt es sich dabei exakt um die Unterkunft, wo auch die arme Leddi ihre letzten Nächte zugebracht hat. Es ist eine kleine Pension mit lediglich vier Gästezimmern, dafür aber wirkt es schon auf den ersten Blick ausgesprochen hübsch und einladend.

Wie übrigens auch die Hausherrin. Die heißt Luisa, dürfte Ende dreißig sein und ist mit einer frappierenden Ähnlichkeit mit der jungen Sophia Loren gesegnet. Diese alten italienischen Schinken hab ich als kleiner Bub immer mit der Oma anschauen müssen, weil sie die einfach so toll fand. Zu meiner Erleichterung spricht die Luisa ein einwandfreies Deutsch und schon deshalb verstehen wir uns auf Anhieb. Und wie der Teufel es will, ist exakt das Zimmer frei, wo unsere Flitterwöchner kürzlich noch residiert haben, ehe es dann ebendiese tragische und wie auch immer entstandene Wendung nahm. Doch um das herauszufinden, bin ich ja hier.

Es führt eine sehr schmale Stiege zur oberen Etage hinauf und die Luisa bringt mich hoch. Ihr sehr enger Rock lässt übrigens einen 1a-Hintern erahnen. Nein, erahnen ist wohl verkehrt, weil es sich hier eindeutig um Fakten handelt.

»Allora, das Doppelzimmer Honeymoon«, sagt sie, wie sie schließlich nicht ganz ohne Stolz die Zimmertür öffnet. Ich seh mich kurz um und prompt schießt mir Dornröschen ins Hirn. Rosen, wohin man nur blickt. Auf den Vorhängen, dem Teppich, der Bettwäsche, den Handtüchern und sogar auf den Lampenschirmen gibt es sie in allen nur erdenklichen Farben und Formen.

Während ich grad noch mit dieser ganzen Botanik beschäftigt bin, da schiebt sie die Gardinen zur Seite und jetzt fallen quasi die Dolomiten ins Zimmer.

»Das Zimmer hat natürlich einen Balkon. Und es hat Panorama.«

»Wahnsinn«, sag ich, weil mir von diesen ganzen Eindrücken jetzt direkt ein bisschen schwindelig wird. Diese Berge. Diese Rosen. Dieser Knackarsch. »Das … das ist alles ganz wunderbar.«

»Sì, sì. Das ist wunderbar. Rauchen ist übrigens nur auf dem Balkon erlaubt. Dort drüben im Schrank sind noch zusätzliche Handtücher. Und auch Decken, falls es dir zu kalt wird. Aber eigentlich siehst du nicht so aus, als würde es dir zu kalt werden«, sagt sie mit einem Augenaufschlag, dass mein Schwindel jetzt fast in einer Ohnmacht endet. Ich kann nur wie ein Schulbub den Kopf schütteln und hoffen, dass sie meine Schnappatmung nicht bemerkt. »Ecco. Das dachte ich mir«, lacht sie mich an. »Ah, noch was. Wenn du heiß duschen willst, dann mach das am besten ganz früh, Franz. Weil sonst der Boiler leer ist.«

»Das sagst du doch sicherlich zu all deinen Gästen, oder?«

»Sì, sì. Aber wie heißt das Sprichwort? Wer zuerst kommt, der mahlt zuerst. Und bei mir heißt es, wer zuerst kommt, der kann heiß duschen«, lacht sie. »Kommt deine Frau eigentlich noch nach?«

»Nein, ich … ich bin ja gar nicht verheiratet«, stottere ich ein wenig idiotisch.

»Nicht?«

»Nein. Und außerdem bin ich auch eher aus beruflichen Gründen hier.«

»So ein schöner Mann und keine Frau? Wie kann das passieren? Warum bist du nicht verheiratet?«, sagt sie und legt jetzt den Kopf etwas schief. Ist ihre Augenfarbe etwa grün? Tatsache. Das steht ihr gut. Grad zu diesen dunklen Haaren. Hat sie mit dem schönen Mann eigentlich grad mich gemeint?

»Franz?«, reißt sie mich nun aus meinen Gedanken heraus. »Warum also keine Frau? Oder gibt es einen Mann?«

»Nein, spinnst du«, entgegne ich, fahr mir übern Kopf und ein verklemmtes Lachen kratzt mir aus der Kehle. Verdammt, irgendwie schein ich komplett aus der Übung zu sein. »Warum … warum? Warum ist man nicht verheiratet? Mei, so was passiert halt. Muss ja nicht jeder verheiratet sein, oder?«

»Ich weiß nicht. Ich bin schon ziemlich gern verheiratet gewesen. Ich liebe es, so einen starken Mann an meiner Seite zu haben. Bei Tag und bei Nacht.«

»Ja, hähä. Aber wie gesagt, es wird keine Frau nachkommen und eine Ehefrau schon gar nicht.«

»Weil du ja beruflich hier bist«, sagt sie, während sie mit einer Haarsträhne spielt.

»Genau. Ja, äh … beruflich. Und zwar wegen einem Paar. Einem frischgebackenen Ehepaar, das neulich hier abgestiegen ist und wo dann die arme Frau vom Berg gestürzt ist, vielleicht erinnerst du dich?«, sag ich und kann sie dabei nicht aus den Augen lassen.

»Sì, sì. Signora Schönberger«, entgegnet sie. Dann wird sie schlagartig traurig, legt eine Hand auf ihre Brust und sinkt langsam auf die Bettkante nieder. Sitzt auf dieser Tagesdecke mit all ihren Rosen und starrt auf den Boden. »Schrecklich. Sie war so eine … eine nette, kleine Person. So ein hübsches Pärchen und voller Liebe. Wirklich eine ganz schreckliche Geschichte.«

»Kennst du die Stelle, wo das Unglück passiert ist, Luisa?«, frag ich und setz mich nun mal daneben.

»Nein«, antwortet sie und lächelt jetzt wieder ein bisschen. »Ich mag die Berge. Ja, ich mag sie sogar sehr. Aber ich mag sie nur von unten. Ganz anders als mein Mann übrigens, der mag sie von allen Seiten. Aber als Skilehrer und Bergführer ist das wohl normal, besonders, wenn man hier aufgewachsen ist. Aber ich … ich stamme ja eigentlich aus Verona und bin erst durch meinen Mann hierhergekommen. Ja, es war mein Giorgio, der mich hierhergelockt hat mit seinem ganzen ti amo und per sempre, der verdammte Lügner.«

»Was ist passiert?«, frag ich nach einem Weilchen, weil sich die aktuelle Gedenkminute doch etwas in die Länge zieht.

»Was passiert ist? Es ist eine Schwedin gekommen. Und als sie abgereist ist, also zwei Wochen und vier Bergtouren später, da hat sie ihn einfach mitgenommen, meinen Giorgio. So als wär's ein Souvenir. Und da war sie plötzlich weg, meine große Liebe, und ich ... ich bin immer noch hier. Und die Berge sind auch immer noch hier. Nur der Bergführer fehlt.«

»Das ist scheiße«, sag ich, weil mir weiter nix einfällt. Außer dem Flötzinger vielleicht.

Nun steht sie auf, streicht die Bettdecke wieder glatt und stemmt die Hände in die Hüfte. »Allora, Schluss mit Drama. Wenn du magst, dann werde ich jetzt eine kleine Pasta machen.«

»Kann schon auch gern eine größere sein.«

»Prima«, grinst sie und ihre grünen Augen funkeln nur so. »Und du kannst dich in der Zwischenzeit ein bisschen frisch machen und deine Tasche auspacken.«

»Weekender«, sag ich noch mehr zu mir selbst, grad als sie schon von draußen die Zimmertür schließt.

Wie ich nun mein Handy hervorzieh, merk ich gleich, dass der Akku leer ist. Kaum steckt es am Kabel, wird deutlich, der Rudi war hinsichtlich einer Kontaktaufnahme offenbar ebenso hyperaktiv, wie es die Susi war. Neben zahlreichen Anrufversuchen gibt es auch jeweils eine Textnachricht mit ziemlich ähnlichem Inhalt, dass ich mich halt umgehend melden soll. »Verdammt noch mal«, hat die Susi noch hintendran gehängt und »du blöder Arsch« der Rudi.

Ansonsten ist es beinah identisch. Weil ich im Moment direkt überfordert bin, wen von den beiden ich nun zuerst anrufen soll, drum muss ich am besten erst mal psychisch in mich und physisch zurück nach unten gehen. Hock mich draußen vorm Haus auf ein Bankerl und streck die Haxen unter den Tisch. Kurz darauf klappert die Luisa schon mit einem Tablett ums Eck.

Jetzt duftet es so dermaßen gut, dass es mich fast an alte Zeiten erinnert. An die guten alten Zeiten, wo die Oma noch funktioniert und kulinarisch alle aufs Beste verwöhnt hat. Da kann dir fei schon die Wehmut aufkommen.

»Allora«, sagt die Luisa, während sie aufdeckt, und hält mir dann zwei Flaschen Wein unter die Nase. »Rot oder weiß?«

»Ein Bier hast nicht?«, frag ich und glaub die Antwort längst zu kennen.

»Natürlich hab ich ein Bier. Aber du wirst keines kriegen. Wenn du meine Pasta essen willst, dann wirst du Wein trinken und basta.«

So geb ich mich geschlagen und entscheide mich für rot. Was wohl die richtige Wahl gewesen ist, weil es am Ende immerhin doch drei Gläser sind, die den Gaumenschmaus hier aufs Feinste vollenden.

»Es war die beste italienische Pasta meines Lebens«, sag ich hinterher, als ich mit dem Tablett in der Küchentür steh.

»Du willst da hinauf, auf den Berg? Du willst zu dem Platz, wo die Signora abgestürzt ist?«, fragt sie, wie sie mir das Geschirr abnimmt.

»Von wollen kann keine Rede sein. Aber ich werde mir die Stelle wohl anschauen müssen.«

»Das hab ich vermutet. Drum hab ich schon mal den Sandro angerufen. Ich hab ihn nicht erreicht, aber ich hab auf seine Mailbox gesprochen. Er wird mich zurückrufen, sobald er wieder im Tal ist.«

»Und wer genau ist das, der Sandro?«

»Das ist der jüngere Bruder von Giorgio, also mein kleiner Schwager. Ein Schwerenöter, der in jeder Saison Tausende Herzen bricht. Aber eben auch ein Skilehrer und Bergführer. Wenn du willst, dann kann er dich sicherlich dort hinbringen.«

»Wie schon gesagt, von wollen kann keine Rede sein. Aber was anderes, Luisa, die Polizeistation, die den Unfall aufgenommen hat, wo kann ich die finden?«

»Da musst du auf keine Polizeistation. Da kannst einfach rüber zum Andreas«, antwortet sie, begibt sich ans Fenster und deutet mir an, zu ihr rüberzukommen. »Der wohnt gleich dort, siehst du das Haus mit dem Erker? Da musst du hin. Und bevor du wieder nachfragen musst, der Andreas ist hier der Chef von den Carabinieri. Er ist ein guter Freund und entfernter Verwandter von Giorgio. Ich ruf ihn gleich an.«

»Sind hier eigentlich alle verwandt miteinander?«, frag ich, doch da ist sie schon am Hörer. Sie telefoniert auf Italienisch, was ein Lauschen freilich sinnlos macht. Am Schluss des Gesprächs aber hat sie zwei Informationen für mich. Die erste ist, dass hier tatsächlich die meisten irgendwie verwandt oder zumindest verschwägert sind. Was mich aber deutlich mehr aufmerken lässt, ist eher die zweite. Nämlich, dass es dem besagten Kollegen trotz eines straffen Dienstplans doch möglich ist, in einer guten Stunde zu uns zu stoßen. Wunderbar. Scheint ja zu laufen.

Auf dem Weg nach oben überlege ich krampfhaft, welchen von meinen beiden Telefonterroristen ich zuerst zurückrufe, und komme zu keiner eindeutigen Antwort. Was dann aber im nächsten Moment schon keine große Rolle mehr spielt, weil ohnehin mein Telefon läutet und mir eine Entscheidung zumindest fürs Erste abnimmt. Es ist der Simmerl, der anruft, und er wirkt äußerst aufgebracht. Weil er nämlich heut früh den Flötzinger getroffen hat, welcher ihm die gleiche Geschichte über seinen aktuellen Seelenstatus anvertraut hat, die mir bereits leidvoll bekannt ist.

»Simmerl«, sag ich und starr in die Berge. Allerhand, wie hoch die sind. »Ich hab jetzt null Komma null Lust, mich mit dir über den Flötzinger zu unterhalten.

»Ich will mich auch nicht über den Flötzinger unterhalten, sondern über meine Ehefrau. Sie hat nämlich seit Neuestem Reizwäsche. Verstehst du, Reizwäsche. Und der Flötzinger hat gesagt, dass die Mary nämlich auch andere Klamotten anhat, seitdem sie diesen neuen Typen hat. Sexy Klamotten, verstehst. Also eines kann ich dir sagen, Franz, meinetwegen hatte die Gisela zuletzt vor fuchzehn Jahren Reizwäsche an.«

»Aha«, sag ich und muss mich dann räuspern.

»Ja, aha. Und jetzt frag ich dich, wenn sie meinetwegen keine Reizwäsche anhat, wegen wem dann sonst?«

»Du, Simmerl, ich ... ich ruf dich gleich zurück. Versprochen. Ich krieg da nämlich grad einen äußerst wichtigen dienstlichen Anruf rein. Also, bis später, servus«, sag ich noch, dann leg ich auf.

Im Grunde ist das keine Lüge. Jedenfalls keine richtige. Weil nämlich schon im nächsten Moment das Telefon tatsächlich läutet. Also wenn, dann war es höchstens eine Art von hellseherischer Vorausahnung oder so. Und genau jetzt den Rudi zu hören, das tut direkt gut. Da kann auch seine Begrüßung der eher rustikaleren Natur nicht wirklich was dran ändern.

»Ach«, sagt er final, wie er sich schließlich seinen ganzen Unmut rausposaunt hat. »Was red ich da eigentlich ... das hat doch alles eh keinen Zweck.«

»Sinn, Rudi. Es hat alles keinen Sinn«, muss ich hier meinen Verbesserungsvorschlag machen.

»Sinn, Zweck, wo ist da der Unterschied? Ist doch einfach fürn Arsch. Ja, es ist völlig fürn Arsch, dir etwas erklären zu wollen. Zum Beispiel, dass man im Zuge von Ermittlungsarbeiten unter Kollegen immerzu gegenseitig erreichbar sein muss. Und wenn man mal nicht erreichbar sein kann, dann aber wenigstens zeitnah zurückruft«, kommt es retour und ist an Theatralik kaum noch zu toppen.

»Dann tu uns doch beiden was Gutes, Rudi, und spar dir deine Erklärungen in Zukunft einfach. So, und jetzt komm mal zum Punkt. Was ist denn der eigentliche Grund, der für deine doch relativ zahlreichen Anrufe verantwortlich ist?«, frag ich und setz mich voll gespannter Erwartung auf der Bettkante nieder. Genau auf die Rosen. Also praktisch exakt dort, wo quasi kurz zuvor noch der kleine Knackarsch von der Luisa draufgesessen hat. Doch anstatt dass mir jetzt der Mund vom Spannungsbogen der Birkenbergischen Observierungserfolge offen bleiben würde, bleibt er mir eher offen vom Gähnen. Zumindest zunächst mal. Da er mir nämlich von seiner letzten Nacht berichtet, und zwar in der Ausführlichkeit eines Beipackzettels. Vom Dauerregen, der dann in Hagel überging. Von der daraus resultierenden Kälte. Vom Dacheinbruch seines Zeltes. Und davon, dass ihm schließlich der Schönberger irgendwann eine alternative Unterkunft angeboten hat. Wie der halt aufgrund des schweren Unwetters einen Kontrollgang über den Campingplatz gemacht und dabei schließlich den triefenden Rudi entdeckt hat. Da hat er eben Mitleid bekommen und ihn dann in eines der Gästezimmer gebracht. Bildlich hab ich das ganz exakt vor mir, wie der Rudi mit kalten und tropfenden Gliedern vor seinem eingedrückten Zweimannzelt steht und in die Nacht hineinwimmert.

»Ich war so froh, dass er plötzlich da war, Franz«, sagt er und seine Erleichterung ist immer noch deutlich.

»Dann ist er ja nicht nur schön, der Mike, sondern auch gut. Der schöne und gute Mike, sozusagen.«

»Nein, weder das eine noch das andere, Franz. Es ist nämlich überhaupt kein Mike.«

»Wieso? Du hast doch soeben noch gesagt, dass dich der Schönberger …«

»Ja, daran ist auch nichts falsch«, unterbricht er mich hier. »Es war ja auch der Schönberger, der mich vom Zelt weg und in ein Gästezimmer gebracht hat. Nur war es nicht der Schönberger Michael, also quasi unser schöner Mike, sondern der Schönberger Markus.«

»Hä? Ich weiß aber ganz sicher, dass er Michael heißt. Der Moratschek, der wird doch wohl wissen …«

»Ja, ja, das ist wohl auch korrekt«, unterbricht er mich ein weiteres Mal und jetzt soll er's mal lieber nicht übertreiben. »Aber gestern Nacht, da hab ich mich natürlich am Ende noch bedankt, und zwar mit den Worten: Danke, für deine Hilfe. Ich bin übrigens der Rudi. Und du? Du bist der Michael, oder? Dann hat er den Kopf geschüttelt und gesagt, er wär nicht der Michael. Das wär sein Bruder. Er selber, er würde Markus heißen, aber man würde sie öfter verwechseln.«

Kapitel 8

Der Andreas ist ebenfalls der deutschen Sprache mächtig, obendrein pünktlich wie die Maurer, wird aber wohl eher Anderl genannt. Jedenfalls stellt er sich damit vor und wird auch so von der Luisa begrüßt. Und weil sie anschließend keinerlei Anstalten macht, das Feld zu räumen, ich aber im Zuge meiner Ermittlungen gern ein Vieraugengespräch mit ihm hätte, drum bitte ich den Chef der hiesigen Carabinieri, mit mir nach oben in mein Zimmer zu kommen. Und kaum, dass wir dort Stellung beziehen, klappt er auch schon seinen Laptop auf, was einen durchaus zielstrebigen Eindruck macht.

»Die Luisa sagt, dass du ein Kollege bist und wegen diesem Bergunglück hierherkommst«, fängt er an, während er den Rechner hochfährt. »Das Ehepaar war ja aus Deutschland. Wird in dieser Sache etwa ermittelt?«

Und so versuch ich, meinem nagelneuen Busenfreund den Status quo zu erklären. Samt Moratschek mit seinen diversen Bedenken. Er lauscht und schweigt, gelegentlich nickt er auch und hat dabei seinen Blick starr auf den Bildschirm gerichtet.

»Also mal angenommen«, sagt er nach meiner relativ ausführlichen Berichterstattung. »Mal angenommen, dass dieser Schönberger … dass der tatsächlich was mit dieser Sache zu tun hat … Wenn er also seine Frau, seine Gattin, ja, eigentlich noch seine Braut, so frisch, wie die Ehe war, wenn er sie tatsächlich vom Berg gestoßen hätte, dann wär das ja ganz glasklar ein Mord. Und dann, Franz, dann wär das jedenfalls oscarreif gewesen, was er da abgeliefert hat. Ich mein, sein … sein ganzes Verhalten. Ich schwör's, noch nie zuvor hab ich jemanden gesehen, der so dermaßen verzweifelt war. Er hat komplett die Fassung verloren, ja, er ist regelrecht zusammengebrochen.«

»Vielleicht war's ja im Affekt und dann wär es ein Totschlag.«

Er nickt wieder und schaut nachdenklich auf seinen Bildschirm. Und dann schweigen wir ein Weilchen. Schließlich ist es mein Telefon, das die Stille durchbricht. Es liegt exakt vor uns auf dem Tisch und sein Display verrät, dass die Susi-Maus anruft.

»Susi-Maus ruft an«, sagt mein Visavis nach dem dritten Läuten und jetzt bin ich es, der nickt. Dann starren wir gemeinsam auf das nervige Teil und es erstaunt mich, wie hartnäckig sie doch sein kann, die Susi.

»Magst nicht rangehen, gell?«, will der Anderl nun wissen, während er sich kurz an der hellgrauen Schläfe kratzt.

»Würd ich ja sonst tun, oder?«, antworte ich und quetsch mir ein Lächeln ab.

»Mein Bruder hat eine Frau und fünf Kinder. Und der hat gar kein Handy mehr. Er würd sonst wahnsinnig werden, hat er gesagt.«

»Ein kluger Mann.«

»Hätte er dann eine Frau und fünf Kinder?«, fragt er und grinst.

»Du hast keine Frau?«

»Nein, zumindest nicht stationär. Ambulant immer wieder gern. Weil, du siehst es ja selber, wenn du sie erst mal fest hast, dann gehen sie dir nur auf die Nerven. Da stimmt einfach die Love-Life-Balance nicht. Ich leb bei meiner Mama und werde dort bestens versorgt. Und durch die ganzen Touristinnen hier, da kommt die Libido auch nicht zu kurz.«

Seine Worte in Kombination mit dem Klingelton lassen mich mein eigenes Lebensmodell grad kritisch hinterfragen. Erst eine gefühlte Ewigkeit später kehrt endlich wieder Ruhe ein und wir atmen einmal tief durch. Dann schiebt mir der Anderl seinen Laptop über den Tisch.

»Da findest du eigentlich alles, was wir haben«, sagt er dabei mit einem Schulterzucken. »Viel ist es nicht, aber wie gesagt, unter den Kollegen sind wir alle felsenfest von einem tragischen Unfall ausgegangen. Und keiner von uns hat da ein Bedürfnis verspürt, mehr Zeit als unbedingt nötig mit dem am Boden zerstörten Witwer zu verbringen. Letztendlich waren wir auch alle heilfroh, wie diese Geschichte durch war.«

»Kannst mir das vielleicht schicken?«, frag ich hier nach, doch er schüttelt den Kopf.

»Fotografier's dir einfach ab. Sonst bräuchten wir eine offizielle …«

»Nein, schon klar«, unterbrech ich ihn gleich, schnapp mir mein Handy und tu wie mir geheißen. »Ich muss mir auch noch die Unfallstelle ansehen.«

»Da komm ich mit«, sagt er und steht auf. »Aber das machen wir lieber morgen. Du hast heut schon Alkohol getrunken. Vermutlich zum Mittagessen zwei oder drei Gläser Wein? Und auf dem Berg, da sollte man lieber nüchtern sein. Erst recht, wenn man eben kein Sportler ist.«

»Woher weißt du das?«, frag ich, weil ich grad ein bisschen verblüfft bin.

»Woher weiß ich was?«

»Na, das mit dem Wein. Und dass ich kein Sportler bin.«

»Na ja, ich bin halt ein Bulle. Und da sollte man schon rein berufsbedingt eine feine kriminalistische Spürnase haben. Und speziell in deinem Fall, da war das auch gar nicht so schwer. Den Wein kann man riechen und dass du kein Sportler bist, das kann man ja sehen.«

Jetzt aber Obacht, mein Freund!

»Ja, dann halt morgen«, entgegne ich und achte darauf, dass ich meine aufkeimende Wut im Zaum halten kann.

»Hast du wenigstens Bergschuhe dabei?«

»Nein. Bergsteiger bin ich auch keiner.«

»Ich denk, du kommst aus Bayern. Hat jedenfalls die Luisa erwähnt.«

»Ja, aber aus Niederbayern. Niederkaltenkirchen in Niederbayern, um genau zu sein. Und wie das Wort Niederbayern ja schon so schön sagt, ist es dort niedrig. Also keine Berge.«

»Niederkaltenkirchen in Niederbayern. Ja, flacher geht's tatsächlich kaum noch. Was hast denn für eine Schuhgröße?«

»Dreiundvierzig, warum?«

»Weil ich dir dann ein Paar Bergschuh mitbring. Bergschuh und Sonnencreme, das ist auf dem Gipfel das Wichtigste. Also, morgen um Neune steh ich hier auf der Matte. Servus, Kollege«, sagt er noch, klopft kurz auf die Tischplatte und keinen Wimpernschlag später, da ist er auch schon im Hausgang verschwunden. Ich muss jetzt erst mal durchschnaufen und geh auf den Balkon raus. Unten sitzt die Luisa in der Sonne und faltet Handtücher in einen Wäschekorb. Und gleich darauf, wie der Anderl dazustößt, wechseln sie ein paar kurze Worte auf Italienisch, ehe er sich auf den

Weg zur Gartenpforte macht und sich dort auf ein Rennrad schwingt. Nein, das musste ja klar sein. So drahtig, wie der unterwegs ist, da kann er ja praktisch nur zur Spezies der Rennradler gehören. Kampfradler nenn ich sie auch gern. Weil sie mir immer den Eindruck erwecken, als würden sie sich mit dem Rest der Menschheit im Krieg befinden. Ich taste mal meinen Bauch ab. Gut, das könnte schon weniger sein. Aber muss man sich deshalb so kasteien? Ich mein, der ist jetzt auch nicht mehr der Jüngste. So alt wie ich vielleicht. Obendrein gibt es hier wohl keinen einzigen Meter, der ohne eine Steigung wär. Es geht bergauf oder bergab. Dazwischen gibt's nix. Also bei mir persönlich, bei mir läuft hier gar nix ohne Motor. Bäuchlein hin oder her. Und die Susi, die steht da auch drauf. Sie sagt sogar immer, ein Mann ohne Bauch ist ein Krüppel. Apropos Susi. Ich schnapp mir mal mein Handy.

»Du hast mich angerufen«, sag ich so freundlich wie möglich, gleich wie sie abnimmt.

»Ein paar Dutzend Mal«, entgegnet sie knapp.

»Soso. Ja mei, gell. Aber jetzt sind wir ja zusammengekommen, wir zwei Königskinder«, versuch ich, ein bisschen Heiterkeit in das Gespräch zu bringen.

»Auf dem Küchentisch liegt ein Zettel. *Bin in Südtirol*, steht da drauf.«

»Ich weiß. Ich hab ihn ja geschrieben.«

»Und warum steht da drauf, dass du in Südtirol bist?«

»Weil es der Wahrheit entspricht. Ich kann ja nicht draufschreiben *Bin in Kasachstan*, wenn ich in Südtirol bin«, setz ich weiterhin auf meine durchaus witzige Seite.

»Herrschaft, Franz. Jetzt komm zum Punkt. Warum bist du in Südtirol? Warum erzählst du mir das nicht vorher, sondern schreibst es mitten in der Nacht auf einen Kassenzettel? Wann kommst du zurück? Was tust du dort? Und fass dich kurz, ich hab hier ein Volk zu regieren.«

Ja, die Susi, die kann auch spaßig sein.

»Fragen über Fragen. Gut, ich versuch, mich so kurz wie möglich zu fassen. Ich hab einen Mordfall an der Backe, wo es mich ermittlungstechnisch nach Südtirol verschlagen hat. Vermutlich kann ich aber morgen schon wieder zurückfahren. Noch Fragen?«

»Bist du bescheuert, oder was? Du bist ein Dorfsheriff in einem winzigen Kaff in Niederbayern und willst in Südtirol einen Mordfall aufklären? Haben die da keine eigenen Bullen oder willst du mich einfach nur verarschen? So, und jetzt hörst du mir mal zu. Heut Morgen hab ich nämlich die unglaubliche Nachricht erhalten, dass Niederkaltenkirchen auf der Liste der fünfzig erfolgreichsten Gemeinden in diesem Jahr steht, was ohne jeden Zweifel ganz klar mein Verdienst ist. Aber, und jetzt kommt's, die zehn erfolgreichsten Gemeinden werden durch ein Komitee final erst noch ermittelt. Und da will ich dazugehören. Weil eben genau die Bürgermeister von diesen Verwaltungen vom Ministerpräsidenten höchstpersönlich auf ein Wochenende nach München in den Bayerischen Hof eingeladen werden. Mitsamt Gattin oder, in unserem Fall, eben dir. Und da will ich hin. UNBEDINGT!«

»Allerhand.«

»Ja, absolut allerhand. Und wie du dir deswegen sicherlich unschwer vorstellen kannst, hab ich also die nächsten Tage unglaublich viel um die Ohren. Wenn dieses Komitee hier aufschlägt, dann muss einfach alles perfekt sein. Also schwing gefälligst deinen Arsch nach Hause und unterstütz mich dabei. Ich bitte dich ein einziges Mal um etwas, ist denn das zu viel verlangt?«

»Du, Susi-Maus, jetzt entspann dich mal ein bisschen. Weil weißt, zufällig hab ich auch noch einen …«

»Weißt was, Franz … fall einfach tot um«, unterbricht sie mich zischend und dann hängt sie ein.

So kann das nicht weitergehen. Sie macht mich wahnsinnig. Ja, sie macht mich schlicht und ergreifend wahnsinnig, seitdem sie diesen Posten hat. Schrammt immer nur um Haaresbreite am Größenwahn vorbei und würdigt meinen eigenen Job so dermaßen runter, dass ich schon fast Komplexe krieg. Dabei ist doch gar nix Schlimmes daran, ein Dorfpolizist in Bayern zu sein. Ich hab das eigentlich immer ganz gern gemacht. Die Gegend ist schön. Die Leute sind nett, jedenfalls einige. Und alle paar Monate stirbt jemand auf nicht natürliche Weise, was mich im ausgewogenen Maße weder überfordert noch arbeitslos macht. Was will man da mehr? Doch wenn ich augenblicklich so nachdenk, dann empfind ich mein Leben grad nicht so sehr prickelnd. Die Mutter meines einzigen Kindes scheint auf dem besten Weg schnurgrad in den Irrsinn zu stürzen. Der Campingplatzbesitzer ist plötzlich ein Markus und kein Michael mehr, wobei Letzterer noch nicht einmal auffindbar ist. Und obendrein muss ich morgen noch einen beschissenen Berg rauflaufen und das komplett ohne Motor. Ja, herzlichen Dank auch, kann man da sagen. Das Einzige, was jetzt noch hilft, ist eine heiße Dusche. Eine heiße Dusche kann Tote zum Leben erwecken und alle Sorgen und Nöte den Abguss runterspülen. Theoretisch. Wenn praktisch ein heißes Wasser da wär.

Gleich nach der kalten Dusche läutet mein Telefon und da bin ich jetzt direkt erleichtert, dass es der Rudi ist, der anruft, und nicht die Susi. Allerdings weint er, was der Sache schon wieder irgendwie einen negativen Touch verleiht.

»Was ist denn passiert, Rudi?«, frag ich, während ich mich auf die Bettkante hock und mir meine Haare frottiere.

»Mein Zelt«, kann ich zwischen zwei Schluchzern vernehmen.

»Was ist denn mit deinem Zelt?«

»Ich hab es angezündet, Franz. Ich hab es verbrannt, das Zelt.«

»Und warum hast du es angezündet, Rudi? Ich mein, so arg schlecht war es doch gar nicht.«

»Ja, glaubst du denn, ich hätte das absichtlich getan? Immerhin ist es das Zelt von meinen Eltern. Es war ihr erstes gemeinsames Zelt. Und ich glaube sogar, dass ich darin gezeugt worden bin. Jedenfalls hat mein Papa da mal was erwähnt.«

»Also keine Absicht?«

»Nein, auf gar keinen Fall. Ich wollte es trocknen, einfach nur trocknen. Es war ja tropfnass von der letzten Nacht. Also hab ich ein Lagerfeuer gemacht und dann ... Ja, ich weiß auch nicht recht ... Plötzlich hat es gebrannt. Wahrscheinlich hat der Wind sich gedreht oder so.«

»Wahrscheinlich«, sag ich und frag mich, was heute wohl noch alles kommt. Und exakt in dem Moment klopft es an der Tür. »Warte kurz«, sag ich zum Rudi, leg das Handy weg und versuch, mir das Handtuch um die Hüfte zu zurren. Wenn es nur ein kleines bisschen größer wär, tät das wirklich nicht schaden.

Es ist die Luisa, die nun vor der Tür steht, weil sie ein paar Anliegen hat. Zum einen will sie mir mitteilen, dass der Sandro heute noch kommt, und im selben Moment weiß ich gar nicht recht, wer der Sandro ist. Aber freilich hilft sie mir gleich auf die Sprünge, und zack, ist er wieder da, der Skilehrer und Bergführer und Schwager von ihr. Zweitens will sie wissen, ob ich irgendwohin zum Abendessen gehen will. Dann würde sie mir nämlich einen Tisch reservieren. Um Pfingsten rum wär immer viel los in den hiesigen Lokalen, sagt sie. Und da wär eine Reservierung schon absolut sinnvoll. Andererseits würde sie für sich selber heut Abend eine kleine Jause herrichten, und wenn ich möchte, dann … Natürlich möchte ich. Ich find's sogar super. Sie offenbar auch, denn sie zaubert mitsamt den grünen Augen ein unglaubliches Lächeln in ihr hübsches Gesicht. Wie sich doch das Blatt plötzlich wenden kann.

»Na, dann freu ich mich auf später«, sag ich und versuch, meinen Lendenschurz zu fixieren, der sich grad auflösen will.

»Ich freu mich auch. Sehr sogar«, erwidert sie nun relativ sexy und ihr Blick wandert zielorientiert zu meiner Körpermitte. »Kann ich dir … kann ich dir vielleicht irgendwie behilflich sein?«

»Das Handtuch ist einfach zu klein«, sag ich nun grinsend.

»Nein, finde ich nicht. Ich finde, es ist haargenau richtig«, grinst sie retour und wirft mir noch einen vielsagenden Blick zu, ehe sie auf dem Absatz kehrtmacht und ihren Knackarsch die Treppe runterschwingt.

»Du wirst diese Frau keinesfalls vögeln«, ist das Erste, was der Rudi sagt, kaum dass ich wieder am Hörer bin.

»Was? Wie kommst du denn darauf?«

»Denkst du, ich bin blöd, oder was? Ich freu mich. Ich freu mich auch. Aber ich freu mich noch mehr. Nein, das Handtuch ist nicht zu klein. Es ist haargenau richtig. Blablabla. Und allein dieser Tonfall. Mensch, die hat dir doch rein akustisch schon das Hirn weggeblasen. Aber das wirst du nicht tun. Schwör, dass du es nicht tun wirst. Du wirst diese Frau keinesfalls vögeln. Du hast deine Susi, Franz.«

»Es sollte nicht deine oberste Priorität sein, mein Sexualleben zu überwachen oder etwa moralisch zu bewerten, Rudi. Und anstatt dass du irgendwelche bescheuerten Zelte abfackelst, tätest du gut daran, deine Aufgaben zu erfüllen. Also beispielsweise herauszufinden, wo sich der schöne Mike befindet. Oder wer zum Teufel nun eigentlich der Besitzer von diesem Campingplatz ist. Ist er es oder doch sein Bruder? Also dieser Markus. Es dürfte also genug Beschäftigungen für dich geben, die tatsächlich Sinn machen, Rudi.«

»Franz, es war nicht irgendein bescheuertes Zelt. Sondern ich habe wohl gerade mit meinen eigenen Händen meine höchstpersönliche Zeugungsstätte eliminiert. Außerdem bitte ich meinen besten Freund, einfach keinen blöden Fehler zu machen. Doch was macht er? Anstatt dass er mich tröstet und verspricht, nix Dummes zu tun, führt er mich vor und degradiert mich zu einem … zu einem Befehlsempfänger, oder was?«

Jetzt würde ich mir doch wünschen, die Susi wär in der Leitung.

»Rudi …«, atme ich schwer.

»Nein, nix Rudi«, unterbricht er mich harsch. »Ich hab dich schon verstanden, mein Freund. Ich soll mich aus deinem Leben raushalten und meines interessiert dich ohnehin einen Scheißdreck. Deswegen werde ich nun genau das tun, was du von mir verlangst, und auf alle deine Fragen Antworten finden. Aber bitte, tu mir nur einen Gefallen und fang nix mit diesem Weibsstück an. Solche Geschichten gehen nie gut aus. Nie. Aber aus meinen jahrzehntelangen Erfahrungen mit dir weiß ich freilich, dass meine Worte ohnehin auf keinen fruchtbaren Boden fallen. Drum mach, was du willst. So und jetzt servus.«

»Ja, servus«, sag ich nun doch etwas kleinlaut.

»Hast du schon aufgelegt?«

»Ja«, sag ich und muss grinsen.

»Leg auf.«

»Leg doch selber auf.«

»Eigentlich hätte ich es schön gefunden, wenn du noch etwas Nettes gesagt hättest.«

»Vergiss es«, sag ich und dann leg ich auf.

Auf so völlig unfruchtbaren Boden, wie mein kleiner Moralapostel jetzt meint, sind seine Worte gar nicht gefallen. So ein winziger Keim ist durchaus vorhanden. Was mich prompt dazu nötigt, eine ganz bestimmte Nummer zu wählen. Eine Nummer, die ich sonst nicht so oft wähle. Vielleicht mal zum Geburtstag, oder so. Und eben jetzt. Es ist die Nummer von der Simmerl Gisela. Und kaum hab ich die an der Strippe, da kriegt sie meinen ganzen heutigen Frust ab. Denn nachdem ich ihr kurz vom Anruf ihres Gatten berichtet hab, da leg ich ihr nahe, die Liaison mit ihrem Chorleiter zu beenden, und zwar sofort. Weil ich mich ansonsten nämlich dazu gezwungen sehe, dem Simmerl reinen Wein einzuschenken. Schließlich ist er mein Freund. Und der Metzger meines Vertrauens. Und der Metzger des Vertrauens vom gesamten Landkreis. Und so eine wichtige Person, die gibt man weder der Lächerlichkeit preis noch setzt man ihr Hörner auf. Punktum. Sie versteht mich auf Anhieb. Jedenfalls weint sie ein bisschen, während sie feierlich gelobt, auf den Pfad der Tugend zurückzukehren. Na, also, geht doch!

Ein wenig später sitz ich dann unten in der Abendsonne und lausche dem Sandro, der versucht, mir den Berg zu erklären. Also den Unglücksberg quasi. Er ist sehr präzise und ausführlich, und doch kann ich mich nicht wirklich auf ihn konzentrieren. Ob das an dem immensen Informationsfluss liegt, dem ich heute schon ausgesetzt war, oder doch eher an der Luisa, das kann ich gar nicht klar definieren. Fakt ist jedenfalls, dass ich immer, wenn der Sandro das Wort Berg in den Mund nimmt, auf ihren Hintern starren muss. Ich kann sie nämlich durch die offene Küchentür sehen, wo sie offenbar grad zugange ist, unsere Jause vorzubereiten.

»Hast du alles verstanden?«, will der Sandro irgendwann wissen und verschränkt seine Arme, die muskulöser und braun gebrannter nicht sein könnten, hinter dem Kopf.

»Ja«, sag ich und zwinge meinen Blick von der Küchentür weg. »Der Fußweg, der dauert in etwa zwei Stunden, doch mit der Bahn, da geht es ruckzuck. Oben ist eine Almhütte, die Wanderlust, und von der aus geht es noch ein halbes Stündchen bis zur Unglücksstelle rauf. Und ich soll Bergschuhe anziehen, anders macht das überhaupt keinen Sinn.«

»Tipptopp«, entgegnet der Sandro zufrieden und erhebt sich.

»Was hast du denn erwartet?«, sag ich und steh nun ebenfalls auf.

»Eine detailgetreue Beschreibung von Luisas Hintern, das hab ich erwartet. Aber ich glaub, die Mühe kannst dir bei ihr sparen, da haben sich schon ganz andere die Zähne ausgebissen. Also, bis morgen um neun. Schönen Abend noch.«

Dann ist er weg, der Ski fahrende, bergsteigende Schwager.

Kapitel 9

Nun bin ich ja weit davon entfernt, dem Rudi hellseherische Fähigkeiten anzudichten, und dennoch wach ich am nächsten Morgen auf und die Luisa liegt neben mir im Bett. Im ersten Moment weiß ich jetzt gar nicht, wie ich das finden soll, und im zweiten erst recht nicht, weil sie dann die grünen Augen öffnet und mich damit anschaut, sich einmal sehr wonnig durchstreckt und mir dann lächelnd die Arme um den Hals legt. Und nicht etwa, dass mir das jetzt unangenehm wär, das nicht. Ihre Haut ist seidenweich und irgendwie riecht sie wie Honig und frisch gewaschene Wäsche. Aber dennoch fühlt es sich sonderbar an. Wie hat denn das passieren können, dass sie hier liegt? In aller Herrgottsfrüh neben mir und relativ textilfrei obendrein? Was ist da bloß geschehen gestern Abend? Wir haben doch nur die Brotzeit gegessen, ein bisschen geratscht, ein paar Gläser Wein getrunken und eine echt prima Stimmung gehabt. Gut, Wein bin ich nicht wirklich gewöhnt und kann ihn schlecht einschätzen, das muss man schon sagen. Völlig anders wie bei Bier. Bei Bier, da bin ich ja quasi immun. Da kann ich manchmal sogar ein ganzes Tragerl trinken und immer noch fehlerfrei in jede Parklücke fahren. Selbst rückwärts und mit verbundenen Augen. Erst am nächsten Tag, da geht's mir dann schon meistens schlecht. Doch wenn ich jetzt so überleg, dann hab ich keinerlei Ahnung, was gestern passiert ist. Und auch nicht, ob was passiert ist. Irgendwie muss ich einen Filmriss haben. Einen Filmriss wie aus dem Lehrbuch.

»Amore«, haucht sie nun, nimmt meinen vernebelten Kopf in ihre Hände und kommt ganz nah mit ihrem Gesicht.

»Hm?«, sag ich und merk, wie mir der Hals steif wird.

»Wie schön das war«, haucht sie weiter und schaut mir ganz tief in die Augen. Ich weiß gleich gar nicht mehr, wo ich hinsehen soll, und ein verkniffenes Lachen kratzt mir aus der Kehle. »Weißt du, Franz, du bist der erste Mann, auf den ich mich seit dem Giorgio wieder einlassen kann. Wieder einlassen möchte. Du … du bist so anders, irgendwie so vertraut. Dich hat mir der Himmel geschickt.«

»Wie … wie spät ist es eigentlich?«, frag ich, allein schon, um das Thema zu wechseln.

»Dürfte so kurz nach acht sein«, sagt sie nach einem kurzen Blick Richtung Fenster. »Vielleicht auch schon halb neun.«

»Dann muss ich los«, erwidere ich und bin mit einem Hechtsprung auf den Beinen.

»Ich weiß, Liebster. Ich werde dir noch schnell ein kleines Frühstück zaubern«, sagt sie und schlüpft nun ebenfalls aus den Kissen. Ich weiß jetzt gar nicht, wo ich hinschauen soll, und verschwinde lieber im Bad. Hock mich dort auf die Kloschüssel und versuch, meine Gedanken zu ordnen. Was zum Teufel ist das Letzte, woran ich mich erinnere? Die Stimmung war gut, so viel steht fest. Wir haben geredet, gelacht, gegessen und getrunken. Und Letzteres muss offenbar zu viel gewesen sein.

Ich stell mich unter die Brause und dusche. Kalt. Zumindest bin ich jetzt wach. Doch selbst eine gute halbe Stunde später, als ich am Sessellift auf meine zwei Begleiter stoße, da sind die Gedächtnislücken von letzter Nacht noch nicht wieder geschlossen.

Wenn man jetzt denken könnte, nach diesem Start in den Tag könnte einen nix mehr zerlegen, dann ist man schwer auf dem Holzweg. Da es mir ja aus alkoholtechnischen Gründen heraus ohnehin schon nicht besonders gut geht, ist die aktuelle Liftfahrt die schiere Hölle. In kompletter Beinfreiheit schweben wir nun nämlich in hundert Metern Höhe auf einem … einem uralten Blechgestell den Berg hoch und bei jeder einzelnen von diesen verrosteten Säulen, da kracht und quietscht und scheppert alles und wir plumpsen ein riesiges Stück in die Tiefe, dass mir das kleine Frühstück von soeben grad wieder hochkommt.

»Ist dir schlecht?«, will der Sandro, der hier mein Sitznachbar ist, irgendwann wissen und schaut grinsend zu mir rüber.

»Ja.«

»Musst du kotzen?«

»Ja«, kann ich grade noch sagen, dann plumpst mir auch schon das Frühstück aus dem Gesicht und in die blühenden Almen hinein. Trotzdem bin ich jetzt aus zweierlei Gründen heraus direkt froh. Erstens bin ich froh, dass es kein großes Frühstück war, und zweitens freilich, dass es mir nicht mehr so schlecht ist. Flau ist mir der Magen aber immer noch leicht. Der Sandro, der wohl grad sehr aufmerksam ist, reicht mir ein Tempo rüber.

»Zu viel Rotwein gestern mit der Luisa, vermute ich mal«, sagt er grinsend, als er seine Packung zurück in die Jackentasche steckt. »Ja, die kann einen wirklich unter den Tisch saufen. Da können einige ein Lied davon singen.«

Nach Singen ist mir jetzt gar nicht zumute.

Oben an der Hütte versuch ich, mich zu fassen, schließlich will man ja nicht total absacken. Grad so in einer Männerrunde. Deswegen mach ich mich zielorientiert, wie ich nun mal bin, gleich auf die Suche nach dem Wirt und werde schnell fündig. Er steht hinterm Tresen am Zapfhahn und der Biergeruch lässt mich fast schwindelig werden. Trotzdem muss ich ihm jetzt ein paar Fragen stellen und er beantwortet alles ganz einwandfrei, während er unbeirrt weiterzapft. Ja, sagt er, an dieses Bergunglück, da kann er sich sehr gut erinnern und freilich auch an den Mann von dem Opfer. Der war ja so was von durch den Wind, was man aber bei einem solchen Drama natürlich durchaus verstehen kann, gell. Drei Marillenschnaps hat er ihm hingestellt, dem armen Kerl. Und einen Apfelstrudel wegen dem Zucker. Gegessen hat er ihn nicht. Nur angestarrt und hineingeweint. Und dann, wie er den Rettungshubschrauber schließlich gehört hat, da ist er aufgesprungen und losgerannt. Hat sogar das Zahlen vergessen, aber in so einem Fall, da drückt man schon mal ein Auge zu, gell.

»Hab ich dir nicht gesagt, dass du keinen Alkohol trinken sollst, wennst auf den Berg willst«, ist das Erste, was der Anderl sagt, kaum dass ich dann auf der Sonnenterrasse wieder dazustoß.

»Hab ich ja auch nicht. Noch keinen einzigen Tropfen«, sag ich wahrheitsgemäß.

»Ja, heut vielleicht nicht. Aber gestern wohl so viel, dass es bis heute noch ausreicht«, entgegnet er mürrisch und der Sandro grinst dabei in den Boden, das alte Waschweib.

»Also, auf geht's, bevor wir hier anwurzeln«, sag ich und so machen wir uns auf den Weg.

»Bist du wenigstens eingecremt? Wir haben hier Höhensonne«, will der Anderl noch wissen und ich nicke, obwohl ich den Kopf schütteln sollte.

»Wenn's dir nicht gut geht, dann können wir jederzeit eine kleine Pause einlegen«, sagt der Sandro, da sind wir von der Wanderlust noch keinen Steinwurf entfernt. Wahrscheinlich hat er ein bisschen ein schlechtes Gewissen, wegen seiner blöden Tratscherei gerade.

»So schlimm wird's schon nicht werden«, entgegne ich.

Es wird noch viel schlimmer. Keine fünf Minuten später, da gibt's nämlich schon einen Handlauf und kurz darauf fehlt plötzlich komplett ein Weg. Nur noch Felsen, so weit das Auge reicht, und langsam scheint's mir zu dämmern, was der Anderl da gemeint hat. Der Sandro steigt nun vor mir in die steinigen Wände und der Anderl dahinter. Somit bin ich quasi mittig und hoch konzentriert. Bei jedem einzelnen Schritt versuche ich, den meines trittsicheren Vorgängers so gut es geht zu kopieren, was unglaublich anstrengend ist. Und dabei frag ich mich ernsthaft, wie es die Leddi hier raufgeschafft hat. Und was ein so vollkommen unsportliches Mädchen, wie sie es nun mal war, generell dazu treibt, diese Ochsentour hier zu machen.

»Ist es noch weit?«, frag ich, etwa eine Viertelstunde nachdem ich zuerst fragen wollte, mir es aber verkniffen hab, weil ich es als zu früh eingestuft hatte.

»Wir sind jetzt gerade mal seit fünf Minuten unterwegs, Franz. Und bis dort oben rauf dauert es dreißig«, antwortet der Sandro und bleibt stehen. »Wenn du aber eine Pause brauchst …«

»Also, wenn er jetzt schon eine Pause braucht, dann sind wir heut Abend noch unterwegs«, fällt ihm prompt der Anderl ins Wort.

Und so brauche ich selbstverständlich keine Pause, allein schon, um hier nicht völlig den deutschen Loser zu geben. Und anderthalb Stunden später, da ist es schließlich vollbracht und wir haben es erreicht, unser Ziel. Ich bin zwar atemlos und durchgeschwitzt bis auf den Schlüpfer, aber dennoch stehen wir am Gipfelkreuz. An welches ich mich nun auch zuerst einmal lehne und einfach darauf warte, bis mein Blutdruck wieder unter zweihundert fällt. Der Sandro holt aus seinem Rucksack drei Flaschen Wasser und verteilt sie. Und nachdem dann wenigstens mein Wasserhaushalt wieder stimmt, da zieh ich mein Telefon aus der Jackentasche.

»Man hat keinen Empfang hier«, sagt nun der Anderl mit Blick auf das Handy. »Was übrigens auch in dem Protokoll steht, das du doch gestern noch abfotografiert hast. Der Schönberger, der hat ja auch erst mal bis runter zur Hütte laufen müssen, um überhaupt die Rettung rufen zu können.«

»Ja, ja, weiß ich, hab's ja gelesen«, lüg ich jetzt. »Ich wollte auch nicht telefonieren, sondern nur ein paar Fotos machen. So macht man das bei uns, wenn man in einem Mordfall ermittelt. Also, meine Herrschaften, wo ist sie denn, diese Absturzstelle?«

Erst wechseln die beiden noch einen vielsagenden Blick aus, ehe der Sandro aus seiner Hocke hochkommt und zielstrebig gefährlich nah an den Rand des Abgrunds tritt.

»Exakt hier«, sagt er schließlich und ich schau zu ihm rüber. Höhe ist jetzt nicht so zwingend mein Ding. Hohe Höhe erst recht nicht. Und es ist unglaublich hoch hier. Dennoch bin ich schon aus reinem Ehrgefühl heraus gezwungen, dort jetzt hinüberzugehen. Dann steh ich todesmutig daneben. Leck mich am Arsch! Es ist noch deutlich höher, als es vor drei Schritten noch war, und im ersten Moment trau ich mich noch nicht mal, nach unten zu schauen. Im zweiten eigentlich auch nicht, aus besagten Gründen heraus tu ich es trotzdem. Heilige Mutter Gottes, bitte jetzt und in der Stunde unseres Todes … Plötzlich bleibt mein Blick an einem Felsvorsprung kleben. Direkt unter uns, vielleicht in drei oder vier Metern Tiefe, da ist ein kleiner Vorsprung deutlich zu sehen. Er ist zwar schmal und eigentlich fällt er nicht wirklich ins Gewicht, aber er ist an einer Stelle, die mir dennoch zu denken gibt.

»Ist sie auf diesem Felsvorsprung gelegen, die Schönberger Letitia?«, frag ich deswegen nach.

»Nein, nicht dort«, sagt der Anderl, macht allerdings keinerlei Anstalten, näher zu kommen. Wahrscheinlich hat er's auch nicht so mit Höhe. »Sie ist viel weiter unten gelegen. An die achtzig Meter in etwa.«

»Aber«, sag ich und hab meinen Fokus wieder nach unten gerichtet, »wenn sie achtzig Meter weiter unten aufgefunden worden ist, wie ist sie dann über diesen Steinsims gekommen?«

Auch der Sandro sieht nun nach unten und scheint kurz zu überlegen, bevor sein Blick rüber zum Anderl wandert. Der jedoch zuckt nur mit den Schultern.

»Also noch mal, Herrschaften, wenn die Absturzstelle exakt hier war und die Letitia achtzig Meter weiter unten aufgefunden worden ist, dann hätte sie entweder Anlauf nehmen müssen oder, und davon gehe ich aus, diese Geschichte ist dann einfach nicht möglich.«

»Ich glaub, da hat er recht«, sagt der Sandro nun etwas kleinlaut, nimmt sein Käppi ab und kratzt sich am Kopf. Den Anderl wiederum scheint das nicht sehr zu tangieren. Zumindest hat der die ganze werte Aufmerksamkeit grad auf seine Fingernägel gerichtet.

»Ich … ich muss da jetzt runter«, sag ich und bin inzwischen ein wenig genervt. Dem Sandro kratzt ein kurzes nervöses Lachen aus der Kehle, ehe er augenscheinlich Verstärkung von seinem Kumpanen sucht.

»Du … du kannst da nicht einfach so runter, Franz«, sagt er leicht überfordert, während sein Blick zwischen mir und dem Objekt meiner Begierde hin und her huscht. »Für einen ungeübten Kletterer ist das viel zu gefährlich.«

»Na, wenn es nur für einen ungeübten Kletterer viel zu gefährlich ist, dann ist ja alles in Ordnung. Ich bin nämlich überhaupt kein Kletterer, weder ein geübter noch ein ungeübter. Also, nimm jetzt gefälligst dein deppertes Seil hier und sichere mich irgendwie, damit ich da runterkomm. Dort in der Felsspalte, da hängt nämlich irgendwas, und das muss gesichert werden. Es ist ein Stofffetzen oder so was. Dieses Rote dort ganz links am Rand, kannst du das sehen? Und auch diese … diese ganzen Flecken dort, die müssen untersucht werden. Also, setz jetzt bitte schön deinen Arsch in Bewegung, wenn's keine Umstände macht.«

Ich weiß nicht, wer diese Worte alle sagt, sie kommen praktisch wie ganz von allein aus meinem Mund. Und es ist mir auch ein Rätsel, wer zum Teufel jetzt eigentlich auf diesen Felsvorsprung klettern will. Ich bin es jedenfalls nicht. Ich stehe eigentlich nur ein bisschen neben mir hier am Abgrund und wundere mich über all das, was gerade passiert, während der Sandro augenscheinlich den Anderl um Erlaubnis fragt.

»Meinetwegen, dann halt los«, kann ich meinen italienischen Kollegen urplötzlich vernehmen und es ist auch das Letzte, was meine Wahrnehmung nährt. Anschließend tut sich nämlich ein sehr dunkler Tunnel auf.

Frag nicht, wie ich dort hinunterkomme, geschweige denn wieder rauf. Eins steht fest, der Weg war steinig, steil und flaniert von Schimpfwörtern der übelsten Sorte. Irgendwann aber bin ich zurück, und zwar durchaus zufrieden. Meine zwei Begleiter wirken weniger zufrieden. Vielmehr wirken sie völlig zerstört, wie sie nun neben dem Gipfelkreuz liegen und sich schier die Lunge aus dem Leib kotzen. Danach fangen sie an, ihre Wunden zu versorgen. Ein paar lächerliche Schürfwunden an den Handknochen und so. Im Grunde kaum der Rede wert. Gut, die eine am Ellbogen, die ist schon ein bisschen größer. Und das Knie vom Sandro dürfte vielleicht auch ziemlich im Arsch sein, jedenfalls blutet es wie Harry. Aber trotzdem, solch ein Gezeter zu veranstalten, das find ich jetzt schon auch übertrieben.

»Also bitte, macht doch nicht so ein Theater, ihr zwei Bergfexen«, sag ich, während ich grad dabei bin, meine Spuren fein säuberlich zu sortieren und zu beschriften. Ja, Ordnung muss sein. Das ist wichtig. Grad so in einem mutmaßlichen Mordfall.

»Halt mich zurück, sonst muss ich ihn töten«, zischt nun der Anderl über Sandros Knie gebeugt und beide senden mir vernichtende Blicke.

Aber eigentlich interessiert mich das schon nicht mehr besonders. Ich bin nun nämlich fertig hier. Und so, wie's aussieht, dürften meine beiden Begleiter schon noch ein Weilchen damit beschäftigt sein, sich gegenseitig die Wunden zu lecken. So viel Zeit kann ich aber leider nicht mehr vertrödeln, immerhin will ich ja heut noch nach Hause. Drum pack ich meine Siebensachen zusammen und verabschiede mich.

»Also, merci miteinander. Also quasi für eure intensive Amtshilfe unter schwersten Bedingungen, hähä«, sag ich und hau dem Anderl auf die kraftlosen Schultern. »Hat mich sehr gefreut, ihr zwei. Ach ja, und danke für die Bergschuh, die sind tipptopp gewesen. Am besten lass ich die dann bei der Luisa in der Pension, gell. Also servus und Hals- und Beinbruch.«

Dann bin ich weg. Ohne ein einziges Abschiedswort von den beiden. Das find ich nicht schön. Ein Servus hätten sie sich schon noch rausquetschen können oder ist das zu viel verlangt? Immerhin hab ich grad den Job gemacht, den der Anderl schon längst hätte erledigen müssen. Grad so als Chef der hiesigen Carabinieri. Aber andere Länder, andere Sitten, könnte man sagen. Und andersherum war es dann schon auch irgendwie ziemlich kooperativ, wie sie mich letztendlich von diesem Felsvorsprung gezerrt haben, diese zwei hageren Burschen. Sozusagen den ganzen felsigen Berg hinauf und das mit meinen fast hundert Kilo und dieser unvorhersehbaren Panikattacke.

Immer schön dem Seil entlang bin ich zügig an der Seilbahn zurück, der Rest ist ein Klacks. Mein Weekender ist schnell gepackt und so muss ich praktisch nur noch bezahlen, ehe ich mich letztendlich auf die Heimreise mach. Erwartungsgemäß find ich die Luisa auf der Veranda, wo sie grad dabei ist, Gemüse zu putzen.

»Ich … äh, ich würde dann abreisen, Luisa. Kann ich kurz die Rechnung bezahlen?«, sag ich gleich durch die offene Terrassentür hindurch, weil ich so null Komma null Lust auf ein längeres Gespräch mit ihr hab.

»Du musst doch keine Rechnung bezahlen, Dummerchen«, sagt sie, legt das Messer zur Seite und klopft auf den Stuhl neben sich. »Und abreisen kannst du jetzt auch nicht. Ich hab nämlich heute alles meiner Mama von dir erzählt. Na gut, fast alles. Sie hat sich so gefreut für mich. Für uns beide, Amore. Und sie hat uns was Feines gekocht. Eigentlich müsste sie jede Minute da sein.«

»Das ist jetzt eher schlecht, weil ich dringend nach Haus muss«, sag ich und beweg mich keinen Millimeter vom Türrahmen weg.

»Papperlapapp«, entgegnet sie und ihre grünen Augen funkeln. »Nach Haus … nach Haus … Was willst du dort? Wer wartet auf dich? Die Susi-Maus ist es jedenfalls nicht. Mit der hab ich nämlich heut schon gesprochen. Eigentlich hatten wir ein nettes Gespräch. Aber am Ende, da hat sie gemeint, du sollst dich zum Teufel scheren. Ich glaub, die weiß gar nicht, was sie an dir hat. Ach, Amore, was schaust du denn so? Glaub mir, das wird wunderbar mit uns beiden. Ich könnte gerade sterben vor Glück. Weißt du eigentlich, dass du einen riesigen Sonnenbrand hast? Wart, ich hab hier was für unbelehrbare Touristen und werd dich kurz mal verarzten.«

Kapitel 10

Wie sich bald rausstellen wird, ist sie schon ein ziemliches Luder, diese Luisa. Da kann sie noch so mit ihrem Arsch wackeln und den funkelnden grünen Augen klimpern. Aber alles der Reihe nach.

Kaum hab ich die letzte scharfe Kurve talabwärts hinter mir, da bin ich rein schwindeltechnisch auch erstens ziemlich froh, keine Serpentinen mehr fahren zu müssen, und zweitens gleich wieder auf der Autobahn zu sein, womit mich die Zivilisation zurückhat. Es ist nämlich schon ein eher seltsamer Menschenschlag dort oben in den Bergen. Und dass alle irgendwie miteinander verwandt oder verschwägert sind, macht es auch nicht unbedingt besser. Vermutlich ist da auch viel Inzucht und so was. Weil, sagen wir einmal so, wer dort nicht geboren ist, der hat es wohl auch nicht leicht. Da wär freilich so ein bayrisches Frischfleisch, wie ich es bin, mehr als willkommen. So häng ich da grad meinen Gedanken nach, wie mein Telefon läutet und der Moratschek dran ist. Er will den Ermittlungsstatus erfragen und so lass ich ihn halt kurz an meinem Wissensstand teilhaben, den ich dank meines todesmutigen Einsatzes inzwischen erlangt hab.

»Aber das macht doch alles gar keinen Sinn, Eberhofer«, schnieft mein aktueller Gesprächspartner dann in den Hörer. Vermutlich zischt gerade mal wieder ein Häufchen

Schnupftabak in den richterlichen Zinken. »Wenn die Leddi achtzig Meter weiter unten tot aufgefunden worden ist, warum zum Teufel suchen Sie dann auf einem Felsvorsprung nach irgendwelchen Spuren, der damit gar nix zu tun hat?«

»Weil sie diese achtzig Meter gar nicht hinuntergestürzt sein kann, ohne zuvor auf dem Felsvorsprung zu landen. Andererseits war es die einzig mögliche Absturzstelle, wenn man von der Stelle ausgeht, wo sie am Ende aufgefunden wurde«, antworte ich, grad wie ich durch die Mautstelle fahr und mein Ticket zieh.

»Das versteh ich nicht.«

Herrschaftszeiten, ist denn der auf der Brennsuppe dahergeschwommen? Immerhin ist er ein Richter, da müsste man doch denken, dass er kombinieren kann.

»Moratschek, jetzt erklär ich es noch mal für Doofe«, sag ich deswegen ein bisschen genervt und trete aufs Gaspedal. »Von der Absturzstelle aus kann man die achtzig Meter nicht hinunterstürzen, weil das nämlich exakt dieser Felsvorsprung verhindert. Was bedeutet, dass die Leddi genau auf dem gelandet sein muss. Und das könnten die Blutflecken beweisen, die ich da eingetütet hab. Immer schön vorausgesetzt natürlich, dass es überhaupt Blutflecken sind ...«

»Schon, aber ...«, versucht er mich zu unterbrechen. Natürlich erfolglos.

»Schnauze. Der Günther, beziehungsweise das Labor, wird schnell herausfinden, ob es tatsächlich welche sind. Aber – und das ist der Punkt – nach dem Sturz auf diesen Sims, da muss die Leddi noch einmal gestürzt sein, und zwar eben die achtzig Meter, die dann quasi ihr Endlager waren, wenn man so will. Und nun kommt die entscheidende Frage: Ist sie von diesem Sims noch einmal gestürzt worden und von wem? Denn das müsste ein geübter Bergsteiger gewesen sein. Oder hat sie sich meinetwegen einfach nur umgedreht, weil sie benommen war, und ist dann …«

»Das müssen Sie herausfinden, Eberhofer«, unterbricht er mich ein weiteres Mal und seine Stimme ist völlig aufgekratzt. »Großartige Arbeit bisher, wirklich. Respekt. Hab übrigens gar nicht gewusst, dass Sie selber so ein geübter Bergsteiger sind.«

»Hab Ihnen doch gesagt, dass ich schon rein aus beruflicher Sicht grad unglaublich fit bin.«

»Ja, hätt ich trotzdem nicht gedacht, Sie Mordskerl, Sie. Ach, haben Sie eigentlich schon rausgebracht, wo sich dieser Schönberger grad so rumtreibt?«

»Nein, ich war in Südtirol, Moratschek. Dort war er jedenfalls nicht, das wär mir aufgefallen. Und was sollte er auch dort?«

»Ja, das weiß ich auch nicht. Aber viele Verbrecher kommen ja durchaus an den Ort ihres Verbrechens zurück.«

»Ja, viele, aber nicht alle.«

»Egal, so ausgebufft, wie Sie unterwegs sind, werden Sie ihn bald haben. Meine Frau, die hat ihn übrigens auch aufsuchen wollen, wegen einem möglichen Tagebuch et cetera. Aber er war leider nicht zu Hause. Und was, wenn er jetzt auf der Flucht ist?«

»Das würde ja keinerlei Sinn machen. Zumindest nicht, wenn er sein Erbe einstreichen will.«

»Messerscharf erkannt, Eberhofer. Messerscharf, wirklich. Allerhand. Also, was machen wir jetzt als Nächstes? Wie wollen wir vorgehen?«

»Also ich persönlich gehe jetzt gar nicht, sondern ich fahre. Und zwar erst einmal nach Hause. Und Sie, Moratschek … Sie sollten dringend eine Obduktion anordnen.

Natürlich immer schön vorausgesetzt, dass der Leichnam inzwischen noch nicht durch den Schornstein ist.«

»Sagen Sie mal, könnten Sie bitte mit ein bisschen mehr Respekt über diese Angelegenheit reden? Immerhin handelt es sich um mein Patenkind …«

Dann ist die Verbindung plötzlich weg. Schlechter Empfang hier um den Brenner herum, muss man schon sagen. Ich müsste tanken. Und bieseln. Und ein Cappuccino wär auch gar nicht schlecht, weil allmählich doch irgendwie die Müdigkeit in mir hochkriecht. Die letzten zwei Tage waren ja auch nicht ohne. Von der gestrigen Nacht mag ich gar nicht erst reden. Meine Erinnerung daran ist allerdings immer noch nicht so wirklich zurück. Was abgesehen davon, dass ich eine neue Erkenntnis daraus ziehe, absolut ärgerlich ist. Die neue Erkenntnis ist, dass ich keinem Wein mehr vertrauen werd. Bier schon, Wein nein. Ärgerlich ist auch, dass ich die Nacht offenbar mit einem ziemlich heißen Eisen verbracht haben muss und nichts davon weiß. Absolut gar nix. Das ist ja, wie wenn man im Lotto gewinnt und hinterher merkt, dass man den Schein gar nicht abgegeben hat. Ärgerlich, wirklich. Andersherum muss man natürlich auch sagen, dass ich dadurch auch gar kein schlechtes Gewissen haben muss, grad was die Susi betrifft. Weil, sagen wir einmal so, wenn sie mich fragen würde, ob ich sie betrogen hab, dann könnte ich ohne mit der Wimper zu zucken einfach antworten: nicht dass ich wüsste. Und es wär noch nicht mal gelogen. Wie sich aber kurz darauf rausstellt, hätte ich mir all diese Gedanken auch ganz getrost sparen können. Weil gleich nach meiner kombinierten Tank-, Biesel- und Kaffeepause ein weiteres Mal mein Telefon läutet und dieses Mal ist es nämlich die Luisa, die anruft. Zunächst einmal lass ich es relativ lange klingeln, weil ich ernsthaft befürchte, sie hätt inzwischen schon unsere komplette Hochzeit organisiert. Bei diesem Gedanken, da droht mir direkt der Schweiß auszubrechen. Dennoch muss ich irgendwann kapitulieren und geh schließlich ran.

»Eberhofer«, melde ich mich dann relativ förmlich und unmotiviert.

»Das hab ich vermutet, weil ich in der Regel schon weiß, wen ich anrufe«, erwidert sie in ihrer so gewinnenden Art und gleich wird mir wieder klar, was so toll an ihr ist. Ich lache ein hilfloses Lachen. »Franz, ich …«

»Ja?«, versuch ich, ihr auf die Sprünge zu helfen.

»Ich hab das alles … Heute, das war alles inszeniert. Ich meine, bis auf deinen Rotweinrausch, da ist gar nix gewesen. Heut früh, da hab ich mich einfach nur neben dich ins Bett gelegt, weil ich dir einen Denkzettel verpassen wollte. Einen Denkzettel fürs Leben sozusagen. Verstehst du das?«

»N… Nein«, sag ich wahrheitsgemäß.

»Du hast gesagt, dass du nicht verheiratet bist.«

»Was auch stimmt. Und zwar zu hundert Prozent.«

»Ja, aber es gibt eine Frau in deinem Leben. Und zwar eine gewisse Susi-Maus. Das weiß ich vom Anderl, er hat es mir erzählt. Wenn es aber eine Frau in deinem Leben gibt, dann solltest du dich auch um diese Frau kümmern und sonst um keine andere, verstehst? Es geht einfach nicht, dass du hier mit mir flirtest auf Teufel komm raus und daheim wartet dein Mädel, vermisst dich und freut sich auf dich.«

»Luisa, du hast mir einen Riesenschreck eingejagt«, erwidere ich und bin im wohl gleichen Maße erleichtert wie wütend.

»Dann ist meine Mission ja möglicherweise sogar erfolgreich gewesen, Franz. Ich bin ein gebranntes Kind, wie du weißt. Und ich würde gern anderen Frauen so was ersparen, wenn es in meiner Macht liegt. Einen Menschen zu verlieren, nur, weil ihn ein anderer haben will, das ist so ziemlich das Schlimmste, was man sich vorstellen kann. Das wünscht man keinem, glaub mir. Drum geh bitte in Zukunft nicht so arglos damit um. Glaubst du, dass du das hinkriegst?«

»Glaub schon.«

»Und jetzt sei nicht mehr wütend auf mich, Franz. Sieh es vielmehr als Lehrstück. Du bist ein toller Kerl, wirklich, und hast doch so einen billigen Scheiß gar nicht nötig. So, und nun wünsch ich dir alles Gute bei deinem Kriminalfall. Ach ja, und natürlich hab ich deine Susi nicht angerufen, hätte auch ihre Nummer gar nicht. Also, nix für ungut. Servus, Franz«, sagt sie, und zwar mit einer solchen Zärtlichkeit in ihrer Stimme, dass all meine Wut auf sie ins Nirwana verschwindet.

»Ja, dann, servus, Luisa. Und danke. Für alles«, sag ich noch, aber ich glaub, da hat sie schon aufgelegt. Was passiert denn hier eigentlich? Und was ist die letzten vierundzwanzig Stunden passiert? Was ist das nur für ein Fall, für ein seltsamer? Ich kann mich beim besten Willen an nichts Vergleichbares erinnern. Gut, wenn man ehrlich ist, dann waren all meine Ermittlungen ... ja, wie soll ich sagen? Eher ungewöhnlich. Eben nicht konventionell vielleicht. Es gab sonderbare Mordopfer und sonderbare Täter und dementsprechend sonderbar waren deshalb vermutlich auch meine Ermittlungsmethoden. Doch letzten Endes war es doch jedes Mal von Erfolg gekrönt, kann man ja mal getrost und ohne jeden Anspruch auf Eitelkeiten behaupten. Da bleibt nur zu hoffen, dass es auch dieses Mal läuft, so verwirrend ich grad auch alles empfind. Obendrein: Mir dröhnt der Kopf. Zehn Kilometer weiter droht er dann zu platzen. Gut möglich, dass die vier Aspirin von heut Vormittag langsam ihre Wirkung verlieren. Die restliche Strecke grenzt tatsächlich an Folter. Da kann man sich wahrscheinlich schon ziemlich gut vorstellen, dass ich fast dazu neige, in päpstlicher Manier den Boden zu küssen, wo ich im heimatlichen Hof final aus meinem Wagen steig.

Wie ich nun im alten Wohnhaus zur Küche reinkomme, da kann ich eine Abendessenssituation vorfinden, wie ich sie praktisch seit Jahrzehnten schon kenne. Natürlich immer wieder mal mit wechselnder Besetzung, wobei das Stammpersonal quasi nie fehlt. Also der Papa und die Oma. Heut mit von der Partie ist noch das Paulchen, der auch prompt aufspringt, um mich anzuspringen. Übrigens mit einer ganz ähnlichen Freude, wie es im Hof grad noch die Hinkelotta getan hat. Es tut schon gut, wenn man sich willkommen fühlt, da kann man sagen was man will.

»Papa, du hast einen wahnsinnigen Sonnenbrand im ganzen Gesicht«, sagt er, wie er dann wieder von mir runterspringt.«

»Ja, ziemlich viel Sonne da in den Bergen von Südtirol.«

»Dann musst du aber Sonnencreme verwenden, Papa. Sonnenbrand kann nämlich Hautkrebs auslösen.«

»Du hast mir grad noch gefehlt, Rothaut«, sagt mein eigener Papa nun fast zeitgleich, während er sich prompt noch einen ganzen Berg Wurst auf seinen Brotzeitteller hievt, was ein eindeutiges Indiz für seinen Futterneid ist, der übrigens in der Genetik unserer Familie relativ ausgeprägt ist.

»Gar kein Hühnchen mit Gemüse und Reis heute?«, frag ich, hol mir ein Glas aus dem Küchenbüfett und halt es unter den Wasserhahn.

»Nein, die haben heut eine Lesung in der Buchhandlung«, antwortet der Papa und schiebt sich ein Senfgurkerl in den Mund. »Und da braucht der Leopold wohl jede helfende

Hand. Die Panida jedenfalls, die schenkt Sekt aus. Und Sekt mit O-Saft. Was auch immer das sein mag.«

»Das ist ein Sekt mit Orangensaft, Opa«, sagt der Paul. »Und das ist durch den geringeren Alkoholanteil definitiv besser.«

Ich zieh mir einen Stuhl hervor und setz mich mit meinem Wasserglas dazu.

»Wer sind Sie?«, fragt mich die Oma, kaum, dass sie mich wahrnimmt, aus ihrem Rollstuhl heraus und irgendwie macht mich das traurig. Es ist auch nicht das erste Mal, wo sie mich nicht erkennt.

»Der Franz, Oma«, entgegnet der Papa an meiner Stelle und er tut es mit sehr großer Nachsicht. »Das ist der Franz, dein Enkel.«

»Ist der nett?«, fragt sie weiter.

»Der ist supernett«, sagt das Paulchen nun und zwinkert ihr zu.

»Ach, du kennst ihn auch?«, will die Oma nun wissen und mein Sohnemann nickt.

Ich schau mich mal um. Lauter feine Sachen hier auf dem Tisch. Und alles sehr schön hergerichtet. Alle Achtung. Seitdem die Oma hier nix mehr tut, ist das ja eher selten der Fall. Und irgendwie beschleicht mich da grad so ein Verdacht.

»Es war nicht zufällig die Simmerl Gisela hier?«, muss ich deswegen fragen.

»Ja, doch, stell dir vor. Wie ich vorher mit der Hinkelotta unterwegs war, da hab ich kurz an der Metzgerei angehalten und wollt halt einfach nur ein bisschen einen Aufschnitt fürs Abendessen mitnehmen. Und da hat sie auf einmal zu mir gesagt, ich soll mich nicht kümmern. Sie würd uns alles schön herrichten und später liefern. Und das hat sie gemacht. Und jetzt schau dir das bitte schön an. Sogar mitsamt Semmeln und Brezen und Senfgurkerln«, erklärt der Papa und sein Blick schweift begeistert über den ganzen Brotzeittisch.

Ja, ja, alles tipptopp und sehr fein. Ob da nicht jemand ein schlechtes Gewissen hat …

»Allerhand«, sag ich grinsend. »Ist das hier die gute Salami? Diese italienische, die wo der Simmerl erst seit neuerdings macht?«

»Ja, ja, das ist die. Genau, die italienische. Apropos, im Radio, da habens heut übrigens gesagt, dass grad halb Italien absäuft. So viel Regen wie seit hundert Jahren nicht mehr soll's da grad geben. Das Wasser, das weiß ja schon gar nicht mehr, wo es noch hinsoll. Hast du davon auch was mitbekommen, Franz?«, fragt der Papa, während er fingerdick Leberwurst auf sein Butterbrot streicht.

»Nein, nix. In Südtirol, da war alles furztrocken.«

»Aber ein Wasser, das hat doch kein Gehirn«, kommt nun wieder der Paul zum Einsatz.

»Natürlich hat ein Wasser kein Gehirn. Wie kommst du denn darauf?«, entgegnet der Papa und schaut leicht irritiert über die Tischplatte hinweg zu seinem Enkel.

»Aber, Opa, du hast doch grad gesagt, dass das Wasser gar nicht mehr weiß, wo es hinsoll. Wenn es aber etwas wissen sollte, dann müsste es ja ein Gehirn haben«, erklärt unser kleiner Klugscheißer und schaut seinen Großvater erwartungsvoll an. Ich muss grinsen.

»Es weiß eben nicht, wo es hinsoll, das Wasser, weil es eben kein Gehirn hat«, versucht der Papa, hier eine plausible Erklärung hinzukriegen, merkt aber wohl gleich, dass hier die Logik ein Loch hat.

»Das versteht er nicht, der alte Depp«, brummt nun die

Oma dazwischen. »Das versteht er einfach nicht, Pauli. Ich weiß nämlich auch nicht, wo ich hinsoll, genau wie das Wasser, und ich hab schon ein Gehirn. Zumindest hab ich mal eins gehabt.«

»Dann müssen wir dir halt helfen und rausfinden, wo du hinwillst«, sagt mein kluger Sohn und jetzt schaut ihn die Oma ganz aufmerksam an. »Wenn du fertig bist mit essen, Oma, dann könnten wir ja vielleicht nach oben gehen und noch ein bisschen Karten spielen, oder so. Bist du denn schon fertig mit essen?«

»Ich glaub schon«, sagt die Oma und blickt ein bisschen ratlos auf ihren leeren Teller.

»Willst du noch was essen, Oma?«, frag ich noch mal nach und eigentlich nur, um auf Nummer sicher zu gehen.

»Wer sind Sie?«, fragt sie mit schiefem Kopf retour. Und nein, sie ist satt.

Obwohl es jetzt für den Paul eigentlich schon Schlafenszeit wär, muss man hier eindeutig Prioritäten setzen. Drum ist es am Ende schon drei viertel zehn, wie er dann schließlich in seinen Schlafanzug springt. Und das ehrlicherweise auch nur, weil irgendwann plötzlich die Susi im Zimmer steht und mich sozusagen aufweckt. Und das grad, wo es so gemütlich ist. Wir lümmeln nämlich alle drei im Bett von der Oma, die mit dem Paulchen ein Kartenspiel macht, während ich – den Strapazen meines Berufslebens erlegen – ein Nickerchen halte. Doch wie die Königin von Niederkaltenkirchen plötzlich dazustößt, ist es eben schon kurz vor halb zehn. Und sie ist wenig amused darüber, dass ihr Kronprinz noch immer nicht im Tal der Träume verweilt. Im Grunde ist sie erst eine gute Stunde später wieder entspannt, wo der Paul dort längst verweilt und sie sich im Schlafzimmer neben mich legt.

»Wie war dein Tag?«, fragt sie dann aus ihren Kissen heraus.

»Ich könnte schwören, nicht halb so stressig, wie es der deinige war«, antworte ich nicht völlig ironiefrei.

»Wenn du das ehrlich meinst, dann ist das zum einen sehr lieb und zum anderen ist es auch wahr«, entgegnet sie und schmiegt sich an mich.

»Wir sollten jetzt nicht über unseren Arbeitstag reden.«

»Sondern?«, fragt sie, schaut mich an und macht ihren unglaublichen Schmollmund.

»Mei, vögeln vielleicht?«

»Vögeln?«, grinst sie und schaut dann zur Decke. »Ich weiß nicht, ich bin grad gar nicht in Stimmung. Und wahrscheinlich würde es ewig dauern, mich in Stimmung zu bringen. Vielleicht ist es besser, wenn wir verschieben.«

»Stimmt«, sag ich, geb ihr ein Bussi auf die Stirn und dreh mich ab.

»Franz«, schreit sie mich jetzt an, dass es mich schier reißt.

»Was?«, schrei ich retour.

»Das hast du noch nie gemacht!«

»Was denn, Herrgott noch mal? Was hab ich noch nie gemacht? Und warum schreist du mich so an?«

»Das hast du noch nie gemacht, dass du … dass du so schnell aufgibst. Ich mein, du hast doch noch niemals aufgegeben bei der Aussicht auf Schnackseln. Auch nicht, wenn sie noch so klein war.«

»Ich weiß gar nicht, was du willst, Susi. Ich mein, du hast doch grad selber gesagt, dass du denkst, es ist besser, wenn wir verschieben. Und ja, das ist es auch. Wenn es jetzt ewig dauert, bis ich dich in Stimmung bringe, dann bin ich vermutlich längst eingeschlafen, bis du so weit bist. Ich mein, da muss man schon den Aufwand mit der Entschädigung quasi irgendwie gegenrechnen. Drum heißt es wahrscheinlich auch Aufwandsentschädigung.«

Jetzt sagt sie nix mehr, die Susi. Zieht sich nur die Decke über den Kopf und taucht ab. Wahrscheinlich ist sie in ihrer weiblichen Ehre gekränkt. Aber das bin ich irgendwie auch. Also in meiner männlichen sozusagen. Wenn sie nämlich nicht in der Stimmung ist auf mich, dann kann sie mich mal. Da könnt ich mich jetzt richtig drüber aufregen. Sie regt sich offenbar weniger auf. Denn keine zwei Minuten später, da schnarcht sie auch schon. Ganz leise zwar, wie es sich für eine Königin schickt, aber sie schnarcht.

Kapitel 11

Bin im Büro steht auf einem Kassenzettel, der auf dem Küchentisch liegt, und vermutlich soll das wohl so was wie die Retourkutsche für meine Nachricht von vorgestern sein. *Bin auf meinem Thron* wär wohl allemal passender gewesen. Aber lassen wir das. All ihrem aktuellen Ehrgeiz zum Trotz bin ich doch etwas verblüfft, wie früh die Susi schon unterwegs ist. Es ist grad mal drei viertel sieben, wie ich selbst aus dem Nest geschlüpft und in der Küche aufgeschlagen bin. Und sie muss schon deutlich länger unterwegs sein, weil man ihr Parfüm nicht mehr riecht. So reib ich mir jetzt noch kurz den Schlaf aus den Augen, setz dann erst mal einen Kaffee auf und öffne die Terrassentür sperrangelweit. Traumhafter Tag heute, sonnig und klar. Und ehrlich gesagt ist es mir grad relativ wurst, ob halb Italien absäuft.

Ich schnapp mir mein Handy, das mich über die neuesten Nachrichten informiert. Insgesamt sind es vier und allesamt vom Rudi. Die erste, die ist noch von gestern Abend und lässt mich wissen, dass er nun in einem Zimmer residiert, was ihm der Markus großherzig zur Verfügung gestellt hat. Was durchaus Sinn macht, wo doch quasi sein Erzeuger-Zelt den Flammen zum Opfer gefallen ist. Auch Text Nummer zwei ist noch von der Nacht und daraus kann ich nun entnehmen, dass er es gemütlich hat dort in seinem neuen

Quartier. Weil halt schon weniger Wind durchpfeift und es dank eines wasserfernen Standorts obendrein relativ mückenfrei ist.

Es gibt kaum Menschen, die mich mehr langweilen können, als es der Rudi vermag. Und aufregen kann er mich auch. Wenn ich so nachdenke, dann ist es mir ohnehin schier ein Rätsel, wie lang das schon funktioniert mit uns beiden. Im Grunde, da ist er mir nämlich schon am allerersten Tag auf die Nerven gegangen. Also praktisch am ersten Ausbildungstag bei der Bayrischen Polizei.

Dazu muss man sich vielleicht vorstellen, wie das in etwa abgelaufen ist. Also, du kommst dort an und das Erste, was du mit Entsetzen bemerkst, sind zahllose Mitstreiter, die zwar deiner Generation angehören, nicht aber deiner Region. Nein, allesamt stammten sie aus dem Frankenland. Da bleibt einem doch direkt das Herz stehen. Mit wem soll man sich da unterhalten, all die vielen Monate lang? Im Grunde hat es auf diese Frage nur eine einzige Antwort gegeben. Nur eine einzige geben können: Ich muss hier weg, und zwar sofort! Man muss ja auch nicht zwingend Polizist werden. Ein Klempner tut es auch. Oder ein Bäcker meinetwegen. Und dann, in der allerletzten Minute sozusagen, genau da stößt noch einer dazu. Ein gewisser Birkenberger Rudolf. Und der kommt aus München. Und er spricht meine Sprache. Oder was Artverwandtes zumindest. Und da denkst du, Bingo! Jetzt hab ich einen Komplizen! Ja, und um es kurz zu machen, von dem Moment an hab ich ihn praktisch an der Backe gehabt wie ein Furunkel und so wird es wohl auch für immer bleiben. Denn selbst wenn Wochen und Monate ins Land ziehen, in denen wir uns weder hören noch sehen, zu einem finalen Cut führt es offenbar nie. Aber jetzt bin ich abgeschweift.

Nachricht Nummer drei ist dann von heut früh, und zwar ausgesprochen früh. Fünf Uhr sechsundzwanzig, um genau zu sein. Es wären jetzt doch zwei, drei Mücken im Zimmer gewesen, schreibt er. Doch glücklicherweise erst in den frühen Morgenstunden. Und da würde er nun gleich mal aus der Not eine Tugend machen und den menschenleeren Pool aufsuchen, worauf er sich jetzt freut. Wie neugeboren fühlt sich der frühe Vogel dann in Botschaft Nummer vier und dass es ein unvergleichliches Erlebnis war, den Sonnenaufgang zu erleben, während er splitterfasernackt und mutterseelenallein seine vielen Bahnen ziehen konnte. Außerdem schreibt er noch, ich solle doch so gut sein und mich melden, wenn auch ich endlich den Bettzipfel losgelassen hab. Nach so viel unnützen Informationen auf nüchternen Magen bin ich nun wirklich hellwach.

Jetzt ist mein Kaffee endlich durch und sein Duft hat schon das ganze Haus durchflutet. Ich schenk mir ein Haferl voll ein und setz mich damit auf die Terrasse. Herrlich, diese Ruhe am Morgen. Kein Mensch weit und breit, nur die Vögel sind schon fleißig am Ratschen. Aus den Augenwinkeln heraus kann ich dann die Hinkelotta erkennen. Sie liegt ganz entspannt dort drüben in der Wiese und lässt sich die Morgensonne auf ihren Bauch knallen. Ja, keine Frage, Hund müsste man sein. Ich nehm einen Schluck Kaffee, freu mich darüber und atme tief ein. Dann atme ich aus und nehme einen weiteren Schluck, über den ich mich freue. Keine Minute später, da platzt plötzlich das Paulchen mitten in meine Yogastunde. Er trägt einen Trainingsanzug und Turnschuh.

»Guten Morgen, Papa«, sagt er, wirft ein Bussi durch die Luft und fängt dann an, ein paar merkwürdige Dehnübungen zu machen. Doch kaum, dass die Hinkelotta seine Stimme gehört hat, dreht sie sich auch schon von ihrer

Sonnenbank ab und kommt schwanzwedelnd zu uns auf die Terrasse gelaufen.

»Morgen, Paul«, entgegne ich, während wir beide kurz tierisch begrüßt werden. »Was hast du vor? Ich mein, wegen deinem Outfit …«

»Oh, ich geh laufen. Meine Ballettlehrerin hat gesagt, dass ich ein bisschen an meiner Kondition arbeiten müsste. Und da geh ich lieber laufen, solange es noch nicht so heiß ist. Für den zweiten Mathemarathon, da kann ich ja auch später noch üben. Und der Aufsatz für Englisch ist eh schon so gut wie fertig.«

Den ersten Mathemarathon vor ein paar Wochen, den hat er mit Platz eins belegt. War übrigens ein überregionaler Wettkampf mit fünfzehnhundert Teilnehmern und Platz zwei ist vierzehn Punkte schlechter gewesen. Ist auch in sämtlichen Zeitungen gestanden. Die Susi, die wär beinah geplatzt vor Stolz und hat gesagt, da hat uns der liebe Gott wohl ein kleines Genie geschickt. Also mir … mir hätte ein Fußballer völlig gereicht.

»Ja … dann lauf mal schön los, ehe es zu warm wird«, sag ich und versuch, einen motivierenden Ton in die Stimme zu legen. So hört er prompt auf, die Hinkelotta zu kraulen, kommt aus der Hocke hoch, zeigt mit dem Daumen nach oben und dann rennt er los. Wobei rennen jetzt vielleicht nicht so richtig stimmt. Es ist mehr ein Trippeln. Trotzdem schau ich ihm nach, bis er außer Sichtweite ist. Manchmal frag ich mich ernsthaft, woher er das hat. Dieses Kluge und Fleißige und Unsportliche. Also in meiner Genetik ist gar nix davon vorhanden und bei der Susi sicher nicht viel. Neulich hab ich mich sogar mal dabei ertappt, dass ich meine Vaterschaft angezweifelt hab. Und auch die Mutterschaft von der Susi. Also alles quasi. Man hört es doch immer wieder mal, dass Babys im Krankenhaus praktisch vertauscht worden sind. Und irgendwann steht dann plötzlich ein Fremder an deiner Haustür und behauptet einfach, du hättest sein Kind und er das deine. Ja, mein Freund, Pech gehabt, würd ich da sagen. Der Paul bleibt hier und mir ist völlig egal, was Sie mit dem andern Balg machen. Ja, genau das würd ich sagen.

Ich hab schon die dritte Tasse Kaffee getrunken, bin geduscht und angezogen und hab sogar die Betten gemacht, um die Susi heute Abend in gute Stimmung zu bringen. Trotzdem ist der Paul noch weit und breit nicht in Sicht. Da ich langsam aber der Aufgabe nachkommen sollte, für die ich auch bezahlt werde, geh ich erst mal rüber ins alte Wohnhaus. Die Küche ist verwaist, genau wie es das Wohnzimmer ist, wobei dort das Wort Dschungel viel besser passen würde. Also begeb ich mich mal in die obere Etage hinauf und dort werd ich auch fündig, was meine nähere Verwandtschaft so betrifft. Um genau zu sein, ist es das Zimmer von der Oma, wo ich schließlich auf dieselbige und auch ihren einzigen Sohn stoße. Beide sitzen gemütlich in ihrem Bett, ein reichlich gedecktes Tablett mittig dazwischen, und das, was es hergibt, das könnte jedem Fünfsternehotel gerecht werden, jede Wette.

»Oha, feines Frühstück«, sag ich deswegen gleich mal zur Begrüßung und der gebratene Speck lässt mir prompt das Wasser im Gaumen zusammenlaufen.

»Ja, reicht aber nur für zwei«, entgegnet der Papa brummig.

»Ah, Franz«, ruft nun die Oma aus ihrem Kissen heraus und strahlt mich an. An ihren Lippen klebt Eigelb und das schaut einfach putzig aus. »Schön, dass du da bist. Schau, was der Papa gemacht hat. Ist das nicht wunderbar? Magst ein bisschen was mitessen?«

»Nein, mag er nicht«, antwortet der Papa statt meiner und allein aus diesem Grund heraus schnapp ich mir gleich mal das größte Stück Käse und eine Breze obendrein. »Finger weg, Herrschaftszeiten.«

»Du wirst schon nicht verhungern«, sag ich nun kalenderweise und muss feststellen, die Breze ist tatsächlich ein Traum. Außen resch und innen fluffig und weich. Aber wenn hier jetzt resche Brezen liegen, dann würde das ja bedeuten, dass der Papa schon frühmorgens zum Bäcker unterwegs war. Und das ganz ohne Auto. »Warst schon beim Bäcker heut?«, frag ich deswegen nach und er nickt.

»Ja«, sagt er und schiebt sich eine Tomate in den Mund. »Dem hab ich ein bisschen was vorbeibringen müssen von meiner Ernte und da hab ich gleich noch Semmeln und Brezen mitgenommen.«

»Du vertickst dieses … dieses Zeug auch?«, frag ich einigermaßen verdutzt.

»Nein, ich verticke es nicht, ich tausche es. Gegen Semmeln und Brezen, wie du siehst.«

Doch noch ehe sich meine Verwunderung noch weiter ausdehnen kann, trippelt der Paul zu uns ins Zimmer. Er ist komplett durchgeschwitzt, hat einen feuerroten Kopf und offenbar die beste Laune.

»Guten Morgen, ihr wunderbare Familie«, ruft er schon beim Reinkommen, geht dann rüber zum Bett und gibt der Oma ein Bussi auf die Backe. So hab ich das auch immer gemacht. Jahrzehntelang.

»Guten Morgen, Bub«, sagt der Papa und hat nun einen deutlich milderen Tonfall drauf als grad noch bei mir. »Magst ein bisschen was mitfrühstücken?«

»Ja, sicher«, nickt der Paul und blickt begeistert auf das exorbitante Tablett.

»Dann hol ich dir schnell noch ein trockenes T-Shirt, sonst wirst uns ja krank«, sagt der Papa und steht schon mal auf.

»Kann ich das von dir mit dem Che Guevara drauf haben?«, ruft ihm das Paulchen noch hinterher.

»Logo«, kann ich den Papa vom Flur aus vernehmen und bin grad ein weiteres Mal etwas verblüfft. Einfach, weil gleich nach seinem Admiral dieses Shirt nämlich ein anderes Heiligtum von meinem Erzeuger ist.

»Ich muss jetzt dann los«, kommt nun die Oma wieder zum Einsatz.

»Wo willst denn hin, Oma?«, muss ich hier nachfragen.

»Zum Aldi. Der hat heut T-Shirts im Angebot. Und Mandarinen«, antwortet sie, lüpft ihre Bettdecke und kippt somit ihr Kaffeehaferl um. Eine riesige braune Lache verteilt sich auf dem Blütenweiß.

»Der Aldi, der hat heut keine T-Shirts im Angebot, Oma. Und Mandarinen gibt's gar nicht um diese Jahreszeit«, entgegne ich, während ich versuche, mit den Servietten das größere Malheur zu vereiteln.

»Gibt's nicht?«, fragt sie nach und starrt auf den riesigen Kaffeefleck auf ihrem Bett.

»Nein«, sag ich und streif ihr kurz über die Wange.

»Und warum hast du den Kaffee ausgeschüttet?«, will sie nun wissen und schaut mich vorwurfsvoll an.

»Mei, so was passiert halt mal.«

Genau in dem Moment kommt der Papa mit dem Che Guevara zurück und erkennt sofort das Missgeschick. Vermutlich hat er auch die letzten Worte vernommen.

»Jetzt schaust aber, dass du weiterkommst«, sagt er nämlich ziemlich gereizt und das war wohl an mich gerichtet. »Weil, bevor du hier grad aufgeschlagen bist, da war alles sehr friedlich und sauber.«

Ich schnapp mir noch ein Stückerl vom Speck, geb der Oma ein Bussi auf die Wange und dann tu ich halt wie mir geheißen.

Auf dem Weg zum *Isarflimmern* läuft Metallica und Co. auf Höllenlautstärke. Gestern, also quasi beim Heimfahren von Südtirol, da war mir das aufgrund meiner leicht verkaterten Ausgangslage leider nicht vergönnt gewesen. Desto mehr genieße ich es jetzt. Und da könnt ich dann grad einen Kollaps kriegen, wie ausgerechnet beim finalen Gitarrensolo von November Rain mein Telefon klingelt. Fall einfach tot um, ist rein mental die erste Botschaft, die ich dem ungeliebten Anrufer sende, noch ehe ich weiß, wer es überhaupt ist. Als ich schließlich den Moratschek dranhab und der mir die Obduktion von seiner Patentochter verkündet, da bin ich schon etwas nachsichtiger. Und als ich noch erfahre, dass er ihre Einäscherung wohl in letzter Sekunde hat verhindern können, da pfeif ich quasi schon komplett auf Axl Rose und seine Komplizen.

»Ja, Eberhofer«, schnauft der Moratschek nun in die Muschel, »das war eine Punktlandung, könnte man sagen. Der Leichnam von der Leddi, der ist nämlich bereits im Krematorium. Dem Schönberger kann es wohl gar nicht schnell genug gehen. Da bin ich froh und dankbar, dass ein befreundeter Kollege die ganze leidige Angelegenheit gleich durchschaut hat und aktiv geworden ist. Ich selber darf in diesem Fall ja nix machen. Befangenheit und Pipapo, Sie wissen schon.«

»Und jetzt?«

»Jetzt wird die Leddi so schnell wie möglich nach München in die Gerichtsmedizin gebracht und obduziert«, antwortet er und man kann ihm die Erleichterung direkt anhören.

»München ist prima, da kenn ich den Günther. Gibt's schon einen genauen Termin?«

»Nein, da weiß ich noch nix. Fürs Erste bin ich jetzt erst einmal dankbar, dass wir die Einäscherung noch haben verhindern können.«

»Kein Problem, das krieg ich schon raus. Ich ruf den Günther gleich mal an und red mit ihm, vielleicht kann er mir schon was sagen«, erwidere ich und such schon mal nach der Nummer. Ach, hier haben wir es ja schon. *Leichenfledderer Günther* steht da in meinem Adressbuch.

»Apropos anrufen, Eberhofer. Seit Tagen versuch ich, Ihren Vater zu erreichen. Vergebens. Wenn Sie also heut noch zufällig mit ihm reden, können Sie ihn bitte schön fragen, warum er nicht an sein verdammtes Telefon geht. Und wann er mir die nächste Lieferung vorbeibringt.«

»Also erstens hat er es von Haus aus nicht so mit seinem Handy. Meistens ist es auf lautlos gestellt und liegt irgendwo zwischen seinen Klamotten umeinander. Und zweitens kann er momentan sowieso nix vorbeibringen, weil er grad gar kein Auto hat. Aber um was für eine Lieferung handelt es sich denn? Ich mein, vielleicht kann ich es ja auch mitbringen, wenn ich das nächste Mal nach Landshut fahr«, sag ich, während ich von der Bundesstraße auf den Zubringer zum Campingplatz fahre.

»Mei, nix Wichtiges, gell. Bloß … äh … ein bisschen … ein bisschen Gemüse, wenn man so will. Da müssen Sie sich jetzt keine großen Umstände machen, hähä.«

Ein bisschen Gemüse? Das meiste Gemüse in unserem Garten ist noch gar nicht reif, und selbst wenn es reif wär, reicht es ja kaum für uns selber, so viele Leute, wie wir nun mal sind.

»Aber über welche Sorte von Gemüse reden wir denn

da genau, Moratschek? Ich mein, Sie reden doch sicherlich nicht zufällig vom Papa seinem … ich nenn es mal Tabak?«

»Hallo? Hallo? Schlechte Verbindung, Eberhofer. Ich … nix … hören …«

Zack – hat er aufgelegt. Bin ich hier eigentlich im falschen Film, oder was? Ich hätte schwören können, dass der ehrenwerte Richter mit Ausnahme von seinen eher harmlosen Schnupftabakkrümeln ansonsten vollkommen drogenfrei ist. Sollte ich mich da tatsächlich getäuscht haben? Kann es sein, dass man einen Menschen doch so dermaßen wenig kennt, trotz all der Jahre?

Gott sei Dank fehlt mir jetzt die Zeit, mir darüber weitere Gedanken zu machen, weil ich inzwischen am Ziel meiner Begierde angekommen bin.

Als ich die Stelle erreicht hab, von wo aus der Rudi und ich neulich den gesamten Campingplatz mit unseren Feldstechern ausspioniert haben, halt ich an, stell den Motor ab und wähl seine Nummer. Er geht auch prompt ran und freut sich, wie er mich hört.

»Wo bist du?«, will er gleich mal wissen und so erklär ich ihm meinen Standort.

»Kannst du rauskommen. Ich mein, ich würd nur ungern mit dem Streifenwagen da reinfahren«, sag ich und leg mir mal den Sitz nach hinten. Bis der Rudi hier anschrammt, kann ich getrost ein Nickerchen machen.

»Du Dummi … natürlich kannst du hier nicht reinfahren. Ich bin gleich bei dir. Ich beeil mich. Ich freu mich. Freust du dich auch?«, antwortet er und wirkt übelst gut gelaunt.

»Und wie«, sag ich noch so und häng ein. Anschließend setz ich meine Sonnenbrille auf, leg mich nach hinten und schließe die Augen.

Kapitel 12

Das zuzugeben, ist mir jetzt ein bisschen unangenehm und ich bin auch wirklich nicht stolz drauf, aber ich träum tatsächlich von der Luisa. Und es ist ein schöner Traum. Wir beide liegen in einer Blumenwiese, die Sonne knallt vom Himmel, Schmetterlinge fliegen durch die gleißende Luft und die Grillen zirpen um die Wette. Kitschiger könnte es wirklich kaum sein. Ich lieg auf dem Rücken und knabbere lasziv an einem Strohhalm und sie ist leicht über mich gebeugt. Ein paar Haarsträhnen verdecken ihre nackten Schultern und ihre grünen Augen erzählen mir was vom Paradies, was kaum noch aushaltbar ist, weshalb ich die meinen nun schließe. Dann kann ich sie natürlich nicht mehr sehen, doch ob man's glaubt oder nicht, das steigert die ganze Sache nur noch. Sie riecht ein bisschen wie ein Vanillekipferl, das im Rosenwasser von der Oma schwimmt, und doch auch nach Seife. Durch ihre Haare weht der Wind und lässt sie über meinen Hals streifen, sodass ich kaum noch atmen kann. Plötzlich aber kitzelt mich was an der Nase und freilich denk ich, dass es die Luisa ist.

»Nicht kitzeln, du Luder«, sag ich deswegen grinsend und öffne die Augen.

»Warum nennst du mich Luder«, ist es nun aber der Rudi, der fragt, während er eine Vogelfeder aus meinem Gesicht nimmt. Jetzt bin ich schlagartig wach.

»Ich hab doch nicht Luder gesagt.«

»Natürlich hast du Luder gesagt. Nicht kitzeln, du Luder, hast du gesagt und hast dabei ein bisschen dämlich gelächelt«, beharrt der Rudi in seiner besserwisserischen Art.

»Nein, hab ich nicht. Ich hab ... ich glaub ... ich hab Rudolf gesagt. Genau, Rudolf hab ich gesagt.«

»Dann hättest du ja gesagt, du Rudolf. Also, nicht kitzeln, du Rudolf. Seit wann sprichst du mich so an?«

»Ich kann dich ansprechen, wie ich möchte«, sag ich und merke deutlich, wie mir langsam der Kamm schwillt. Gerade eben, da war's noch so schön. Im Grunde war es so dermaßen schön, dass ich dem Rudi jetzt schier den Kragen umdrehen könnte, weil er mich aufgeweckt hat. Gut, das an sich ist vielleicht nix Besonderes, es gibt unzählige Momente, wo es direkt in mir schreit, dem Rudi den Kragen umzudrehen. Aber das in Verbindung mit diesem Traum, das hat quasi eine völlig neue Qualität. Ehrlich gesagt weiß ich nach dem Aufwachen im ersten Moment noch nicht mal genau, wo ich eigentlich bin, und hab obendrein nicht den blassesten Schimmer, wie lang ich überhaupt geschlafen hab. Allzu lang kann es ja wohl nicht gewesen sein. Weil, wie viel Zeit braucht ein Mensch – selbst einer mit kurzen Beinen –, um aus einem Campingplatz rauszugehen, hundert Meter die Straße entlangzulaufen und dann ein wenig durchs Dickicht zu robben?

Doch wie gesagt, ich bin von der Gesamtsituation ein klein wenig verwirrt, wie mich der Rudi plötzlich wach kitzelt und mir durch die offene Autoscheibe glotzt. Ich streck mich gähnenderweise einmal durch, allein schon, um etwas Zeit zu gewinnen, und wie ich schließlich Anstalten mach, aus dem Wagen zu steigen, da tritt er zwei Schritte von der Tür zurück. Und jetzt, wo ich ihn sozusagen in seiner ganzen Herrlichkeit von Kopf bis Fuß sehen kann, erst da ist der Zenit meiner kompletten Verwirrung quasi final erreicht. Einfach, weil wieder einmal das ganze Ausmaß seiner wohl angeborenen Geschmacklosigkeit deutlich wird. Doch jetzt um Himmels willen bitte nicht denken, dass ich etwa so was wie ein ausgefuchster Modeguru wär, das nicht. Ganz im Gegenteil. Weil, wenn die Susi zum Beispiel manchmal irgendwas von ihren Klamotten ausrangiert und in den Altkleidercontainer schmeißt, dann sagt sie immer: Das hat man jetzt nicht mehr. Und ich denk jedes Mal: wieso? Ist doch kein Loch drin, hat alle Knöpfe dran und schaut noch immer rattenscharf aus. Aber nein, man hat's eben nicht mehr. Das nur zum besseren Verständnis, damit man halt weiß, wo rein modemäßig bei mir so der Hammer hängt.

Doch das, was der Rudi heute hier zum Besten gibt, das schlägt dem Fass den Boden aus. Fangen wir einmal obenrum an. Da nämlich trägt er ein hellgrünes Muskelshirt und wie der Name schon sagt, ist es für Männer mit Muskeln bestimmt und somit definitiv nicht für den Rudi. Erst recht nicht mit seinem butterweißen Teint und den zahllosen Mückenstichen, die an wirklich jeder möglichen Stelle seines Körpers aufzufinden sind. Zu diesem kotzgrünen Teil hat er dann eine kurze Hose kombiniert, die ziemlich ausgebeult wirkt, und für seinen Hautton ist dieses blasse Gelb ebenso wenig vorteilhaft, wie es die Farbe vom Shirt ist. Von den Socken in seinen Adiletten mal völlig abgesehen, ist aber nun die Kopfbedeckung wohl das wahre Highlight. Denn dabei handelt es sich um einen Cowboyhut, und zwar einen aus Stroh, der die immense Sonnenbrille darunter erst noch so richtig zur Geltung bringt.

»Wie war's in Südtirol?«, kann ich nun den Rudi unter seinen schwarzen Gläsern heraus vernehmen. »Übrigens frag ich das inzwischen schon zum dritten Mal. Würdest du mir also bitte die Güte einer Antwort erweisen?«

»Äh, ja, prima, Rudi.«

»Was ist los mit dir? Warum starrst du mich so an?«

»Du siehst aus wie eine texanische Stubenfliege mit Beulenpest, die in einen Mehltopf geplumpst ist, Rudi. Von deinen Klamotten mag ich gar nicht erst reden. Hast du heut schon mal in einen Spiegel geschaut?«

»Du meinst mein Outfit?«, fragt er nun, während er einmal an sich runter- und wieder raufschaut.

»Wie auch immer du das nennen magst«, sag ich und muss die Augen verdrehen, die mir im Übrigen tierisch brennen.

»Entspann dich, Franz. Ich bin auf einem Campingplatz, schon vergessen? Und da ist das völlig normal so«, erklärt er nun, steckt sich die dämliche Vogelfeder in den dämlichen Cowboyhut und schenkt mir ein mildes Lächeln.

»Du meinst, die laufen hier alle so rum?«

»Die meisten schon.«

»Okay, dann will ich sofort die anderen sehen«, sag ich und muss grinsen. Allmählich scheinen sich meine Augen tatsächlich an dieses visuelle Desaster zu gewöhnen. Zumindest hören sie zu tränen auf.

»Lass mich doch anziehen, worin in mich wohlfühle. Ich schreib dir doch auch nicht vor, wie du rumzulaufen hast. Ich mein, sieh dir doch bloß mal deine Lederjacke an … die muss doch inzwischen schon so was wie ein Eigenleben haben, oder nicht? Jedenfalls riecht sie danach. Wie lange trägst du die eigentlich schon?«, fragt er und hat dabei einen eher beleidigten Tonfall drauf.

»Seit ich bei der Polizei bin. Und – das ist das Beste – sie passt mir immer noch«, entgegne ich, stecke kurz meine Nase in die Jacke und versuch, einen tiefen Schnaufer zu nehmen. Aber nix. Da riecht alles tippitoppi. Und dass ich die Jacke seinerzeit zwei Nummern größer nehmen hab müssen, weil keine andere mehr da war, das geht ihn ja wirklich nix an.

»Natürlich sollte sie dir immer noch passen, Franz. Du hast sie ja damals zwei Nummern größer nehmen müssen. Ich kann mich da noch haargenau dran erinnern. Du hattest nämlich verschlafen an diesem Tag, erinnerst du dich? Dieser Termin in der Kleiderkammer? Alle anderen Kollegen, die waren längst fertig und schon fast wieder weg. Was ja auch klar ist, die sind allesamt pünktlich da gewesen und haben sich ihre Größen in Ruhe raussuchen können. Und als du dann endlich irgendwann dort angerückt bist, da waren halt alle anderen Jacken schon weg. Alle außer dieser eben.«

»Es war aber auch die schönste. So, und bevor du nun weiter mit alten Kamellen wirfst, erzähl mir lieber mal was Aktuelles, Rudi. Zum Beispiel, ob du inzwischen was rausfinden hast können. Dort auf deinem Campingplatz unter modisch Gleichgesinnten sozusagen. Ich mein, du wirst ja deine Zeit nicht nur mit sintflutartigen Regenfällen vergeudet haben oder damit, dein Erzeuger-Zelt abzufackeln.«

»Haha, sehr witzig. Du unsensibler Arsch, du. Doch aller Wahrscheinlichkeit nach bin ich tatsächlich in genau diesem Zelt gezeugt worden. Und das ist in etwa so, als hätte ich mein Elternhaus abgefackelt. Aber gut, lassen wir das, es ist eh zu hoch für dich. Also, wo fangen wir an, was hab ich herausgefunden? Zum einen hab ich herausgefunden, dass der Schönberger, also meiner, dieser Markus eben, dass das ein unfassbar hilfsbereiter, liebenswürdiger und …

»Rudi, die Kurzfassung bitte«, muss ich ihn hier gleich einmal ausbremsen, sonst sind wir in einer halben Stunde bei Adam und Eva und doch noch keinen Schritt weiter.

»Die Kurzfassung?«, fragt er nun mit einer hochgezogenen Augenbraue, was trotz seiner überdimensionalen Sonnenbrille einwandfrei erkennbar ist. »Auch die kannst du haben, mein Lieber. Also, wie wir bereits wissen, gibt es einen Campingplatzbetreiber namens Markus Schönberger. Des Weiteren gibt es zwei Tschechen und einen Marokkaner. Diese drei, die sind für das gesamte Gelände, die Pools, den Wellnessbereich und Pipapo zuständig. Dann gibt's auch noch drei Frauen. Zwei davon, eine Polin und eine junge Mutter aus dem Nachbardorf, die kommen zum Putzen. Eine andere junge Frau ist so ein bisschen das Mädchen für alles und macht mitunter auch den Kiosk. Wer in den beiden Lokalen noch so arbeitet, das kann ich dir leider nicht sagen, weil ich dort mangels Budget noch nicht war. Fakt ist jedenfalls, dass dein Schönberger, also der schöne Mike, bisher noch nicht hier aufgetaucht ist.«

»Aber hast du wenigstens irgendwas über ihn in Erfahrung bringen können? Ich mein, immerhin ist ja dieser Markus sein Bruder. Hat der vielleicht was erzählt, oder so?«

»Nicht viel. Der Mike, der ist wohl der Jüngere von den beiden. Und außer Bergsteigen hat er nicht wirklich viele Interessen. Er hat zwar schon so einiges in seiner Laufbahn ausprobiert und immer mal wieder irgendwelche neue Flausen im Kopf, aber der große Wurf ist offenbar noch nicht dabei gewesen. Ganz anders als bei seinem großen Bruder übrigens. Bei dem ist es eher das Gegenteil, könnte man sagen. Denn der muss nämlich noch einen zweiten und ebenso florierenden Campingplatz haben, und zwar das *Donauflimmern*. Was übrigens sein erster Laden war, der wie geschmiert läuft und in der Nähe von Passau ist. Und so, wie's ausschaut, schickt der Markus seinen kleinen Bruder gerne immer genau in das Camp, wo er selbst grad nicht ist. Weil halt zum einen die beiden gemeinsam wohl nicht so gut funktionieren und daher ständig Ärger ist. Er aber zum anderen der Meinung ist, wenn es ein Schönberger ist, der sozusagen die Aufsicht hat, dann funktioniert das ganze Personal am Platz einfach deutlich besser, selbst wenn die Person dahinter nicht wirklich viel dazu beiträgt.«

»Aber das würde ja bedeuten, dass der schöne Mike zum jetzigen Zeitpunkt vermutlich auf dem Platz bei Passau sein müsste«, mutmaße ich nun mal so vor mich hin.

»Nein, eher nicht. Weil nämlich der Markus gestern Abend genau dorthin aufgebrochen ist. Allerdings ist sein Bruderherz bislang hier noch nicht aufgetaucht.«

»Aber wo steckt er denn dann?«

»Ja, wo steckt er denn dann? Das ist jetzt wohl die Frage aller Fragen«, murmelt der Rudi so vor sich hin, während er beide Hände in den Taschen seiner ausgebeulten Shorts vergräbt. Dann huscht ihm plötzlich ein Lächeln übers Gesicht. Oder zumindest dem, was man davon sehen kann.

»Was ist?«, muss ich deswegen nachfragen.

»Franz, du wirst nicht glauben, was ich uns mitgebracht hab. Hier vom Kiosk. Da kommst du nie drauf. Also, ich hab uns was vom Kiosk mitgebracht und du musst jetzt erraten, was es ist«, sagt er nun ganz verschwörerisch und raschelt dabei mit den Hosentaschen.

»Komm, blas mir den Schuh auf.«

Erst verdreht er noch kurz die Augen, doch dann lüftet er sein Geheimnis, einfach indem er seine Hände aus den Taschen zieht. Er tut es ganz langsam und krönt das dubiose Spektakel mit einer Tatatata-Fanfare. Wie ein kleines Kind, wirklich. Doch das, was danach zum Vorschein kommt, das rechtfertigt seinen fragwürdigen Auftritt allemal und ist fast wie eine Reise in meine Kindheit zurück. Und vermutlich wäre es das für jeden anderen auch.

Es ist eine Ahoi-Brause. Sogar ein ganzes Zehner-Packerl.

Das nenn ich jetzt echt mal wirklich geschmeidig, ich hab die vermutlich seit Jahrzehnten schon nicht mehr gehabt. Und so schnapp ich mir prompt von den Roten beide Päckchen, weil das mit Abstand die besten sind.

»Die Roten, die mag ich eh nicht besonders«, sagt der Rudi nun mit einem leicht bockigen Unterton und ich könnte meinen Arsch drauf verwetten, dass er lügt. Dass er sie liebt, weil alle sie lieben, und dennoch von vorneweg weiß, dass er sie eh nicht kriegt. Weil ich sie nämlich jetzt für nix auf der Welt eintauschen tät. Und freilich weiß er das, der Rudi, denn er kennt mich halt, wie es kein Zweiter tut.

Und kurz darauf, da hocken wir zwei dann ganz gechillt auf der Kühlerhaube meines Streifenwagens in der Vormittagssonne, lutschen genüsslich dieses geile, pritzelnde saure Zeug direkt aus unseren Handflächen raus und freuen uns diebisch des Lebens. Es ist exakt so wie früher in der Kindheit und ehrlich gesagt bin ich heilfroh, dass uns so keiner sieht.

»Die Grünen, das sind die Allerallerbesten«, sagt der Rudi nun und ich glaube eher aus Trotz heraus. Ich bin aber eh nicht in der Lage zu antworten, weil ich ganz darauf fokussiert bin, Spucke und Brause möglichst gleichmäßig mit dem Zeigefinger zu vermischen, bis die ersten Bläschen kommen. »Ja, eindeutig. Die Grünen sind die besten, Franz.«

»Dann freu dich, du kannst die Grünen alle haben. Das ist nämlich Waldmeister und Waldmeister finde ich scheiße«, entgegne ich.

»Apropos freu dich, Franz. Hast du sie denn nun eigentlich geknallt? Deine Ich-freu-mich-noch-viel-mehr-Tussi? Also, die aus Südtirol?«

»Nein, nicht so richtig.«

»Nicht so richtig? Also ehrlich, Franz. Bei mir ist es zwar zugegebenermaßen inzwischen schon ein Weilchen her, aber als ich noch Sex hatte, da hat man entweder gevögelt oder eben nicht. Hat sich da in der Zwischenzeit was Grundlegendes geändert?«

»Da hat sich einiges geändert, Rudi. Als du noch Sex hattest, da trugen die Frauen zum Beispiel noch Vollbärte körpermittig.«

»Ach, und das tun sie jetzt nicht mehr?«

»Nein, das tun sie jetzt nicht mehr.«

Plötzlich können wir wahrnehmen, wie aus der Ferne ein Lieferwagen herandüst und schließlich die Pforte vom Campingplatz anzupeilen scheint. Ich zücke mal mein Fernglas. *Isarflimmern* steht da in leuchtenden Lettern drauf. Der Fahrer ist ein jüngerer Mann, vermutlich zwischen dreißig und vierzig, und er trägt eine Sonnenbrille sowie ein Käppi.

»Schau mal, Rudi, kennst du den?«, frag ich, während ich ihm den Feldstecher überreiche.

»Nein, noch nie gesehen«, antwortet er nach einer kurzen Betrachtung. »Jedenfalls ist es niemand, der hier auf dem Campingplatz war, seitdem ich da bin.«

»Könnte es dann möglicherweise der schöne Mike sein?«

»Es könnte jeder Beliebige sein, Franz. Woher soll ich denn das wissen?«

»Es kann nicht jeder Beliebige sein, Rudi. Weil auf dem Wagen *Isarflimmern* steht und ich davon ausgehe, dass nicht jeder Beliebige so einfach mit einem Firmenwagen hier rumdüsen kann. Und um auf den zweiten Teil deiner dubiosen Antwort einzugehen: Wenn du es nicht weißt, dann musst du es eben herausfinden. Wenn du also deinen Arsch mitsamt Strohhut wieder auf den Campingplatz zurückschieben würdest, dann wär ich dir sehr verbunden«, sag ich noch so und hol dann mal mein Handy hervor.

»Und was, wenn ich fragen darf, gedenkt der Herr Sklaventreiber persönlich derweil zu tun?«, will der Rudi nun wissen und hopst von der Kühlerhaube, dass der Cowboyhut nur so wackelt. Anschließend beugt er sich über die Wiese und versucht, im Gras seine pappige Handfläche sauber zu kriegen, was freilich nicht funktioniert.

»Ich schreib kurz dem Moratschek«, entgegne ich, während ich schon tippe. »Und frag ihn, ob er rein zufällig ein Foto von diesem Schönberger hat. Meinetwegen auch eines von der Hochzeitsfeier. Immerhin dürfte er doch da seine geliebte Letitia mal abgeknipst haben. In ihrem Brautkleid, oder so. Und es besteht ja durchaus die berechtigte Hoffnung, dass der Gatte auch mal mit drauf ist.«

»Das ist eine gute Idee, Franz«, sagt der Rudi und rubbelt seine Hand noch immer über die Wiese.

»Gut, ich pack's dann«, sag ich noch so, steck mein Handy weg und mach mich ans Einsteigen.

»Du hast nicht zufällig ein Feuchttuch einstecken?«, fragt der Rudi nun rubbelnderweise.

»Nein«, antworte ich, dann starte ich den Motor und leg den Rückwärtsgang ein. »Servus, Rudi. Heute Abend gibt es ein Update.«

Und grad wie ich aufs Gaspedal steig, da glaub ich, einen Schmerzensschrei durch die Autoscheibe hindurch ertönen zu hören.

»Aua, verdammt! Aua! Aua! Aua! Mich hat eine Biene

gestochen. Genau in die Handfläche hinein. Jetzt warte, verdammt noch mal, Franz. Du blöder Arsch … WARTE!«

War das der Rudi aus seiner Wiese heraus? Nein, ich glaub nicht. Und man kann es auch wirklich schlecht sagen. Einfach, weil Metallica auf Höllenlautstärke läuft.

Die Fotos vom Moratschek kommen erwartungsgemäß ruckzuck. Und wie ich im Vorfeld schon befürchtet hatte, sind es unzählige, wo die Leddi drauf ist, aber nur zwei mitsamt ihrem Gatten. Brauchbar sind diese Bilder jedoch allemal und so leite ich sie auch gleich mal an den Rudi weiter. Immerhin ist er es ja, der im Moment sozusagen an der Quelle sitzt. Und selbst auf die Gefahr hin, dass er zuvor tatsächlich von einer Biene gestochen worden ist, seine Handfläche braucht er ja nicht zwingend, um herauszufinden, ob der Kerl auf den Bildern tatsächlich identisch ist mit dem aktuellen Neuzugang im Lieferwagen. Dafür reichen seine Augen ja vollkommen aus.

Wie ich dann eine gute halbe Stunde später in meinem Büro ankomm, da erteilt mir ein selten gewordener Gast die Ehre. Es ist unser Altbürgermeister, der vor knapp zwei Jahren die Wahl ausgerechnet gegen meine Susi verloren hat. Und das nach zwei Dekaden Amtszeit und mit nur einer Stimme weniger. An mir hat das definitiv nicht liegen können, meine Stimme war ihm von Anfang an sicher. Doch seitdem er nun den Umständen geschuldet zu einer Art Rentnerdasein verdammt ist, residiert er die meiste Freizeit, die er ja nun auch irgendwie füllen muss, in seiner Finca irgendwo in der spanischen Sonne. Und genauso sieht er auch aus. Entspannt bis in die Haarspitzen hinein und braun wie ein Schnitzel steht er plötzlich vor meinem Schreibtisch. Und nachdem er sich über meine Beine auf demselben kurz aufgeregt hat, erkundigt er sich nach meinem Befinden und dem der restlichen Sippschaft. Wie das Gespräch schließlich bei der Oma landet, besteht er auf einem Besuch bei ihr. Immerhin ist das ja seine Pflicht und Schuldigkeit, sozusagen als Altbürgermeister nach dem Wohlergehen seiner langjährigen Weggefährten zu schauen. Und weil ich zum einen eh grad nix zu tun hab und zum anderen die Oma nicht völlig unvorbereitet ungebetenen Gästen ausliefern will, schlage ich vor, wir fahren zu zweit zu ihr. Wir können sie hinten im Garten antreffen, wo sie in einem Liegestuhl und unter einer Wolldecke in den Nachmittag döst. Ich stups sie kurz an, und schon öffnet sie ihre Augen.

»Wer sind Sie?«, fragt sie und blinzelt in die Sonne.

»Ich bin's, Oma, der Franz«, sag ich, und zwar schon ziemlich gebetsmühlenartig.

»Geh, das seh ich doch, Depp. Glaubst, ich bin plemplem? Aber wer ist er da?«, entgegnet sie unwirsch und blickt über meine Schulter hinweg, weil da der Bürgermeister steht.

»Das? Das ist unser Bürgermeister, der will dich besuchen, Oma. Den kennst du doch noch«, sag ich und nun kommt unser alter Ortsvorstand aus seiner Deckung.

»Grüß Sie Gott, Frau Eberhofer«, säuselt er lieblich, reicht ihr die Hand und legt seine andere noch obendrauf. »Na, wie geht es uns denn?«

»Kommens grad von der Kirche, Bürgermeister?«, fragt die Oma und will seine Hände gar nicht mehr loslassen.

»Wieso von der Kirche, hähä? Wie meinens jetzt das, Frau Eberhofer?«

»Ja, weil heut halt Sonntag ist. Am Sonntag, da geht man doch in die Kirche, oder etwa ned?«, will die Oma nun von ihm wissen.

»Heut ist doch nicht Sonntag, Oma«, versuch ich, ein bisschen zu vermitteln.

»Ja, aber was macht er dann hier, so mitten am helllichten Tag? Wenn heut kein Sonntag nicht ist, ja, dann muss er doch ins Rathaus und was arbeiten. Wir zahlen den doch nicht, dass er bei alten Leuten im Garten umeinanderlungert.«

»Aber der Bürgermeister, der ist doch inzwischen gar kein Bürgermeister mehr, Oma. Die Susi, die ist doch jetzt die Bürgermeisterin von Niederkaltenkirchen. Hast das schon wieder vergessen?«

»Ja, so was kann man schon mal vergessen«, kichert der Bürgermeister ein bisschen dämlich.

»Wer ist die Susi?«, will die Oma jetzt wissen, doch im selben Moment läutet mein Telefon und der Rudi ist dran. Mir bricht fast das Herz, wie ich die zwei nun hier allein zurücklass, aber es hilft alles nix. Manchmal, da muss man halt Prioritäten setzen.

»Ja, ich muss dann mal …«, sag ich noch kurz im Hinblick auf das klingelnde Teil in meiner Hand und schon bin ich weg.

Kapitel 13

»Okay, Franz. Es gibt eine gute und eine schlechte Nachricht. Eine sehr schlechte, würd ich sogar sagen. Welche willst du zuerst hören«, kann ich vom Rudi vernehmen, kaum, dass ich das Gespräch angenommen hab.

»Die gute, Rudi. Sag mir die gute«, antworte ich und verdreh in Erwartung auf die schlechte vorsorglich schon mal die Augen.

»Also, die gute Nachricht ist, dass mir nach der Verabreichung einer immensen Kortison-Bombe nun langsam wieder die Hand abschwillt und die Schmerzen nachlassen. Die war nämlich nach dem Bienenstich vollkommen rot mit lauter kleinen weißen Flecken und ungefähr so groß wie eine Honigmelone. Und es hat auch ganz fürchterlich wehgetan, Franz. Kannst du dir das vorstellen?«

Nein, kann ich nicht. Und ich will es auch nicht. Im Grunde interessieren mich weder Zustand noch Farbe vom Rudi seinen Händen. Und der Umfang erst recht nicht. Was mich jetzt viel eher interessieren tät, das wär die schlechte Nachricht. Doch wenn die gute Nachricht schon so mies ist, dann will ich nach der schlechten gar nicht erst fragen. Drum tu ich halt, was man so tut in solchen Situationen. Ich erkundige mich höflich nach der maroden Hand und wo er denn eigentlich das Kortison abgekriegt hat. Und da kommen wir praktisch wie von selbst auf die schlechte Nachricht.

Der Rudi ist nämlich, nachdem ich selber ja abgedüst bin, selbstverständlich schnurstracks zum Campingplatz zurück, was eh klar ist, wo hätte er auch sonst hinsollen? Dort angekommen waren die Schmerzen in seiner Hand inzwischen etwa im selben Maße angewachsen, wie es die Schwellung war. Aus seiner Not heraus hat sich unser kleines Weichei dann selbstverständlich erst mal an den Erstbesten gewandt, der ihm über den Weg gelaufen ist. Und das war – man höre und staune – exakt dieser Lieferwagenfahrer von zuvor. Also praktisch der, wo auf dem Auto *Isarflimmern* draufgestanden hat. Und weil dieser Typ wohl einen ähnlich ausgeprägten Hang zur Dramatik hat wie der Rudi, drum hat er ihn mir nix, dir nix in seinen Wagen verfrachtet und ins Krankenhaus nach Landshut reingebracht. Dort in der Notaufnahme mussten die zwei Helden dann aber erst mal eine Weile lang warten, weil so ein Bienenstich jetzt vielleicht nicht unbedingt die höchste Priorität im Rettungswesen hat. Und da sind sie dann halt ein bisschen gesessen, dort im Wartebereich, und dabei wohl ins Gespräch gekommen. Und jetzt … jetzt kommt im Grunde der gute Teil von der schlechten Nachricht. Weil sich da nämlich herausstellt, dass es sich bei dem hilfsbereiten Chauffeur ausgerechnet um unseren Schönberger handelt. Also um den schönen Mike. Das nenn ich mal ein Ding! Allerdings kamen dann, wo die beiden quasi auf dem besten Weg waren, Freunde fürs Leben zu werden, ausgerechnet da kamen dann meine Bilder an. Also praktisch die, wo ich vom Moratschek erhalten und an den Rudi weitergeschickt hab. Wie der es dann aber angestellt hat, dass der schöne Mike die Bilder nun ebenfalls zu sehen gekriegt hat, das ist mir persönlich ein Rätsel und dem Rudi unglaublich peinlich, das kann ich genau an seiner Stimme hören. Im Anschluss, da hat der Mike dann freilich und verständlicherweise wissen wollen, warum der Rudi seine Hochzeitsfotos auf dem Handy hat. Wie gesagt, die Frage dürfte erlaubt sein. Für die Antwort darauf, da hat er sich dann jedoch noch ein Momentchen gedulden müssen, weil genau in diesem Augenblick der Rudi aufgerufen worden ist und erst mal ein Dankgebet zum Himmel geschickt hat. Zum einen, dass er zunächst mal aus der Schusslinie ist, und zum andern halt wegen seiner blöden Hand, wegen der er schließlich überhaupt erst in diese Lage gekommen ist. Und wie er dann so am Tropf hing, der Rudi, da ist er wohl nach reiflicher Überlegung zu dem Entschluss gekommen, dass jetzt nur noch die Wahrheit hilft.

»Was meinst du mit der Wahrheit, Rudi? Was zum Teufel hast du ihm denn gesagt?«, muss ich hier nachfragen, weil er ein längeres bedeutungsschwangeres Päuschen einlegt.

»Na, die Wahrheit ist die Wahrheit, Franz. Oder in diesem ganz speziellen Fall ist sie halt fast die Wahrheit.«

»Sag mal, kann es sein, dass dir das Kortison deine restlichen Gehirnzellen hat absterben lassen, oder was? Jetzt red einmal Klartext, zefix«, sag ich und merke, dass sich meine Toleranzgrenze aktuell dem Gefrierpunkt nähert.

»Du solltest tatsächlich ein bisschen rücksichtsvoller sein, Franz. So eine Kortisonbehandlung ist in der Tat …«

»Rudi!«

»Also gut. Ich mach's kurz. Ich habe ihm gesagt, dem schönen Mike, dass ich ein Privatdetektiv bin und mich der Moratschek beauftragt hat, ihn zu observieren. Weil er das mit dem Bergunglück einfach nicht glauben mag.«

»Und … Ich mein, wie hat er reagiert?«

»Verständnisvoll. Äußerst verständnisvoll. Er hat gesagt, dass ihn dieses alte Arschloch vom ersten Tag an nicht hat ausstehen können und von vorneherein und ganz generell gegen diese Ehe war. Allerdings wäre diesem alten Arschloch sowieso keiner gut genug gewesen für seine kleine Prinzessin. Und dann hat er noch gesagt, dass meine Tarnung ja jetzt aufgeflogen wär, und ich gefälligst meine Siebensachen packen und mich schleunigst vom Campingplatz verpissen soll. Was ich dann auch zeitnah gemacht hab.«

»Und wo bist du jetzt?«

»Daheim. Der Eugen war so lieb, mich abzuholen. Und weißt du, was das Tollste ist?«

»Nein, Rudi. Und es interessiert mich auch nicht. Du hast grad unsere erstklassige Tarnung auffliegen lassen und solltest eigentlich ein Profi sein. Kein Wunder, dass dein Auftragsbuch leer ist und du am Hungertuch nagst. So ein Scheißdreck. Ich … ich glaub, ich muss das jetzt erst einmal sacken lassen.«

»Okay, Franz«, sagt er nun etwas kleinlaut. »Dann telefonieren wir lieber morgen wieder. Wenn du dich vielleicht ein bisschen beruhigt hast.«

»Don't call us, we call you«, antworte ich noch, dann häng ich ein.

Was soll man dazu noch sagen? Es reicht wohl nicht aus, dass mir in diesem Fall eh schon die Hände gebunden sind, weil er ja offiziell schon abgeschlossen ist und somit praktisch gar nicht existiert. Nein, jetzt trampelt auch noch mein einziger Kompagnon ums Eck und knallt das ganze Ding vollends gegen die Wand. Womit unsere ganze Deckung aufgeflogen ist. Ja, herzlichen Dank auch! Nun können wir praktisch wieder bei null anfangen und selbst das erscheint mir noch sehr optimistisch formuliert. Herrgott noch eins!

Was jetzt vielleicht noch helfen könnte, ist Bier. Und eine Idee. So hol ich mir eine Halbe aus dem Kühlschrank und damit geh ich dann nach hinten in den Garten zur Oma. Ganz offensichtlich ist der Bürgermeister inzwischen wieder weg und unser altes Mädchen liegt mit geschlossenen Augen und offenem Mund unter ihrer Wolldecke. Zufrieden schaut sie aus, wie sie da so schlummert. Mit den rosaroten Wangen, diesen vielen sympathischen Falten und ihren silberfarbenen Haaren. Die runzeligen Hände ruhen samt einer Lesebrille in ihrem Schoß, genauer gesagt auf einem Kreuzworträtsel. In diesem Augenblick beneide ich sie glühend. Sie muss sich jetzt keine Gedanken darüber machen, wie man diesen depperten Karren wieder aus dem Dreck zieht, in dem er bis zum Anschlag steckt. Die einzigen Gedanken, die sie grad haben dürfte, das sind wohl ihre Träume. Gut, und einatmen und ausatmen vielleicht noch.

Ich zieh mir einen Stuhl in den Schatten, nehm einen Schluck Bier und schließ nun ebenfalls die Augen für einen Moment. Und dann zieht dieser ganze Fall sozusagen an meinem geistigen Auge vorbei. Praktisch vom Anfangsgespräch mit dem Moratschek ausgehend über den Ausflug nach Südtirol bis zu diesem chaotischen Vorfall von heute Nachmittag. Wenn der Rudi nun auf dem Campingplatz ausfällt, der schöne Mike dort aber grad abhängt, dann muss ein anderer da hin. Aber wer? In dem Augenblick kommt das Paulchen um die Ecke. Er trägt einen Fußball unter dem Arm, was an und für sich schon an ein Wunder grenzt, und lässt seinen Kopf hängen. Wenn das bedeuten sollte, dass er traurig ist, weil er keinen zum Fußballspielen gefunden hat, dann geht das zweifellos als ein Etappensieg durch.

»Was ist los, Paul?«, frag ich und schau ihn aufmunternd an. »Ist keiner zum Spielen da?«

»Nein«, antwortet er und seine Schultern hängen tief. »Keiner da. Heute wär ich sogar auf den doofen Bolzplatz gegangen und hätte Fußball mitgespielt. Aber alle sind im Urlaub. Warum fahren wir eigentlich nicht in den Urlaub?«

»Alt ist er geworden, der Bürgermeister«, sagt nun plötzlich die Oma aus ihrer Liege heraus und ich nicke ihr eine Bestätigung rüber.

»Richtig«, können wir nun auch noch den Papa vernehmen. Er lugt aus dem Wohnzimmerfenster, um genauer zu sein, aus seinem hauseigenen Dschungel. »Das ist vollkommen richtig. Der Bub muss in den Urlaub, wozu sind denn sonst Ferien da?«

So eine Familienkonferenz hat doch immer was Nervtötendes.

»Alt ist er geworden, der Bürgermeister. Und eine komische Hautfarbe hat er auch. Fast so wie dieser spinnerte Trampel, den, wo die da in Amerika drüben haben«, sagt nun die Oma wieder und ich nicke ein weiteres Mal.

»Ihr habt doch noch fünf Tage, Burschi«, kommt der Papa zu einem weiteren Einsatz. »Fünf Tage Pfingstferien, das ist doch prima. Da packst jetzt deinen Sohn und die Susi ein und dann tuts irgendwo schön hinfahren.« Die Schultern vom Paulchen kommen prompt in die Höhe. Er legt den Kopf schief und schaut mich erwartungsfroh an. Herrschaftszeiten, bleibt eigentlich alles an mir hängen.

»Ja, scheiße«, sag ich und das, obwohl der Paul anwesend ist. »Die Susi, die kann jetzt auf keinen Fall weg, weil die nämlich … Ja, keine Ahnung. Weil sie Bürgermeisterin von Bayern werden will. Oder so was Ähnliches. Und da hat sie noch so einiges zu tun, wie sie sagt.«

»Sie hat eigentlich immer viel zu tun, seit sie Bürgermeisterin ist. Viel zu viel, wenn du mich fragst. Sie ist ja kaum noch daheim. So kann das doch nicht weitergehen, Franz«, sagt der Papa.

»Eine Frage, Papa. Hast du sie eigentlich gewählt, die Susi?«, muss ich jetzt wissen.

»Ja, freilich. Immerhin ist sie ja so was wie meine Schwiegertochter und die Mutter von meinem Enkerl.«

»Dann ist es wohl deine Schuld, dass sie jetzt so viel arbeiten muss, die arme Susi. Wie wir wissen, hat sie die Wahl nämlich nur mit einer einzigen Stimme gewonnen, und eines darfst mir glauben, meine war's nicht.«

»Warum der so gelb geworden ist, der Bürgermeister? Der wird doch keine Gelbsucht nicht haben?«

Die Schultern vom Paul sind inzwischen wieder auf Halbmast. Es bricht mir fast das Herz, aber ich hab einen dämlichen Mordfall aufzuklären. Und das ausgerechnet auf einem dämlichen Campingplatz. Lieber Gott, schau runter!

Und das tut er dann wohl. Jedenfalls hab ich keinen Wimpernschlag später eine Idee. Ob es eine zündende ist, wird sich noch rausstellen müssen. Momentan aber ist es die einzige.

»Also gut«, sag ich schließlich und schnauf einmal tief durch. »Pack deine Sachen, Paul. Wir brechen morgen früh auf. Es ist zwar nur ein Campingplatz und er ist hier ganz in der Nähe, aber das Wetter ist prima und da machen wir uns ein paar ganz gechillte Papa-Sohn-Tage. Na, was meinst, wär das was?«

»Echt?«, fragt er und seine Schultern könnten jetzt gar nicht mehr weiter nach oben.

»Echt«, sag ich und aus den Augenwinkeln heraus kann ich sehen, dass der Papa Beifall glotzt. »Also gut, Paul. Und jetzt aber Eigenverantwortung, verstanden? Das heißt, alles einpacken, was du so brauchst, und nix vergessen. Für fünf Tage und Nächte. Es ist ein Campingplatz, heißt also ein Gemeinschaftsbad ohne Handtücher und Bademäntel und auch kein Roomservice. Also wirklich nix vergessen, Paulchen«, sag ich, obwohl wir noch nie in einem Hotel dieser Sorte gewesen sind.

»Ja, mach ich, mach ich. Ich vergesse ganz bestimmt nichts, Papa. Aber nenn mich bitte nicht mehr Paulchen«, entgegnet er und inzwischen ist er rotbackig und völlig aufgekratzt.

»Ich kann dich nennen, wie ich will, ich bezahl deinen Urlaub«, sag ich noch so, doch da ist er bereits Richtung Neubau unterwegs. So zieh ich mal mein Telefon hervor und ruf den Moratschek an. Ich frag ihn, ob das Angebot mit dem Wohnmobil noch steht, das er neulich erwähnt hatte, und offenbar freut er sich über diese Frage. Ja, freilich, trällert er mir in den Hörer. Und so was wie ein Mann ein Wort. Und weil er heut eh keine mordwichtige Gerichtsverhandlung mehr hat, drum würde er es sich gar nicht nehmen lassen, uns dieses Gefährt auch noch höchstselber zu liefern, frei Haus sozusagen. Und er würde sich beeilen.

Jetzt müsst ich eigentlich die Susi informieren. Immerhin sollte ja auch die Mutter über relativ spontane Vater-Sohn-Trips in Kenntnis gesetzt werden. Weil sie doch irgendwie zur Familie gehört. Nun ist es aber so, dass die Susi während ihrer Regierungszeit, also praktisch, wenn sie arbeitet, ihr Telefon auf lautlos stellt. Weil sie da halt konzentriert sein muss und nicht gestört werden will. Und so gibt es nur eine einzige Möglichkeit, wie man sie quasi erreichen kann, und das ist über die Gemeindeverwaltung. Und dort ruf ich dann an. Erwartungsgemäß geht die Jessy an den Apparat und teilt mir mit, dass momentan das komplette Kindergartengremium eine Sitzung abhält, inklusive Architekturbüro und Landrat, und die Susi nur im absoluten Notfall gestört werden will.

»Das ist ein absoluter Notfall, Jessy«, sag ich daraufhin erst mal.

»Was denn für einer, Franz? Ist die Oma gestorben oder das Paulchen unter einen Mähdrescher gekommen?«

»Weder noch.«

»Dann kannst du dich ja glücklich schätzen. Du solltest deine Glückssträhne aber nicht überstrapazieren. Wenn ich dich nämlich jetzt durchstelle und es sich hinterher herausstellt, dass es kein absoluter Notfall war, dann macht mir die Susi anschließend das Leben zur Hölle und das willst du doch nicht, oder? Und jetzt sag ja nix Falsches.«

»Du findest das echt beschissen, oder? Dass die Susi jetzt die Bürgermeisterin ist, das ist so gar nicht dein Ding.«

»Wenn du's genau wissen willst, nein, ganz und gar nicht. Weil ich nämlich die lustigste und coolste Kollegin der Welt verloren hab und einen tiefenentspannten Chef obendrein. Und dafür hab ich jetzt eine karrieregeile Vorgesetzte, der offenbar sämtliche alten Seilschaften und Freunde einfach scheißegal geworden sind. Beantwortet das deine Frage ausreichend?«, zischt sie ein bisschen übermotiviert in den Hörer.

»Vollkommen, Jessy. Und jetzt stell mich bitte durch«, kann ich grade noch sagen, dann geht sie auf meine relativ wagemutige Forderung ein. Der anschließende Dialog ist ebenso knapp wie sachlich und am Ende hat die Susi das letzte Wort.

»Wir können das gerne später ausführlicher erörtern, aktuell bin ich in einem essenziellen Meeting«, kann ich final noch vernehmen, ehe sie das Gespräch abbricht.

Ich möchte mit meinem Sohn nicht etwa barfuß die Sahara durchqueren, sondern nur für ein paar Tage auf einen Campingplatz fahren, der grade mal lausige fuchzig Kilometer von hier entfernt ist. Was könnte es da groß zu erörtern geben?

Ein Wohnmobil würd ich das nicht wirklich nennen, was der Moratschek eine gute Stunde später hier ankarrt. Vielmehr ist es ein ausrangierter Polizeibus und locker dreißig Jahre alt. Irgendjemand hat wohl versucht, die weißen Buchstaben P O L I Z E I vom grünen Untergrund zu kriegen, und großzügig betrachtet ist das ja auch geglückt. Mehr oder weniger zumindest. Übrig geblieben ist jedenfalls nur der Kleber, sodass das demontierte Wort noch immer sehr gut lesbar ist.

»Ja, Eberhofer, das ist er nun, der Poldi. Wegen Polizei, verstehens schon. Ist das nicht ein Prachtstück, der Poldi?«, will der Moratschek gleich wissen, nachdem ich dieses Prachtstück einmal komplett umrundet hab. »Ein Spezl von mir, der Zitzinger Mane, übrigens war das ein alter Kollege von Ihnen, na ja, jedenfalls hat der diesen Bus seinerzeit aus dem Fuhrpark rausgekauft. Also damals, wie die Polizei ihre neueren Modelle gekriegt hat. Ja, und dann hat er sozusagen auch gleich mit dem Innenausbau begonnen, weil er damit die Welt bereisen hat wollen. Leider ist er dann vorher gestorben, der Mane.«

»Ist er lange drin gelegen?«, frag ich, nachdem ich nach einer kurzen Erkundungstour wieder nach draußen komme.

»Mei, immer ein Späßchen auf den Lippen, der Eberhofer, gell? Nein, natürlich ist er nicht dringelegen, der Mane. Weder tot noch lebendig. Wie gesagt, er hat die Fertigstellung ja gar nicht mehr erlebt. Was da so müffelt da drinnen, das kommt wahrscheinlich von den Katzen. Die Tochter vom Mane, die hat mir den Bus vor ein paar Jahren überlassen, weil sie halt nicht gewusst hat, wohin damit. Aber freilich hab ich ihn auch nicht recht brauchen können. Drum war er eben die letzte Zeit einfach bei mir hinter der Garage gestanden und dann haben sich wohl die Katzen aus der Nachbarschaft dort eingenistet. Aber wenn's ein bisschen durchlüften heut Nacht, dann ist sicherlich alles verflogen.«

»Papa, ist das … ist das unser Wohnmobil?«, können wir jetzt den Paul vernehmen, der munter durch die Wiese hindurch und auf uns zuhopst. Oder holpert würd es wohl eher treffen, weil er einen riesigen Rucksack am Buckel trägt und eine keinesfalls kleinere Sporttasche hängt ihm quer über der Brust. Ein schieres Ding der Unmöglichkeit, dass er sein Gleichgewicht dabei nicht verliert, mein kleiner Racker. Ups, zu früh gefreut …!

»Ja, dann will ich die beiden Spezialagenten Eberhofer, quasi in geheimer Mission, gar nicht mehr von ihren Vorbereitungen abhalten, hähä«, zieht sich der Moratschek nun gewieft aus der Affäre heraus. »Ich geh mal davon aus, dass Ihr Vater drinnen bei seiner Drogenplantage anzutreffen ist? Wäre es möglich, dass ich ihn da mal kurz aufsuche?«

»Suchen Sie auf, was immer Sie wollen, Moratschek. Sie kennen den Weg ja«, sag ich und widme mich dann wieder dem Bus. Poldi heißt das Prachtstück und es stinkt gotterbärmlich, und zwar aus jedem Winkel. Tausend Duftbäume können daran nix ändern. Aber es ist ein Bett drinnen. Und eine Spüle und ein Kühlschrank.

»Das ist ja voll mega, Papa«, sagt der Paul, kaum dass er nun neben mir steht und sich intensiv umschaut. »Kann ich meine Sachen schon einräumen?«

»Sag mal, Paul, riechst du das nicht?«, muss ich ihn jetzt noch fragen.

»Natürlich riech ich das. Denkst du, meine Nase ist abgefallen, oder was? Es riecht genauso eklig wie bei uns in der

Umkleidekabine. Und wenn die Sechst- oder Siebtklässler vor uns Sport haben, dann ist es am allerschlimmsten, was wahrscheinlich an den pubertären Hormonen liegt. Aber da musst du dir keine Sorgen machen, man gewöhnt sich schon dran. Und es wird trotzdem ein ganz, ganz toller Urlaub, Papa. Du wirst schon sehen.«

Immer schön vorausgesetzt, wir ersticken nicht in dieser Katzenkloake, dann würd ich da meinen Arsch drauf verwetten. Die Stimmung ist gut am heimatlichen Hof. Durchs offene Fenster hindurch kann man die beiden alten Semester ständig laut auflachen hören. Das Paulchen ist eifrig dabei, seine Siebensachen im Poldi zu verstauen, und seine Vorfreude ist förmlich zu spüren. Und ich hock im Liegestuhl, beobachte den Sonnenuntergang am strahlend blauen Himmel und genieße ein Bier und mein Leben. Dann kommt die Susi heim und die versaut alles komplett.

Kapitel 14

Wie wir am nächsten Morgen in Allerherrgottsfrüh am Campingplatz eintreffen, der Paul und ich, da sind wir zum einen bester Laune und zum anderen die Ersten, die heute hier einchecken. Dank einer intensiven Putzaktion, welche die Susi gestern gleich nach ihrem Wutanfall wegen meinem Notfallanruf gestartet hat, ist das Innenleben von unserem Poldi nun picobello. Und auch der Gestank ist so gut wie verschwunden, was aber eher der Oma zuzuschreiben ist. Weil die halt praktisch zeit ihres Lebens so gut wie alles aufgekauft hat, was auch nur ansatzweise im Sonderangebot war, sind wir selbstverständlich auch im Besitz von etwa einem Dutzend diverser nagelneuer Matratzen in so ziemlich sämtlichen Formaten. Und so konnte dann praktisch aus dem Vorgängermodell, diesem Katzenklo, das es letztendlich noch war, ruckzuck wieder ein gemütliches, keimfreies Bett gemacht werden, das geruchstechnisch eher neutral angelegt ist.

Irgendwie ist die Susi dann im Laufe ihres Aktionismus und wohl auch wegen einer gewissen Erleichterung, wenigstens für einige Tage keinen Babysitter organisieren zu müssen, so dermaßen in Fahrt gekommen, dass sie noch mit Dekorieren angefangen hat. Und so haben wir nun auch einen kleinen Fleckerlteppich, ein paar Kissen und sogar eine bunte und fürchterlich kitschige Lichterkette mit an

Bord. Das Paulchen findet das klasse und ich kann damit leben.

Es ist eine junge Frau, die unsere Anmeldung schließlich entgegennimmt. Sie ist hübsch, hat Locken bis zum Hintern und macht ihren Job ruhig und routiniert. Allerdings trägt sie eine Art Zeltkleid, was aber vielleicht auch wieder durchaus passend ist für einen Ort wie diesen. Wer weiß. Wir kriegen einen Platz zugewiesen, der schöner kaum sein könnte, und alle meine Vorurteile scheinen sich in Luft aufzulösen. Und grad, wie ich den Motor abstelle, da kraxelt der Paul schon heckwärts, holt sein Radl raus und will gleich mal los, um das Camp zu erkunden. So schnell kann ich gar nicht schauen und schon ist er weg, was rein generell so gar nicht typisch ist für ihn. Überhaupt muss ich sagen, so selbstbewusst, aufgeblüht und unternehmungslustig wie er seit gestern Abend ist, hab ich ihn echt selten gesehen.

Nachdem ich ihm bis zur ersten Kurve noch ein wenig verwundert hinterhergeblickt hab, setz ich erst mal einen Kaffee auf. Anschließend klapp ich den Tisch und die zwei Stühle auf, hol mir mein dampfendes Haferl, hock mich in die Sonne und schnauf einmal tief durch. Wunderbar, eine herrliche Ruhe hier. Vom Pool her hört man ein paar Kinder quietschen, jedoch ist der viel zu weit weg, als dass es wirklich stören tät. Ansonsten ist hier nur Vogelgezwitscher, ein leichter Wind, der durch die Äste weht, und Stille. Die zwei Bäume hier stehen in exakter Hängemattenbreite auseinander. Mit so einem Teil wär ich hier echt der König am Platz. Wie sich dann aber ziemlich schnell herausstellt, bin ich das sowieso. Unser Poldi, der scheint nämlich nicht nur ein Prachtstück zu sein, sondern ein Eyecatcher mit magnetischer Wirkung ist er obendrein. Und ganz offensichtlich muss sich seine Anwesenheit in null Komma nix auf dem gesamten Gelände verbreitet haben. So verbringe ich dann halt die nächsten zwei Stunden gezwungenermaßen mit meinen neuen Nachbarn, die eigentlich nur mal schnell vorbeikommen wollten, um Hallo zu sagen. Doch gleich nachdem sie dann Hallo gesagt haben, da kommen sie dann auch schon, die ersten Fragen, und wollen nicht wieder verstummen. Ob das ein Polizeiwagen ist, will man wissen. Und wie man denn so einen kriegt. Welches Baujahr und welchen Kilometerstand er hat und wie schnell er auf hundert ist. Was man denn so berappen muss für so ein Gefährt. Und ob die Kiste recht reparaturanfällig ist. Und freilich auch, ob es vielleicht okay wär, dass man ein Foto macht oder zwei. Und abschließend, ob es ebenfalls okay wär, wenn ich ein Foto machen tät, damit sie auch eines haben, wo sie mit drauf sind. So geht es praktisch pausenlos. Die Interessengemeinschaft Poldi wächst quasi im Minutentakt und in einem Moment ertapp ich mich sogar dabei, wie ich jemandem die Pest an den richterlichen Hals wünsch.

Allerdings – und das ist jetzt der wesentliche Punkt – kommt mir diese ganze Fragerei im Zuge meiner aktuellen Ermittlungsarbeit sogar eher ein bisschen gelegen. Weil dann natürlich die eine oder andere Gegenfrage meinerseits überhaupt nicht groß ins Gewicht fällt. Konversation nennt man das wahrscheinlich. Und so kann ich dann schon am allerersten Tag hier eine relativ zufriedenstellende Zwischenbilanz ziehen. Weil ich beispielsweise in Erfahrung bringen kann, dass der Campbesitzer, also dieser Schönberger Markus, immer exakt da ist, wo vorne ist. Also vom Grundsatz her gesehen eher so ein Machertyp halt. Darüber hinaus ist er offenbar unglaublich fleißig, hält seinen Platz immer tipptopp in Schuss und scheint trotzdem stets ein offenes Ohr für jeden seiner Gäste zu haben. Zwar soll er seinen Angestellten gegenüber wohl ein recht strenger Chef sein, dennoch ausgesprochen korrekt, einfühlsam und zuverlässig. Ebenso bekannt, allerdings eher weniger als großer Macher, ist übrigens sein Bruder, der schöne Mike. Vielmehr wär der ein Zeitgenosse der phlegmatischeren Sorte, der praktisch nur was tut, wenn er halt muss. Dafür aber soll er recht lustig sein und auch sportlich und obendrein für jeden Scheiß zu haben, was grad bei den Kindern so richtig gut ankommt.

Ein ziemlich geschwätziges Völkchen, meine neue Nachbarschaft. Und äußerst gut informiert, wie ich finde. Doch eines irritiert mich dabei. Sehr sogar. Denn seltsamerweise scheint nämlich hier niemand etwas von einer Hochzeit zu wissen, ganz zu schweigen von diesem tödlichen Bergsturz. Noch nicht einmal die Dauercamper haben davon auch nur ansatzweise etwas mitbekommen. So sonderbar das auch klingen mag, es ist Fakt. Was nicht weniger sonderbar ist, dass immer wieder mal der Name Mike gemeinsam mit dem von einer gewissen Amelie genannt wird. Mike und Amelie hier … Mike und Amelie dort. Man könnte ja direkt den Eindruck bekommen, wie wenn Mike und Amelie so was wie ein feststehender Begriff wär oder so.

Amelie … Amelie … Lass mich kurz überlegen … War da nicht was? Ja, ja, genau. Da war doch was … Hab ich nicht etwa genau das heute Morgen bei diesem Lockenköpfchen an der Rezeption auf ihrem Namensschild gelesen? Ich bin mir nicht sicher, drum heißt es das nun herauszufinden. Und zwar hurtig, weil mir das jetzt keine Ruh lässt, weshalb ich mich kurzerhand von meinen inzwischen doch recht zahlreichen Poldi-Fans verabschieden muss. Ich müsste langsam mal los, sag ich. Weil ich fürs Abendessen noch ein paar Besorgungen zu machen hätt. Und dann quietsche ich auch schon auf den Sohlen meiner Badelatschen Richtung Rezeption.

Letztendlich kann ich dann tatsächlich rasch rausfinden, dass es eben exakt eine Amelie ist, bei der ich die Hängematte, zwei Tüten Chips und ein Sixpack Bier bezahle. Der Blick auf das Schildchen an ihrer Brust war zwar dieses Mal ein kleines bisschen von ihren Locken verdeckt, am Ende war die Aktion aber im etwa gleichen Maße diskret wie erfolgreich. Auf dem Weg zu meinem Platz zurück, da ruf ich aus zweierlei Gründen heraus den Rudi mal an. Erstens will ich den kleinen Tollpatsch im Hinblick auf seinen Affront von gestern einfach nicht länger darben lassen. Und zum Zweiten hoffe ich von der inzwischen doch eher zudringlichen Bevölkerung hier vielleicht eher in Ruhe gelassen zu werden, wenn ich eben ein Telefongespräch führe. Und mein Plan geht prompt auf.

»Franz, ich bin so froh, dass du anrufst. Du hast ja gestern gesagt, ›don't call us, we call you‹. Und jetzt hab ich mich wirklich nicht getraut, bei dir anzurufen. Aber jetzt, wo ich dich dranhab, da muss ich dir was sagen. Ich glaub nämlich, ich hab eine Überraschung für dich«, sagt der Rudi als Erstes, gleich wie er rangeht.

»Ich war gestern erst überrascht, Rudi. Aber so was von. Da, wo du mir diese Geschichte mit den Fotos erzählt hast. Drum sei so gut und lass es bleiben.«

»Gestern war gestern und heut ist heut. Also pass auf, Franz. Du ahnst nicht, wo ich gerade bin. Ich bin auf dem zweiten Campingplatz vom Schönberger Markus. Dieses *Donauflimmern* in der Nähe von Passau. Erinnerst du dich?«

»Bist du wahnsinnig, Rudi? Was, wenn der schöne Mike seinem Bruder was erzählt hat von diesem Vorfall gestern im Krankenhaus?«

»Ja, ja, ich weiß. Ich habe mir selber die ganze Nacht lang Gedanken darüber gemacht, Franz. Hab kein Auge zugemacht. Aber nach reiflicher Überlegung muss ich sagen, ich glaub nicht, dass er das getan hat. Weil, wenn ich meine Frau beseitigt hätte, dann hätte ich es auch nicht getan. Und wenn doch und der Markus würde mich darauf dann ansprechen, was könnte da groß geschehen? Das Schlimmste wär, dass er mich rausschmeißen würde. Und dann? Geschissen drauf. Doch natürlich hat das alles einen Sinn und einen Grund, warum ich eigentlich hier bin. Und zwar den, dass ich mir im Laufe meiner langjährigen Erfahrung als Privatdetektiv eine … wie soll ich sagen? Ja, eine unglaublich umfassende Menschenkenntnis zugelegt habe. Und genau diese ausgeprägte Menschenkenntnis, die sagt mir, dass der Markus nicht viel hält von seinem Bruder. Weil er ihn für einen Traumtänzer hält, der sein ganzes Leben lang nix auf die Reihe gekriegt hat und nur von der Hand in den Mund lebt und für nichts und niemanden eine Verantwortung übernehmen will. Noch nicht mal für sich selber.«

»Das ist ja alles gut und schön, Rudi. Aber was genau glaubst du jetzt dort noch rausfinden zu können? Denkst du, der Markus, der könnte irgendwas wissen? Und selbst wenn er was wüsste und in die Geschichte eingeweiht wär, würde er dann seinen Bruder verpfeifen?«, frag ich und stell mir diese Frage grad selber. Würde ich denn den meinigen verpfeifen? Also angenommen, der Leopold hätt die Panida umgebracht, würde ich ihn …? Auf jeden Fall! »Nein, schon okay, Rudi. Bleib genau da, wo du jetzt bist.«

»Siehst du. Hab ich mir übrigens schon gedacht, dass dir gleich der Leopold in den Sinn kommt«, entgegnet er nun und sein stummes Grinsen ist sehr deutlich zu hören.

»Aber hast du dir auch schon überlegt, was du dem Markus sagen willst? Also falls er dich tatsächlich fragen würde, warum du jetzt ausgerechnet dort bist. Nicht, dass er am Ende noch denkt, du stellst ihm nach oder so. Was allerdings auch schon wieder ziemlich lustig wäre. Der Birkenberger Rudi als Stalker …«

»Meine Tarnung, Franz, meine Tarnung die ist ziemlich wasserdicht, ausgefuchst und cool obendrein. Und langlebig ist sie offenbar auch, weil sie nämlich immer noch passt. Gleich am Anfang, also quasi am allerersten Tag, wo wir uns kennengelernt haben, der Markus und ich, da hab ich ihm ja erzählt, dass ich einen Reiseführer schreiben will. Also einen Reiseführer über verschiedene Campingplätze sozusagen. Und dass ich deshalb auf Rechercheheise bin.«

Manchmal da ist er gar nicht so deppert, mein kleiner Watson.

»Sag mal, weißt du eigentlich was über diese Amelie, die hier an der Rezeption arbeitet?«, frag ich und mach mir ein Bier auf, bevor ich die Chipstüte öffne.

»Was weiß ich über die Amelie? Mei, sie ist tough und sehr süß. Und sie macht einen erstklassigen Job, und zwar topprofessionell. Aber wenn du so fragst, dann fällt mir doch tatsächlich noch etwas ein.«

»Und das wäre?«

»Ich glaub, der Markus, der mag sie nicht besonders. Wie gesagt, sie macht einen tollen Job, diese Amelie, ohne Zweifel. Sie ist vollkommen fokussiert auf ihr Ding, sie ist fleißig und schnell und ein jeder Arbeitgeber wäre wohl happy mit ihr. Und trotzdem ist dieser Markus … na, wie würd ich es nennen? Pampig vielleicht. Ja genau, irgendwie ist er immer eher ein bisschen pampig zu ihr. Was er sonst eigentlich zu niemandem ist.«

»Interessant. Und sie? Wie ist sie zu ihm?«

»Wie ist sie zu ihm? Hm … eher professionell, würd ich mal sagen. Wie zu jedem anderen auch. Sie gibt Antworten auf seine Fragen, ist aber dabei eben auch … wie soll ich sagen? Vielleicht ein bisschen emotionslos. Oder eher sogar schon etwas gelangweilt.«

»Ist da womöglich mal was gelaufen zwischen den beiden? Und das ist jetzt sozusagen eine Art von Nachwehen oder so?«

»Hm … möglich wär das schon.«

»Vermutlich hätte dann wohl am ehesten sie ihn abserviert. Ich mein, wenn sie jetzt so gelangweilt von ihm ist, geht er ihr eventuell auf die Nerven.«

»Auch möglich. Wobei ich ohnehin den Eindruck hatte, dass sie ein eher rationaler Typ ist statt ein emotionaler. Nein, warte, das stimmt nicht ganz. Weil einmal, da ist sie tatsächlich unglaublich laut geworden. Wie sie telefoniert hat. Hatte vermutlich einen ziemlichen Krach mit irgendwem. Es war nicht sehr lang, dieses Gespräch, aber wie gesagt, unglaublich laut.«

»Hast du da irgendwas mitbekommen? Zum Beispiel, mit wem sie telefoniert hat? Oder worum es ging, Rudi?«

»Nein, eher nicht. Zumindest nicht viel. Hab da leider grad selber telefoniert. Das Einzige, was mir grad einfällt, ist, dass sie ihren Gesprächspartner geduzt hat. Weil sie nämlich am Schluss gesagt hat: ›Du wirst nie was auf die Reihe kriegen, du Arsch.‹ So was in der Art hab ich hören können. Aber das war auch schon alles.«

»Wenn sie du Arsch gesagt hat, dann müsste sie doch eher mit einem Mann telefoniert haben, oder nicht? Du Arsch sagt man doch nicht zu einer Frau. Sonst müsste man ja du Ärschin sagen«, mutmaße ich so vor mich hin, weil mir grad jeder Strohhalm recht ist.

»Warte kurz ...«

»Was ist los?«

»Stopp, Franz«, unterbricht mich der Rudi nun und flüstert plötzlich. »Ich muss Schluss machen. Der Markus, der kommt hier grad mit seinem Tretroller um die Ecke gedüst. Und so wie's ausschaut, zielgerade auf mich zu. Wir ... wir hören uns ...« Dann ist die Leitung tot.

Mein Handy zeigt mir vier neue Nachrichten an.

Nachricht Nummer eins ist von der Susi und lautet: Ich hoffe ihr seid gut angekommen. Meldet euch doch bitte mal, damit ich weiß, wie es euch geht. Vergiss nicht, den Paul mit Sonnencreme einzuschmieren. Er ist da so empfindlich, wie du weißt.

Nachricht Nummer zwei ist ebenfalls von der Susi und lautet: Ach ja, hab ich ganz vergessen, Franz. Ich habe dich zu einer Eltern-WhatsApp-Gruppe hinzugefügt. Damit du halt auf dem Laufenden bist, jetzt wo du quasi »alleinerziehender Vater« bist. Wenn auch nur temporär. Das sind alles nette Leute, Eltern von Paulchens Klassenkameraden. Bitte beantworte du die Nachrichten in den nächsten Tagen, weil ich diese Zeit nutzen werde, um viel wegzuarbeiten. Küsschen!

Nachricht Nummer drei ist von einem Dennis aus der Gruppe namens Zwerge und lautet: Susanne hat Franz in die Gruppe hinzugefügt. Das ist Pauls Papi und wir möchten ihn hier recht herzlich begrüßen. Auf ein entspanntes Miteinander, lieber Franz!

Nachricht Nummer vier ist von einer Daniela aus der Gruppe namens Zwerge und lautet: Hallo und herzlich willkommen, lieber Paul-Papi Franz! Du wirst sehen, hier beißt keiner … Wir wollen hier nur unsere Zwerge kollektiv ein bisschen beim Erwachsenwerden unterstützen und kümmern uns um dies und das. Aber das wirst du ja alles selber sehen …

Nachricht Nummer fünf existiert (noch) nicht wirklich, ist von mir und lautet: Ihr könnt mich kollektiv am Arsch lecken.

Ich leg das Handy beiseite und bind mir die Hängematte zwischen die Bäume, ehe ich mich dann dort hineinfallen lass, was an Gemütlichkeit echt kaum mehr zu toppen ist. Durch die Blätter gefiltert strahlt die Sonne quasi in optimaler Dosis auf mich runter, was die Wärme des Tages einfach perfekt macht. In Sekundenschnelle bin ich jetzt tiefenentspannt bis in die Ohrläppchen rein. Und vermutlich dauert es gar nicht allzu lang, bis mir schließlich die Augen zufallen und ich weggedöst bin.

Aufwachen tu ich erst wieder, wo schon die Dämmerung eingesetzt hat, und da ist das Paulchen noch immer nicht da. Ein Blick auf die Uhr sagt mir, dass es schon gleich auf halb neun zugeht. So quietsche ich mal kurz quer über die Wiese zur siebenundzwanzig rüber, weil genau dort meine Nachbarn mit gleichaltrigem Nachwuchs residieren. Auch diese Zeitgenossen sind nämlich zuvor noch fünfköpfig und somit komplett bei unserem Poldi gewesen, um ihn gebührend zu begrüßen.

»Eine kurze Frage. Wo kann man denn die Kinder finden, wenn sie nicht von selber wieder auftauchen?«, sag ich dort angekommen in Richtung Campingtisch, wo das Ehepaar offensichtlich ein Brettspiel macht.

»Es ist jetzt exakt«, entgegnet der Hausherr im Feinripp und blickt auf seine Armbanduhr, »zwanzig Uhr vierundzwanzig. Und um exakt zwanzig Uhr dreißig, da muss der Egon hier sein, weil er dann seine Medikamente kriegt. Wenn er die nämlich nicht pünktlich einnimmt, dann schlägt er alles kurz und klein, was um ihn rum ist.«

»Er … er schlägt … aber wieso? Ich meine, warum?«, frag ich nun leicht verwirrt. »Warum schlägt der Egon alles kurz und klein.«

»Weil er ein Monster ist und einen an der Klatsche hat. Ein kleiner Psycho, verstehste?«, antwortet er und streichelt dem fetten Pudel auf seinem Schoß das Genick. »Wenn ich gewusst hätte, wie viel Freude Hunde machen, dann hätte ich mir den Horror mit den Kindern erspart.«

»Also, Kevin, so ist es ja auch wieder nicht«, kommt nun die Gattin zum Einsatz, deren Bikinioberteil sicher erstklassig gepasst hat – vor zehn oder zwölf Kilo. »Jetzt mach doch unseren neuen Nachbarn nicht verrückt und erzähl keinen solchen Müll. Also, der Egon, der ist nur ein bisschen hyperaktiv, das ist alles. Gut, aufpassen muss man da schon, dass er seine Medikamente pünktlich einnimmt. Aber das tut er ja. Meistens. Willst du dich nicht ein bisschen zu uns setzen, solange wir auf die Kiddies warten. Ich kann dir ein Bier holen, wenn du magst. Schnaps haben wir aber auch da. Ich bin übrigens die Cheyenne.«

»Ja … äh, nein, ich schau dann mal lieber, wo sie so abhängen, die Kiddies. Merci, derweil«, verabschiede ich mich und mach mich dann auch gleich auf den Weg. Vermutlich ist es ratsam, das Paulchen zu finden, ehe die Medikation von diesem Egon rapide absinkt. Schließlich kann man ja wirklich nie wissen.

Kapitel 15

Zehn Minuten später krieg ich den Paul zurück. Er ist heil und ich bin heilfroh. Auf dem Weg zum Bolzplatz kommt er mir entgegengeschlendert und er ist nicht allein. An seiner Seite ist ein Junge und mein kriminalistischer Spürsinn sagt mir glasklar, dass es sich hierbei um den Egon handeln muss. Hinter den beiden und in einigem Abstand laufen zwei Mädchen, die von Größe und Statur her um die fuchzehn sein dürften, im Gesamtpaket allerdings eher so aussehen, als würden sie schnurstracks vom Straßenstrich kommen. Wie das Paulchen mich sieht, rennt er gleich auf mich zu.

»Na, wo kommt ihr denn her?«, frag ich erst mal, wie er mir um den Bauch fällt.

»Wir waren unten an der Isar und haben Steine floppen lassen. Und der Egon, der hat auch gefischt. Stell dir vor, er hat sogar drei Fische gefangen, Papa, hat sie aber alle wieder freigelassen«, sagt das Paulchen mit leuchtenden Augen. Er scheint einen Freund gefunden zu haben. Und das am ersten Tag. Alle Achtung.

»Ihr wart die ganze Zeit an der Isar unten?«, frag ich und schau ihn einmal ganz genau an. »Du hast ja null Komma null Sonnenbrand.«

»Natürlich nicht, ich hab mich doch eingecremt.«

»Wir haben eine Sonnencreme dabei?«, frag ich, weil ich die heute selber gebraucht hätte.

»ICH hab eine Sonnencreme dabei«, sagt er grinsend.

»Ich nicht.«

»Ja, das ist nicht zu übersehen, Papa. Das hier, das ist übrigens der Egon. Und das dahinter sind seine zwei Schwestern. Das sind Zwillinge und die heißen Claire und Daphne. Schöne Namen, gell?«

Der Egon kommt artig und gibt mir die Hand. Er wirkt auf mich nicht im Mindesten, als würde er irgendwas kurz und klein schlagen. Ganz im Gegenteil, beinah ereilt mich der Eindruck, er macht einen ganz kleinen Knicks. Die beiden kleinen Flittchen kommen ein wenig näher und trällern völlig synchron: »Hi-ai.«

»Wieso lauft ihr rum wie Schlampen?«, plumpst es mir aus dem Mund. »Also, wenn ihr meine Töchter wärt, dann …«

»Sind wir aber nicht«, kichern die beiden und wackeln mit ihren Titten wie alte Profis. Der arme Vater! Die arme Mutter! Was ist da bloß schiefgelaufen? Nachdem sich eine Brust von vieren endgültig die Freiheit erkämpft hat, verfallen die Zwillinge in Gelächter der albernsten Sorte. Dann wird der Flüchtling wieder zurück in sein Cup verfrachtet und der kleine Bruder auf den Hinterkopf geschlagen.

»Komm, du Mongo«, sagt eine der beiden Sympathieträgerinnen. »Wir müssen heim, ehe deine Medikamente nachlassen.«

Egon zuckt kurz zusammen und dann nickt er.

»Sehen wir uns morgen, Paul?«, fragt er noch im Weggehen.

»Klar«, ruft ihm das Paulchen hinterher.

»Lust auf Pizza mit Cola?«, frag ich.

»Klar«, antwortet er und schenkt mir ein Freudestrahlen wie sonst nur beim Christkind. Und so machen wir uns auch prompt auf den Weg.

»Erzähl mal, wie ist er so, der Egon?«, frag ich über meine Speisekarte hinweg und der Paul zuckt über seine Speisekarte hinweg kurz mit den Schultern. Er schiebt sie sogar noch etwas höher, damit ich wohl nicht sehe, wie er rot wird.

»Du magst nicht über ihn sprechen? Aber warum nicht? Handelt er mit Drogen oder hat er Hundewelpen ertränkt?«

»Nein«, entgegnet er ein wenig empört. »Natürlich nicht. Keines von beidem.«

»Ich wundere mich halt nur ein bisschen, weil du gleich so eng mit ihm bist. Sonst brauchst du doch immer ewig, jemanden in dein Herz zu lassen.«

»Ich weiß nicht, er ist halt anders, der Egon. Ich glaub, ich nehm eine Margherita mit Knoblauch«, antwortet er und klappt die Karte zu.

»Wir schlafen im selben Raum, Paulchen.«

»Dann wirst du wohl auch Knoblauch essen müssen, Väterchen«, entgegnet er, hat seine Hände im Nacken verschränkt und grinst mich an wie ein Lausbub, der er nicht ist. Nein, definitiv ist der Paul kein Lausbub. Er ist lieb und ordentlich, ein kleiner Streber vor dem Herrn, unsportlich und klug und wär nie im Leben mein Freund geworden, würden wir etwa gleichaltrig sein. Sind wir aber nicht. Er ist mein Sohn und ich bin sein Vater und da ist man halt generell eher zufrieden mit dem, was man kriegt, gell.

Im Laufe von zwei Margherita mit Knoblauch, zwei Portionen Spaghetti-Eis, drei Colas und ein paar Bier wird erstens der Paul etwas gesprächiger, als er es gerade noch war, und zweitens ruft die Susi an. Mitten im schönsten Vater-Sohn-Ratsch sozusagen.

»Susi-Maus, alles Roger in Kambodscha?«, sag ich gleich, wie ich rangehe, und das Paulchen verdreht seine Augen.

»Trinkst du etwa Bier, Franz?«, kann ich nun hören und fast ereilt mich der Eindruck, als wär der Vorwurf himself in der Leitung. »Du wirst doch keinen Alkohol trinken, wenn du mit dem Paulchen unterwegs bist. Da hast du eine verdammte Verantwortung, Franz. Ist dir das schon klar, Franz?«

»Du musst meinen Namen nicht so oft sagen, Susi. Ich weiß ja, wie ich heiße.«

Jetzt grinst der Paul. Irgendwie ist er halt doch mein Kind.

»Gib mir mal den Paul, bitte. Sofort.«

Ich reiche ihm wortlos das Telefon, nur meine Augen, die sprechen Bände. Immer noch grinsend nimmt der Paul das Gespräch entgegen. Leider kann ich nun nur noch das hören, was er sagt.

»Hi, Mam.«

»Ich dich auch.«

»Nein, alles in Ordnung. Es ist toll hier.«

»Nein, ich hab mich doch eingecremt. Lichtschutzfaktor fünfzig.«

»Nein, nur eins. Höchstens zwei. Aber ich glaub, das waren nur Radler.«

»Natürlich war er immer dabei und auf dem Klo war ich auch noch nicht.«

»Nein, nein.«

»Ich weiß. Zähne putzen. Gesicht und Hände waschen. Schlafanzug.«

»Nein, den vom FC Bayern, den mir der Papa geschenkt hat. Der von dir, wo die Schlümpfe drauf sind, der passt mir doch gar nicht mehr.«

»Ich dich auch, Mama. Schlaf gut.«

Dann legt er auf und reicht mir das Handy zurück.

»Noch eine Cola?«, frag ich und er nickt.

»Noch ein Bier?«, fragt er und ich nicke. Wie zwei echte Freunde, wir beiden.

Der Egon war wohl der heiß ersehnteste Sohn auf dem ganzen Erdball und ein kleiner Schauspieler ist er obendrauf. Aber alles der Reihe nach.

Angefangen hat das Ganze, weil sein Vater, dieser Kevin, nach der Geburt der beiden Töchter ziemlich enttäuscht war. Mädchen und das im Doppelpack, eine harte Nummer für einen echten Kerl. Da hieß es quasi doppelt Daumen drücken bei der zweiten Schwangerschaft, was ja ganz offenbar funktioniert hat. Vom Moment der Geburt an hat dann der Kevin seinen kleinen Egon keine Sekunde mehr aus den Armen gelassen, von den Augen ganz zu schweigen. Den armen Wurm aber hat das wohl irgendwann so dermaßen eingeengt, dass er halt Anfälle bekam und kurz darauf die Medikamente. Nach den Anfällen und den Medikamenten hat sich das Interesse vom Kevin dann ein wenig gelegt. Weil er ja jetzt zu seinen beiden Töchtern noch einen behinderten Sohn hatte. Jackpot sozusagen. Deswegen hat er auch bald damit aufgehört, seinen Egon zu umklammern, worauf der wiederum aufgehört hat, Anfälle zu bekommen. Seine Medikamente, die nimmt er schon lange nicht mehr, weil er sie auch gar nicht mehr braucht. Dennoch lässt das schlaue Bürschchen seine Eltern in dem Glauben, dass er sie immer noch nimmt. Somit ist er eben weiterhin der behinderte Sohn, wodurch er Ruhe vom nervigen Vater hat. Wie man in diesem zarten Alter schon so dermaßen ausgefuchst sein kann, finde ich im gleichen Maße beeindruckend, wie es auch beängstigend ist. Doch vermutlich dürfte der Egon einen ganz ähnlichen IQ haben, wie ihn unser Paulchen hat. Die Susi, die hat das nämlich einmal abchecken lassen und war mächtig stolz hinterher. Ich persönlich hab mir das gar nicht groß gemerkt. Weil's mich einfach nicht interessiert hat. Immerhin merke ich jedes Mal relativ schnell, mit wes Geistes Kind ich es zu tun hab. Ist wahrscheinlich eine Art Berufskrankheit oder so.

Was den Egon aber noch so ausmacht und mir jetzt sogar ein bisschen in die Karten spielt, ist die Tatsache, dass er wohl auch ein kleines Spürnäschen ist. Denn der Paul erzählt weiter, der Egon weiß alles über alle. Also praktisch weiß er alles über jeden Einzelnen hier am Platz. Beispielsweise auch, dass sein Vater fast jedes Mal telefoniert, wenn er etwa zur Toilette geht oder zur Dusche. Mit einem gewissen Mäuschen. Doch wie gesagt, da ja dieser Kevin eh in Richtung Arschloch tendiert, kommt es darauf jetzt auch nicht mehr an. Worauf es allerdings schon ankommt – und in meinem Fall ganz besonders –, ist Folgendes: Dieses Telefongespräch, das die Amelie vom Empfang neulich äußerst lautstark geführt hat, ist auch dem Egon nicht verborgen geblieben. Doch anders als etwa der Rudi kann er sogar noch haargenau sagen, mit wem sie gesprochen hat. Ausgerechnet unser schöner Mike war da wohl am anderen Ende der Leitung und hat diesen verbalen Einlauf kassiert. Was ich hochinteressant und ebenso überraschend finde. Und liebend gerne würde ich mir darüber jetzt längere Gedanken machen, doch aus diversen Gründen ist mir das nicht möglich. Zum einen ist es schon Viertel vor zwölf und für den Paul vielleicht doch langsam Zeit, in den FC-Bayern-Schlafanzug und in sein Bett zu springen. Zum anderen müssen wir vorher noch rüber ins Duschhaus aufs Klo und um die Zähne zu putzen. Und zu guter Letzt ist nachdenken inzwischen auch nicht mehr so einfach wegen Bier.

Wir wachen in der Löffelchenstellung auf, der Paul und ich, was wahrscheinlich seit den Kindergartentagen nicht mehr geschehen ist. Und das ist schön. Er hat sich ganz eng an mich gedrückt und ich halte ihn mit beiden Armen umklammert. Weil mir aber sofort der Egon und sein hirnkranker Vater in den Kopf schießen, lass ich ihn umgehend los und rück etwas ab.

»Weiterkuscheln«, murmelt das Paulchen aber prompt aus seinem Kissen heraus und ich muss grinsen.

»Ist dir das nicht zu eng?«, frag ich.

»Nein. Und wenn doch, dann sag ich rechtzeitig Bescheid, ehe du mir irgendwelche Pillen verpasst.«

Ich rück wieder näher und schling meine Arme um ihn. So lieg ich normalerweise mit niemandem. Höchstens und in absoluten Ausnahmefällen mal mit der Susi.

Zehn Minuten später klopft es dann an der Tür.

»Paul, jetzt steh schon auf, Mann. Hier draußen, da scheint die Sonne und vorne am Kiosk gibt's warme Schokocroissants«, können wir nun den Egon vernehmen, der offenbar schon mit den Hufen scharrt. Wie ein Blitz fährt der Paul nun aus den Federn und etwa im gleichen Tempo springt er zur Tür.

»Egon, gib mir zwei Minuten«, sagt er schon während er öffnet. »Eincremen, anziehen. Und dann können wir los.«

So, wie ich bin, also in Unterhose und Socken, geh ich nun mal nach draußen. Zugegeben kein staatsmännischer Auftritt, aber wenn man nur zwei Minuten hat, was bleibt einem da übrig, gell.

Ich hock mich auf die Türschwelle und blinzele in die Sonne.

»Also, Egon, ich hab gehört, du bist ein kleiner Geheimdetektiv. Der Paul hat mir da so ein bisschen was erzählt. Ist da was dran?«, frag ich meinen aktuellen Gesprächspartner. Eine Ameise läuft mir über den Fuß.

»Mann, Paul, du kannst doch nicht einfach Geschichten, die ich dir erzähle, weitererzählen«, brummt der Egon durch die offene Tür vom Poldi.

»Erstens hast du nicht gesagt, dass du mir Geheimnisse erzählst, und zweitens ist das mein Papa, und wenn du jetzt sagst, dass es Geheimnisse sind, dann halten wir beide die Klappe, verstanden?«, antwortet der Paul, der nun hinter mir steht und mit einer Socke kämpft.

»Prima, dann wär das ja geklärt«, sag ich und steh auf, weil der Paul nun nach draußen drängt. »Weißt du, Egon, ich bin auch eine Art Privatdetektiv und aktuell suche ich sozusagen einen Assistenten. Also einen zuverlässigen Mitarbeiter, der mit offenen Augen und Ohren durch die Welt läuft und Geheimnisse gut für sich behalten kann. Das hat oberste Priorität. Weißt du, was das ist, eine Priorität?«

»Papa, was denkst du? Der Egon ist elf. Natürlich weiß der, was Priorität ist. Ich bin noch nicht mal zehn und weiß es seit Jahren.«

»Super, Klugscheißer«, murmelt der Egon. »Ich weiß es nicht.«

Doch nachdem er von seinem brandneuen Busenfreund eine relativ umfangreiche Erklärung in einfachen Worten erhalten hat, weiß auch der Egon Bescheid. Und ein paar abwägende Augenblicke später erklärt er sich spontan zu einer Kooperation bereit. So ist das Streitgespräch am Telefon zwischen dem schönen Mike und der Amelie wohl nicht das Einzige gewesen, das er mitbekommen hat. Auch einen Tag vorher muss es schon heftig zur Sache gegangen sein. Die beiden waren auf dem kleinen Parkplatz, wo die Angestellten ihre Autos abstellen, und auch hier ist wohl der Egon als … sagen wir ungebetener Zeuge dabei gewesen. Und vollkommen wurst, ob er das Wort Priorität nun gekannt hat oder auch nicht, offensichtlich hat dieser Knirps ganz andere Qualitäten. Er kann mir nämlich nicht nur – und fast wörtlich – wiedergeben, worüber sich die beiden gefetzt haben, sondern weiß auch, dass es am Ende immer versöhnlich war. Sogar äußerst versöhnlich.

»Du meinst, die beiden, also der Mike und die Amelie, die sind ein Paar?«, frag ich am Ende etwas verdutzt.

»Mal vorausgesetzt, dass man nicht jedem die Zunge in den Hals steckt beim Abschied, würde ich mal davon ausgehen«, sagt der Paul und verdreht seine Augen. Der Egon nickt.

Dann sagt er, dass er jetzt keine Lust mehr hat auf Prioritäten und Kooperationen und dass er eh schon alles gesagt hat, was er weiß.

Wie die beiden kurz darauf den Platz in Richtung Kiosk räumen, kriegen sie die Schokocroissants natürlich spendiert. Nein, da lass ich mich freilich nicht lumpen. Für Informationen, noch dazu wenn es brauchbare sind, kann man durchaus schon mal was springen lassen, keine Frage.

Für mich gibt's jetzt erst mal einen Kaffee. Normalerweise, da mach ich nämlich keinen Finger krumm, ohne vorher einen Kaffee getrunken zu haben.

Während er durchläuft, check ich mein Telefon und muss feststellen, dass die Zwergen-Gruppe schon wieder äußerst aktiv war. So sind es sieben Nachrichten diverser Elternteile, die mich ganz herzlich als Neuzugang begrüßen, und vierzehn an der Zahl, die über den bevorstehenden Geburtstag der Klassenlehrerin schreiben. Weil die nach den Pfingstferien nämlich ihren Fuchzigsten feiert und da soll ihr wohl jedes Kind eine Blume zum Unterricht mitbringen. Was nun aufs Eifrigste diskutiert wird, ist die Sorte, die Länge und die Farbe des etwaigen Gewächses. Mir brennt gleich der Hut. Haben die alle keinen Job, oder was? Sind das wirklich Themen, über die sich erwachsene Menschen austauschen müssen?

Der Kaffee ist fertig und somit mein Tag halbwegs gerettet. Wo ich jetzt praktisch schon so im Ermittlungsmodus bin, kann ich auch gleich mal beim Günther anrufen. Wer weiß, vielleicht hat der ja schon Hand anlegen können.

»Franz, schön, dich zu hören«, sagt er gleich mal zur Begrüßung. »Stirbt niemand mehr bei euch oder warum meldest du dich nicht? Oder sag bloß, du hast einen neuen Leichenfledderer gefunden und gehst mir fremd?«

»Weder noch, Günther«, antworte ich und muss grinsen. »Du hast aktuell sogar eine sehr interessante Leiche von mir bekommen. Eine gewisse Letitia Schönberger, die dringend obduziert werden sollte. Warst du da schon dran?«

»Ach ja, der Bergunfall. Ich weiß. Liegt heute Nachmittag bei mir auf dem Tisch. Aber was mir ein Kollege schon mal hergelegt hat, das war eine Smartwatch, die deine Leiche getragen hat. Die wird noch genauer ausgewertet, weil wir da vermutlich noch so Daten wie Pulsschlag et cetera finden können. Was ich dir aber jetzt schon sagen kann, ist, dass die Uhr kaputtgegangen ist. Vermutlich beim Sturz. Was bedeuten würde, dass die Tote um elf Uhr vierundfünfzig abgestürzt ist. Hilft dir das was?«

»Ja und nein«, antworte ich. »Bei meinen Mordverdächtigen ist mein Favorit somit jedenfalls raus.«

»Na, du wirst doch sicherlich noch andere Kandidaten haben, oder?«

»Nein«, sag ich wahrheitsgemäß. »Aber merci. Meldest dich, wenn du was hast?«

»Mach ich, Eberhofer. Mach ich«, sagt er noch, dann hängt er mir ein.

Gleich danach ruf ich mal den Rudi an, damit wir gegenseitig auf dem Laufenden sind. Er freut sich, wie er mich hört. Und verkündet gleich und nicht ganz ohne Stolz, dass mit dem Markus alles einwandfrei läuft. Weil, nicht nur, dass er ihm diese Campingplatz-Buch-Story absolut abkauft, nein, er ist sogar froh darüber, dass der Rudi generell da ist. Denn er hat grad so große Personalschwierigkeiten, dass er um jede helfende Hand froh und dankbar ist. Und da, muss ich sagen, da ist er freilich mit dem Rudi bestens bedient. Herumgeschafteln und sich nützlich machen, das liegt dem Rudi praktisch im Blut.

»Gestern Abend, da haben wir dann nach der Arbeit noch ein Bier getrunken, der Markus und ich. Und auch ein bisschen über unsere Familien geredet«, lässt er mich jetzt wissen.

»Du hast keine Familie, Rudi«, muss ich hier einwenden, weil es halt stimmt.

»Ja, darüber haben wir eben geredet. Ich hab ihm erzählt, dass ich keine Familie habe und mir das schon manchmal fehlt. Darauf hat er gesagt, dass er schon eine hat und die nur Ärger macht. Seine Eltern waren schon totale Versager, hat er erzählt. Und sein Bruder würde genau in ihre Fußstapfen treten. Alles, was der anpackt, geht in die Hose. So, und jetzt pass auf, Franz. Jetzt ist er auf der Suche nach einem Campingplatz. Der schöne Mike sucht einen Campingplatz, um sich selbstständig zu machen und nicht immer nur den Handlanger für seinen Bruder abgeben zu müssen. Aber, und jetzt kommt's: Seit wann denkst du, dass er den sucht?«

»Keine Ahnung«, antworte ich und muss einen Moment überlegen. »Du meinst aber nicht … schon vor der Hochzeit?«

»Ganz exakt. Schon seit Februar ist er auf der Suche. Und wann war die Hochzeit?«, sagt er und ein gewisser Triumph ist nicht zu überhören.

»Anfang Mai«, sag ich und verspüre inzwischen das dringende Bedürfnis, auch meine Ermittlungserfolge zu verkünden.

»Anfang Mai«, wiederholt der Rudi überflüssigerweise. »Exakt.«

»Der schöne Mike und die Amelie vom Empfang, die küssen sich. Mit Zunge«, sag ich und gebe somit exakt den Wortlaut meines kleinen Informanten wieder. Einen Moment lang ist es jetzt still in der Leitung. Würde ich ihn nicht atmen hören, dann würd ich denken, der Rudi hätte aufgelegt.

»Das ist perfekt, Franz«, sagt er schließlich und seine Stimme überschlägt sich fast. »Das ist einfach perfekt. Wir haben ein Liebespaar, das vermutlich chronische Geldsorgen hat und für den Markus arbeitet, der dabei reich wird. Dann haben wir eine relativ unattraktive Apothekerin mit einem Mordserbe, die auf den schönen Mike abfährt. Der heiratet sie und schubst sie die Berge runter. Womit er alles erbt und sich mit seinem Liebchen ein neues Leben aufbauen kann. Eigentlich genau so, wie wir es gleich gedacht hatten. Nur, mit dieser Amelie, da kriegt das noch einmal eine ganz neue Dynamik.«

»Da ist nur ein Haken, Rudi«, sag ich und jetzt atmet er nicht mehr. »Der schöne Mike, der war um Punkt zwölf in der Almhütte, dieser Wanderlust. Und das weiß der Wirt von der Wanderlust übrigens haargenau, weil er an diesem Tag erst um zwölf aufgesperrt hat und der Mike nämlich sein allererster Gast war. Das weiß er auch deshalb so genau, weil er ja auch völlig von der Rolle war, der Mike, und erst mal einen Schnaps gebraucht hat.«

»Ja und? Dann hat er die arme Leddi halt schon um halb zwölf den Berg hinunter…«

»Das ist leider auch eher unwahrscheinlich, Rudi«, muss ich ihm hier gleich mal die Bremse reinhauen. »Weil der Günther sagt, der Todeszeitpunkt, der wär mit ziemlich hoher Wahrscheinlichkeit erst um elf Uhr vierundfünfzig gewesen. Weil da die Uhr von der Leddi kaputtgegangen ist.«

»Das hast du alles rausgefunden? In so kurzer Zeit?«, fragt er, und wie ich finde, klingt er ziemlich beeindruckt.

»Ja, das hab ich alles rausgefunden«, sag ich und merke, wie mir die Brust anschwillt. »Und nicht nur das, lieber Rudi. Ich weiß nämlich auch, wie das Telefongespräch verlaufen ist, das du ja leider verkackt hast, weil du selber am Telefon warst. Diese Amelie und der Mike, die haben sich nämlich gezofft, weil er nix auf die Reihe kriegt. Weil er immer alles versemmelt, was er anpackt, und ständig sie sich um alles kümmern muss. Und es war wohl auch nicht der erste Streit mit dieser Thematik.«

»Ganz offensichtlich sind sich in diesem Punkt ja alle einig. Der Mike, der mag vielleicht schön sein, ein Versager ist er trotzdem. Wobei, wenn er jetzt durch diese kaputte Uhr tatsächlich so was wie ein Alibi hat, dann ist er in diesem Fall wohl ganz klar auf der Gewinnerseite.«

Aus der Ferne kann ich nun den Paul und den Egon zurückkehren sehen. Aber wer ist das dahinter? Könnte das unser Mike sein? Und ist es möglich, dass er die zwei Jungs vor sich herschubst? Ich steh mal auf und geh ihnen entgegen.

»Rudi, ich muss auflegen«, sag ich und leg auf.

»Was wird das, wenn's fertig ist?«, frag ich dann als Erstes, wie ich mit den dreien auf selber Höhe bin.

Kapitel 16

»Die beiden spionieren mir nach«, sagt der schöne Mike, wie er nun so vor mir steht, und irgendwie glaub ich meinen Augen nicht recht zu trauen. Kann es sein, dass er tatsächlich beide Buben am Kragen gepackt hat? »Ja, sie spionieren mir nach und haben obendrein auch noch Fotos gemacht.«

»Aber wir ... wir haben doch nur Sherlock Holmes gespielt«, versucht sich der Paul zu verteidigen.

»Genau«, pflichtet prompt sein Busenfreund bei. »Ich war der Watson und der Paul war der Holmes, das haben wir zuvor ausgeknobelt. Es war doch einfach nur ein Spiel, Mann.«

»Ich mag aber solche Spiele nicht, wo man mir hinterherspioniert«, sagt der Mike und jetzt klingt seine Stimme trotzig und hoch, als wär er im selben Alter wie diese zwei Agenten hier.

»Jetzt lass erst mal die Kinder los und mach dich nicht lächerlich. Ich hab gehört, du bist sonst eher immer so cool mit Kids«, muss ich schließlich einwerfen und augenblicklich kommt er meiner Forderung nach.

»Ja, klar. Sorry. Aber es geht halt einfach nicht, dass die zwei mich auf Schritt und Tritt verfolgen und auch noch fotografieren«, sagt er weiter, hat nun die Arme vor der Brust verschränkt und seinen Kopf schief gelegt. Dadurch wirkt er jetzt vollends wie ein kleiner Trotzkopf direkt aus dem

Kindergarten raus. Wobei ich dennoch leider feststellen muss, dass er verdammt gut aussieht dabei.

»Gut, äh … daran müssen wir unbedingt arbeiten, Jungs«, muss ich nun zu meinen zwei rotbackigen Pappenheimern sagen. »Weil der beste Detektiv nämlich keinen Pfifferling wert ist, wenn das Objekt seiner Observation merkt, dass es observiert wird.«

»Was genau meint er damit?«, will der Egon nun wissen und blickt rüber zum Paul.

»Erklär ich dir gleich«, antwortet der und jetzt erst fällt mir auf, dass beide Jungs noch einen Schokoladenmund haben, der wohl von den Croissants zurückgeblieben ist.

»Sag mal, bist du etwa ein Bulle, oder was?«, fragt nun der Mike aus seinen verschränkten Armen heraus und ich merke, dass mir die ganze Sache langsam, aber sicher zu dämlich wird.

»Was steht da auf dem Auto?«, frag ich und deute mit dem Kopf Richtung Poldi. »Kannst du das lesen?«

Er kneift seine Augen zusammen und versucht, die Klebereste zu entziffern.

»Po-li-zei«, sagt er schließlich.

»Siehst du. Und wo Po-li-zei draufsteht, da ist sie auch drin, mein Freund. Und wenn du dir schon vor zwei Rotznasen mit Schokogosche in die Hosen machst, dann leg dich besser nicht mit mir an.«

»Ich will mich mit gar niemandem anlegen. Ich frag mich nur, was du hier willst. So als Polizist.«

»Urlaub machen. Ich will einfach mit meinem Sohn ganz entspannt ein paar Tage lang Urlaub machen, so wie alle anderen auch. Weil ich nämlich einen scheißstressigen Job hab, verstanden? Und da hab ich einfach ab und zu mal das Bedürfnis nach Erholung. Und die hätte ich jetzt auch gern. Und zwar sofort, immerhin hab ich ja auch bezahlt dafür.«

»Urlaub, soso. Also nur zur Info, hier gibt's nix zum Rumschnüffeln, verstanden? Weder für dich noch für deinen Sohn. Sonst könnt ihr beide nämlich gleich zusammenpacken, in das Vehikel steigen und abhauen.«

»Ermitteln würde das im Fachjargon heißen. Und wenn ich tatsächlich den Verdacht hätte, dass es hier etwas zu ermitteln gäbe, dann ist das ein einziger Anruf und es schlägt innerhalb von zwanzig Minuten eine Hundertschaft auf. So und jetzt sei so gut und lass mir meinen wohlverdienten Frieden. Und sieh lieber zu, dass du deinen Verfolgungswahn irgendwie in den Griff kriegst. Das ist doch nicht normal. Und jetzt schleich dich.«

Einen Moment lang zögert er noch und schaut mich ganz eindringlich an. Schaut mich an mit argwöhnischen Augen aus seinem Kopf, der immer noch schief über den Schultern hängt. Dann dreht er ab und verlässt wortlos das Spielfeld. Und irgendwie scheint somit der letzte Würfel gefallen zu sein. Wenn ich nämlich vorher auch nur ansatzweise einen klitzekleinen Zweifel an seiner Schuld hätte einräumen können, dann hat er ihn jetzt mit seinem Auftritt zunichtegemacht. Doch dazu muss man vielleicht wissen, dass es ja von menschlicher Seite aus zweierlei völlig unterschiedliche Reaktionen gibt, wenn die Leute auf Polizisten treffen. Die einen, die reagieren in der Regel erfreut, weil sie nix zu verbergen haben und so einen Bullen doch irgendwie toll finden. Die anderen reagieren dagegen stets konträr. Will heißen, bei einem Kriminellen, selbst wenn er nur einen Kaugummi geklaut hat, bleibt die Freude eher verhalten. Wenn der auf einen Polizisten stößt, dann ist er eingeschüchtert, panisch oder krawallig. Das nur zum besseren

Verständnis, damit man halt weiß, wie ich das Auftreten vom schönen Mike nun eben so zu deuten hab.

»Ist alles in Ordnung, Papa?«, reißt mich das Paulchen nun aus meinen Gedanken heraus.

»Ja, ja, alles paletti. Sherlock, Watson, ich hab einen Auftrag für euch«, sag ich, wie der Mike schließlich sicher außer Hörweite ist, und die beiden spitzen sofort ihre Lauscher. »Aber dieses Mal bitte ich um mehr Diskretion.«

»Was meint er mit Diskretion?«, fragt der Egon.

»Erklär ich dir später«, antwortet das Paulchen ein weiteres Mal. »Was sollen wir machen, Papa?«

»Also gut. Passt auf. Ihr kennt doch diese Amelie ... die vom Empfang? Ich möchte wissen, wie die mit Nachnamen heißt. Das sollt ihr herausfinden. Glaubt ihr, dass ihr das schafft? Also so, dass nicht gleich wieder jemand hier aufschlägt und einen Terz macht?«

Beide nicken mit ihren roten Backen, die sie wohl vor Aufregung haben, und diesen hartnäckigen Schokolippen.

»Was ist ein Terz, Paul?«, kann ich noch hören, als die beiden schon am Weglaufen sind. Ich geh dann mal grinsend in den Poldi, um für Kaffeenachschub zu sorgen, und setz mich danach mit meinem Haferl wieder auf die Stufen.

Die Typen von der Zwergen-Gruppe fangen allmählich an, mich zu nerven. Sie schreiben in einem fort. Beispielsweise, dass ich mich doch auch einmal einbringen soll. Umbringen fällt mir da ganz spontan ein. Ist aber nur ein Wortspiel, versprochen.

Heiß ist es heute, mein lieber Schwan. Selbst hier im Schatten dürfte es wohl an die dreißig Grad hinkommen. Deswegen beschließe ich, einmal diesen großen Pool aufzusuchen, wenn er schon da ist, obwohl ja ansonsten eher Weiher meine bevorzugten Badeplätze sind. Warum, kann ich eigentlich gar nicht genau sagen. Zumindest nicht, bevor ich schließlich am Pool gewesen bin. Danach aber weiß ich es äußerst genau. Saudummerweise muss ich es irgendwie versäumt haben, meine Badehose einzupacken, sodass ich jetzt praktisch gezwungen bin, der breiten Öffentlichkeit meine Unterhose zu präsentieren. Wenigstens da hab ich aber eine von den Guten dabei. Vermutlich schon rein aus temperaturtechnischen Gründen heraus ist das Becken sehr gut besucht und ziemlich rasch wird mir klar, dass die gemeine Wasserratte prima in Kategorien einzuteilen ist.

Freilich sind da erst mal die Kinder. Die haben einfach einen irren Spaß und hüpfen ohne Rücksicht auf Verluste von allen Seiten ins Wasser, ganz egal, was da unter ihnen kreucht oder fleucht oder eben auch schwimmt. Dann gibt es die schwimmenden Frauen, herrje. Also diese Sorte von Frauen, die zumindest im Zweierpack, gerne aber auch zu dritt oder viert, hartnäckig nebeneinanderschwimmen und somit schon mal die waagrechte Hälfte des Pools vollkommen blockieren. Außerdem sind sie durch das pausenlose Gequatsche leider auch nur in der Lage, allerhöchstens im Zeitlupentempo vom Fleck zu kommen. Ein solches Quartett muss ich geschlagene drei Mal relativ großräumig überholen, ehe sie auch nur ein einziges Mal von einem Beckenrand zum anderen gelangen. Die nerven echt tierisch.

Nicht weniger nervig und noch dazu eine Gefahr sind allerdings die Kampfschwimmer, die offenbar komplett erblinden, sobald sie ihre Brillen aufgesetzt haben. Dann nämlich kraulen sie auch schon drauflos, als wenn sie den Auftrag hätten, mit ihren Armen das Meer zu teilen. Und jeder, der sich auf ihrer Bahn tummelt, befindet sich automatisch in akuter Lebensgefahr.

Was mich persönlich aber besonders nervt, ist die Tatsache, dass jeder einfach so ins Wasser geht. Also quasi ungeduscht und das, obwohl mehrere Duschen direkt vorm Becken platziert sind. Bei manchen Zeitgenossen ereilt mich sogar der Eindruck, die schlüpfen direkt aus ihrem Schlafsack und springen in den Pool, den sie wohl eher als Badewanne betrachten, um sich vom Dreck des Tages oder dem Schweiß der Nacht zu befreien. Und es würde mich nicht weiter wundern, wenn sie noch eine Seife mit in den Pool bringen würden oder ihre Schmutzwäsche darin waschen täten. Widerlich. Wirklich. Dieses Gesamtpaket vermiest mir dann am Ende die Stimmung auf das kühle Nass im Becken, sodass ich mich dann noch kurz unter eine der Duschen stelle. Leider hab ich vergessen, ein Badetuch einzupacken, aber bei diesen Temperaturen, da trocknet ja alles ruckzuck.

Den Nachnamen von der Amelie herauszufinden, das ist für meine zwei Komplizen wohl eher ein Klacks gewesen. Weil nämlich direkt vorne am Empfang ein riesiges Schild hängt, wo alle Mitarbeiter aufgelistet sind, jeweils mit Foto und Namen. Sogar die jeweilige Handynummer steht noch mit dabei, sollte den ein oder anderen Gast mal eine konkrete Frage plagen.

»Prima«, sag ich und bedank mich recht herzlich, obwohl ich diese Information gut selbst ergattern hätte können.

»Gibt's eine Belohnung?«, will der Egon nun wissen und schaut mich erwartungsfroh an. Aber nur kurz. Die Antwort, die mein Blick ihm gibt, die versteht er auf Anhieb und da muss er auch gar nicht groß beim Paul um eine Übersetzung bitten.

Dass ich die Nummer von der Luisa abgespeichert hab, ist generell gesehen eher ein Zufall, jetzt aber soll es sich doch noch als Glücksfall entpuppen.

»Franz«, sagt sie, gleich wie ich mich zu erkennen geb, und irgendwie ist es – besonders nach dem vorwurfsvollen Tonfall von der Susi – schön, ihre Stimme zu hören. »Mit dir hätte ich im Leben nicht gerechnet. Was verschafft mir die unerwartete Ehre?«

»Freust du dich, dass ich anruf?«

»Gegenfrage: Bist du immer noch mit deiner Susi zusammen?«

»Ich … also, ich befürchte schon«, sag ich und muss grinsen.

»Ja, dann befürchte ich, ich freu mich nicht«, antwortet sie und ich kann haargenau hören, dass sie nun ebenfalls grinst.

»Schade. Aber weswegen ich eigentlich anrufe, Luisa, ich glaub, ich könnte deine Hilfe ganz gut gebrauchen.«

»Geht's wieder um diese Sache mit den Schönbergers?«

»Ganz genau. Sag mal, du hast doch sicherlich eine Ahnung, wie viele Unterkünfte es bei euch gibt. Also im Dorf sozusagen. Pensionen und Ferienwohnungen oder so was in der Art. Ein Hotel habt ihr ja eh nicht, gell?«

»Nein, haha. Natürlich nicht. Wir sind knapp hundertachtzig Einwohner hier, wo denkst du hin. Also, pass auf. Ferienwohnungen gibt's nur zwei hier. Und außer mir, da gibt's noch eine weitere kleine Pension. Mit drei oder vier Zimmern.«

»Und wahrscheinlich wirst du auch die meisten Eigentümer kennen, hab ich recht?«

»Nein, hast du nicht. Ich kenne sie nicht wahrscheinlich, sondern sicher und auch nicht die meisten, sondern alle. Aber sag schon, was genau kann ich denn für dich tun, Franz?«

»Ich muss wissen, ob an diesem Tag, wo das Bergunglück

war … ob da eine gewisse Amelie Maurer irgendwo bei euch im Dorf übernachtet hat. Kannst du das rausfinden?«

»Ja, klar. Das ist ein Klacks. Amelie Maurer, sagst du?«

»Amelie Maurer, korrekt. Das ist eine junge Frau mit auffallend schönen und langen Locken.«

»Okay, ich hab's aufgeschrieben und ruf dich zurück, sobald ich mich quasi da durchtelefoniert hab.«

»Großartig. Du bist ein Schatz.«

Wie ich wegen regelmäßiger Schweißausbrüche das vierte Mal beim Duschen bin, kommt der schöne Mike auf mich zu, um mir zu verkünden, dass sie am Kiosk vorne auch Badehosen verkaufen würden. Und Badetücher. Und Sonnencreme ebenfalls. So ein Spinner. Als hätte ich das nicht alles. Ganz im Gegenteil. Ich bin stolzer Besitzer einer Sonnencreme sowie einer astreinen Badehose in Schwarz und Badetüchern sogar im Stapel. Dass aktuell diese Sachen nun leider zu Hause rumliegen, ist zwar schade, aber auch nicht zu ändern, gell.

Die Elterngruppe wird langsam, aber sicher zur Pest. Zwei Teilnehmer finden es nämlich inzwischen schade, dass ich mich nicht einbringen will, und einer sogar total. Ein anderer schreibt, dass man doch gerade als Polizist Verantwortung übernehmen sollte, grad so als Freund und Helfer. Und eine Tussi fragt ernsthaft, ob ich denn keine Eier hätte, um hier Stellung zu nehmen. Und dass sie sich die Susi als Kontaktperson zurückwünschen tät, weil die so schön kooperativ war und auch immer so gute Vorschläge hatte. Ja, ja, kein Wunder, dass die Bürgermeisterin ist, schreibt daraufhin eine Gleichgesinnte. Und dass sie übrigens grad mit dem Schafwollpulli fertig geworden ist, an dem sie seit Monaten rumgestrickt hat. Mich würgt's direkt her. Dennoch will ich der kollektiven Aufforderung natürlich nachkommen und mich einbringen. Schließlich und endlich sind das ja auch alles Elternteile vom Paulchen seinen lieben Mitschülern, gell. Und da gehört sich das einfach.

Ihr nervtötenden Zecken könnt mich mal am Abend besuchen.

Genau das schreib ich. Das reimt sich zwar nicht, zumindest nicht auf den ersten Blick, aber auf den zweiten dafür umso mehr. Meiner Kreativität sind da praktisch keinerlei Grenzen gesetzt …

Der Anruf von der Susi kommt, da ist quasi die Tinte noch gar nicht trocken, und auch dieses Mal ist wieder dieser Vorwurf in ihrer Stimme.

»Franz, bist du bescheuert, oder was«, schrillt sie mir durch den Hörer. »Du kannst doch nicht einfach in die Gruppe schreiben, dass sie dich am Arsch lecken sollen!«

»Das hab ich auch gar nicht«, entgegne ich wahrheitsgemäß.

»Sag mal, denkst du wirklich, die sind alle blöd, oder was?«

»Ja«, antworte ich erneut wahrheitsgemäß. »Susi, wenn es dir wirklich nicht zu dämlich ist, auf all dieses blöde Geschwätz zu antworten, dann bitte sehr. Fragen wie: Welche Länge soll denn die Blume genau haben, die wir der Klassenlehrerin zum Geburtstag schenken?, treiben mich persönlich aber in den Wahnsinn. Also lass mir bitte meine Ruhe mit so einem Scheiß.«

»Warte kurz … Ja, ja, Ignatz, ich komm gleich …«

»Ist der Flötzinger bei dir im Büro, oder was?«, frag ich, weil erstens der Flötzinger vorne rum Ignatz heißt und ich zweitens glaube, seine Stimme aus dem Hintergrund vernehmen zu können.«

»Ja, der Flötz ist grad da. Warum?«

»Und was will er?«

»Er will gar nix, er baut uns was ein. Ein neues Klo baut er uns ein«, antwortet sie ein wenig genervt.

»Wieso, was ist mit dem alten?«

»Gar nix ist mit dem alten.«

»Aber wir haben doch ein Klo im Rathaus. Wir haben sogar zwei. Eines für Mädels und eins für Buben und die sind beide tipptopp.«

»Ja, schon, Franz. Aber wir haben keines für Diverse. Wir brauchen aber eins für Diverse.«

»Wir haben doch überhaupt keine Diversen. Im ganzen Rathaus nicht. Wenn man mal vom Hausmeister absieht, dann haben wir noch nicht mal einen Perversen«, sag ich und muss grinsen.

»Ja, sehr witzig, Franz. Doch wenn man in der heutigen Zeit am Ball bleiben will, dann braucht man eben ein Klo für Diverse. Erst recht, wenn man auf dem besten Weg ist, die beste Gemeinde Bayerns zu werden.«

»Susi«, sag ich, weil es mir jetzt allmählich hinten höher wird als vorne. »Ich … ich muss jetzt auflegen. Ach ja, und bitte entferne mich aus dieser Gruppe. Sonst kann ich dir echt nicht garantieren, welchen Text ich dort als Nächstes reinschreib.«

Kaum hat mein Telefon aufgehört zu glühen, da ereilt mich schon ein weiterer Anruf. Doch dieser ist von erfreulicher Natur und wird sich gleich zu etwas deutlich Erfreulicherem steigern.

»Bingo, Franz«, kann ich nämlich gleich die Luisa vernehmen. »Eine hübsche junge Frau mit schönen langen Locken hatte zwei Straßen weiter ein Zimmer gebucht. Insgesamt für drei Nächte, also anders als die Schönbergers, die ja für fünf gebucht hatten. Aber nach der dritten Nacht, da ist ja dann dieses Unglück gewesen. Und genau bis zu diesem Datum, da hatte sie eben auch gebucht, deine Amelie Maurer. Ich hoffe, das hilft dir irgendwie weiter.«

»Und wie. Danke, Luisa. Du bist wirklich ein Schatz. Ich schau mal, ob ich das irgendwann mal wiedergutmachen kann«, antworte ich und könnte fast jubeln.

»Du musst gar nichts gutmachen, Franz. Höchstens, du hast tatsächlich irgendwann mal deine Susi nicht mehr. Dann kannst du dich ja melden. Ciao, Amore«, sagt sie noch. Dann hängt sie mir ein.

Kapitel 17

Wie ich am nächsten Morgen aufwache, da hab ich zwei Nachrichten auf dem Anrufbeantworter. Die erste stammt vom Günther aus der Gerichtsmedizin und die macht mich mit einem Schlag hellwach, obwohl der Kaffee erst durchläuft. Er sagt, er hätte meine Obduktion inzwischen abgeschlossen und dabei nicht uninteressante Entdeckungen gemacht. Also, es hilft alles nix, auf nach München. Zunächst ist der Paul von meinen spontanen Reiseplänen wenig begeistert, weil er nachvollziehbarerweise lieber mit dem Egon abhängen würde. Erst die Aussicht auf eine Leiche lässt ihn schließlich neugierig werden. Auf dem Weg in die Gerichtsmedizin ruf ich den Botschafter von Nachricht Nummer zwei zurück, weil der eben dringend um einen Rückruf gebeten hatte.

»Endlich«, sagt der Rudi dann gleich zur Begrüßung und schnauft einmal theatralisch tief durch. »Was machst du gerade?«

»Gerade telefonier ich mit dir«, antworte ich und muss grinsen, weil ich freilich weiß, dass er das nicht gemeint hat.

»Das weiß ich. Denkst du, ich bin ein Idiot, oder was? Ich meine, wo fährst du hin? Ich kann doch deinen Motor hören.«

»Warum fragst du mich dann nicht, wo ich hinfahre,

Rudi? Warum musst du immer alles komplizierter machen, als es ist?«

Das Paulchen macht mir mit relativ unmissverständlichen Gesten klar, dass er das grad ziemlich blöd findet von mir, und vermutlich hat er damit recht.

Doch der Rudi scheint weder beleidigt zu sein noch genervt. Also quasi keines von beidem. Aber gut, er kennt mich eben wie kein Zweiter auf dieser Welt und somit halt auch meine kleinen Macken, gell. Deswegen erzählt er gleich mal munter drauflos und geht auf mein dummes Geschwätz gar nicht mehr weiter ein. Und so erfahr ich doch tatsächlich einige aufschlussreiche Details, die der Rudi wohl beim gestrigen Feierabendbier dem Markus hat entlocken können. Beispielsweise was den doch leicht komplizierten Beziehungsstatus von unserem schönen Mike so betrifft. Bis vor fünf Jahren nämlich, da ist der noch ein kleiner Frauenschwarm und Schwerenöter gewesen und hatte oft drei oder vier Mädels gleichzeitig am Start. Dann aber hat er auf einer mehrtägigen Bergtour diese Amelie kennengelernt. Und die war plötzlich vollkommen anders als jede zuvor. Weil die ihn erst einmal gar nicht hat ranlassen und ihm zweitens gleich ganz klar aufgezeigt hat, wo der Barthel den Most holt, nämlich bei ihr. Und wie es der Teufel oft will, genau diese Kombination, die hat ihm gefallen, dem Mike. Und bis man überhaupt bis drei zählen hat können, da war er ihr auch schon verfallen mit Haut und Haaren und hat ihr aus der Hand gefressen. Bis eben zu diesem einen, echt sonderbaren Tag. Vor drei oder vier Monaten muss das in etwa so gewesen sein. Wie aus heiterem Himmel, ohne jede Vorwarnung und sozusagen von heute auf morgen, da hat er sie dann nämlich verlassen, die Amelie, die grad noch seine große Liebe war. Hat sie verlassen und war Knall auf

Fall mit dieser Letitia zusammen, die gegensätzlicher gar nicht hätte sein können. Diese zwei Frauen, hat der Markus dem Rudi gesagt, die waren wie Feuer und Eis. Zwei unterschiedlichere gibt's vermutlich auf dem ganzen Globus nicht mehr. Und kein Mensch hat auch nur annähernd verstanden, was den Mike bei dieser Entscheidung wohl geritten haben mag.

»Hast du den Markus gefragt, wie sie denn darauf reagiert hat, die Amelie?«, muss ich jetzt wissen.

»Ja, logisch«, antwortet der Rudi und ich kann förmlich sehen, wie er dabei die Augen verdreht. »Gelassen, hat der Markus gesagt. Die Amelie muss ziemlich gelassen reagiert haben. Nur in dieser einen Woche, wo dann praktisch tatsächlich diese Hochzeit war, da wollte sie unbedingt weg. Sie bräuchte ein paar Tage Auszeit, um das alles irgendwie verarbeiten zu können, hat sie gesagt. Und das hat natürlich jeder verstanden.«

»Was ja mit den Angaben von der Luisa übereinstimmen würde.«

»Was meinst du damit?«, fragt der Rudi nun verständlicherweise und so kriegt er halt noch ein kurzes Update meinerseits, ehe ich den Wagen einparke, weil wir bereits am Ziel der aktuellen Begierde angekommen sind. Dann verabschieden wir uns für später, der Rudi und ich. Ein bisschen neidisch ist er jetzt schon, der Herr Birkenberger. Weil er einfach zu gerne dort abhängt, in der Gerichtsmedizin. Und ein bisschen rumgeschafteln tut er da schon auch hin und wieder. Vermutlich hat er manchmal so was wie Entzugserscheinungen, weil er halt kein Polizist nicht mehr ist. Wer weiß.

»Servus, Franz Eberhofer aus Niederkaltenkirchen«, begrüßt mich der Günther wie immer und schon fast traditionell und schaut dann von mir direkt auf den Paul. »Dein Sohnemann?«

»Wie kommst du darauf?«

»Er sieht aus, als wär er dir vom Arsch gefallen«, erklärt der Günther grinsend und der Paul blickt dann ein bisschen schockiert zwischen uns hin und her.

»Bitte nicht«, sagt er anschließend ganz leise und eigentlich eher zu sich selbst als zu sonst irgendjemandem im Raum.

»Paul, das ist der Günther. Er schneidet tote Menschen auf, um herauszufinden, woran sie gestorben sind. Günther, das ist der Paul, mein Sohn«, sag ich, allein, um die Stimmung etwas geschmeidiger zu machen.

»Fein. Und wieso bringst du deinen Sohn mit in die Pathologie?«, fragt der Günther weiter.

»Er will eine Leiche sehen«, antworte ich.

»Dann ist er hier aber so was von richtig. Lass mich mal kurz überlegen … was haben wir denn Vorzeigbares? Ach ja, den Herzinfarkt von gestern Nachmittag vielleicht … Ein Klassiker praktisch. Der Typ ist wegen dieser irren Hitze einfach mal so in einen Baggersee gesprungen. Wahrscheinlich ohne Abfrischen und so aufgeheizt, wie er war. Und das auch noch in Unterhosen … Kühlfach neun … Bitte sehr, hier ist sie, die Leiche«, sagt der Günther, während er rüber zu den Kühlfächern wandert und schließlich das neunte davon öffnet. »Das ist der Herbert, Paul. Du musst keine Angst haben, der beißt nicht, er ist nur tot.« Der Paul kommt schrittweise näher und näher und scheint dabei keinerlei Berührungsängste zu haben.

Und während er nun damit beschäftigt ist, den Herzinfarkt zu inspizieren, da sucht der Günther in seinen Dateien am PC nach der richtigen.

»Und, alles in Ordnung?«, frag ich über die kleine Schulter hinweg. Also die vom Paul natürlich und er nickt.

»Ach, hier«, sagt der Günther plötzlich final, während sein Blick weiter auf dem Bildschirm ruht. »Also, pass auf. Insgesamt gesehen hat es tatsächlich zwei Stürze gegeben. Mit einer zeitlichen Distanz von dreißig Minuten plus minus fünf, würd ich sagen. Der erste davon war aus relativ geringer Höhe, zwei bis maximal vier Meter vielleicht, aber durchaus nicht todesursächlich. Eine gebrochene Schulter links, Gehirnerschütterung, diverse Prellungen und eine kleinere Platzwunde an der Stirn. Vermutlich war das Opfer da bereits auch bewusstlos, doch wie gesagt, nichts, was lebensgefährlich gewesen wäre. Punktum. Der zweite Sturz dagegen war, aber das dürftest du ja bereits wissen, der war aus etwa achtzig Metern Höhe und das war letztendlich natürlich auch die Todesursache. Aber das hier, Franz …«

»Was ist das?«, frag ich und nun ist auch mein Blick auf den Bildschirm fixiert. Das Foto, das ich darauf erkenne, zeigt mir einen Oberarm in den diversesten Blautönen, die man sich nur vorstellen kann.

»Das hier, das sind sozusagen die Hämatome vom Sturz. Aber das hier, Franz … diese eins, zwei, drei, vier Stellen. Siehst du diese vier Stellen hier?«

»Messerscharf«, antworte ich.

»Das sind Druckstellen, Franz. Und das bedeutet, dass es keinesfalls ein Unfall gewesen sein kann. Weil diese Druckstellen nämlich genau zwischen dem ersten Sturz und dem zweiten entstanden sind. Was bedeutet, dass irgendjemand das Mädchen angefasst oder besser gepackt haben muss. Und offenbar nicht, um es zu retten, sondern um es endgültig loszuwerden. Hab ich mich verständlich genug ausdrücken können?«

»Absolut.«

»Ach ja, und dann hab ich freundlicherweise noch was für dich. Hat mir die Spurensicherung nämlich vorher noch kurz vorbeigebracht, weil ein Kollege mitgekriegt hat, dass du kommst«, sagt er weiter und zieht jetzt ein kleines Plastiktütchen aus seiner Kitteltasche. »Das hier, das ist dieser pinkfarbene Fetzen, den du aus Südtirol mitgebracht hast. Du erinnerst dich?«

»Ja, natürlich. Den hab ich ja auf diesem Felsvorsprung gefunden.«

»Wo auch immer. Jedenfalls stammt das Stückchen Stoff offenbar von einer Art Outdoorjacke, wie sie auch von Bergsteigern häufig benutzt wird. Eine Marke war wohl aus Altersgründen leider nicht mehr auszumachen. Aber wenn du mich fragst, dürfte die Farbe Pink zumindest das Geschlecht des Trägers eingrenzen.«

»Was heutzutage allerdings auch nicht mehr in Stein gemeißelt ist«, muss ich hier feststellen und er nickt.

»Stimmt auch wieder. Stell dir vor, neulich ist hier ein Kollege Vater geworden und da hab ich gefragt, ob es ein Sohn oder eine Tochter geworden ist. Und was glaubst du, was er geantwortet hat? Der sagt glatt: Erst mal ist es ein Kind, bis es weiß, was es sein will. Ich hab ihn angestarrt, als wenn ihm ein Rüssel aus der Nase wachsen würde. Aber so ist es wohl heute. Keine Ahnung. Wie auch immer, ich hab meine Arbeit jedenfalls gemacht und jetzt bist du dran. Aber vorher könnten wir noch in die Kantine, wenn du magst. Die haben heute Bohneneintopf. Und der ist großartig, wenn du mich fragst.«

»Bohneneintopf? Allererste Sahne«, sag ich und merke schon, wie mir der Zahn trieft. »Auf geht's, Paul.«

»Wohin?«

»Bohneneintopf«, entgegne ich knapp und schon kommt er gelaufen.

Der Bohneneintopf ist tatsächlich erstklassig. Schön sauer mit ordentlich viel Zwiebeln und die Würstl darin sind Debreziner. Ein resches Bauernbrot dazu und die Sache wäre perfekt. Haben sie aber leider nicht. Was sie haben, sind lasche Semmeln, vermutlich vom Vortag. Was der Sache im Gesamten aber keinerlei Abbruch tut. Und so hauen wir ordentlich rein, alle drei.

Auf der Heimfahrt ist es dann ziemlich still im Poldi. Nur ab und zu geht ein Brummkäfer durchs Cockpit und dann stinkt es ein bisschen.

Mir persönlich geht grad so einiges durch den Kopf, und zwar alles gleichzeitig und durcheinander und am Ende ist mir fast schwindelig vor lauter mentalem Verhau. Also versuche ich, irgendwie eine Struktur in das geistige Chaos zu kriegen und meine Gedanken wenigstens einigermaßen zu sortieren. Gut, was haben wir denn alles bislang? Eine ebenso nagelneue wie unsportliche Ehefrau, die bei einer gemeinsamen Bergtour mit ihrem Gatten ums Leben kommt. Einen nagelneuen Ehemann, der vor der Hochzeit nix auf die Reihe kriegt und notorisch pleite ist, aber durch den Tod seiner Gattin einen ganzen Haufen erbt. Auch die Ex-Freundin des nagelneuen Witwers haben wir freilich, die gemeinsam mit ihm seit Jahren den Leftutti für seinen Bruder macht, welcher dabei reich wird. Des Weiteren hat der nagelneue Witwer für die fragliche Zeit ein wasserdichtes Alibi, und zwar durch den Wirt von dieser Almhütte, der Wanderlust. Ebenso nachweislich – wie auf den ersten Blick völlig grundlos – hatte die Ex-Freundin, die übrigens eher gelassen auf die Trennung reagiert haben muss, eine Unterkunft nahe dem Tatort. Jetzt bin ich ehrlich gesagt keinen

Deut weniger verwirrt, als ich es gerade noch war. Trotzdem überlege ich, ob es tatsächlich sein kann, dass der schöne Mike und seine Ex-Amelie gemeinsame Sache gemacht haben. Dass sie einen Mord geplant und die arme Leddi einfach den Berg hinuntergestoßen haben, um an ihr Erbe zu kommen?

»Du bist so still, Papa«, reißt mich das Paulchen nun aus meinen Gedanken heraus und erst jetzt merk ich, dass wir schon kurz vor dem Campingplatz sind und er bisher noch kein einziges Wörtchen gesagt hat.

»Du ja auch, Paul«, antworte ich. »Wie hast du denn deine erste Leiche verkraftet.«

»Gut. Nein, echt ziemlich gut. Und, weißt du, irgendwie bin ich auch erleichtert. Weil es nämlich genauso gewesen ist, wie es mir der Ansgar erzählt hat. Also praktisch da, wo sein Opa vor ein paar Wochen gestorben ist.«

»Wieso, was hat er dir denn so erzählt, der Ansgar?«

»Also, der Ansgar hat gesagt, dass sie viele Kerzen angezündet haben, wie sein Opa gestorben ist. Und dass sie die ganze Nacht bei ihm gesessen sind. Die komplette Familie, weißt du. Sogar sein Onkel aus Frankfurt ist gekommen. Und er hat gesagt, dass es irgendwie total schön war. Aber der Ansgar, der hat auch noch gesagt, dass sein Opa da schon leer gewesen ist. Also seine Seele, die war irgendwie gar nicht mehr da. Nur noch sein Körper und der war halt leer. Ich hab das gar nicht verstehen können, was er genau damit meint, der Ansgar. Aber heute, Papa, heute war es genauso. Das ist doch auch nur noch ein Körper gewesen. Ein Körper, der halt tot war. Aber ich bin ziemlich erleichtert, dass die Seele schon weg gewesen ist. Und ich bin auch froh, dass ich jetzt weiß, was der Ansgar damit gemeint hat.«

Meine Güte, dieses Kerlchen hier ist noch nicht mal lächerliche zehn Jahre alt! Wo zum Teufel soll das denn noch hinführen?

»Dann, Paulchen, dann bin ich auch erleichtert, wenn du es bist«, sag ich und wuschel mit der Hand durch seine Haare. Ein bisschen käsig ist er schon um seinen schlauen Zinken herum und ich frag mich, ob das eher am leeren Körper oder doch eher an der zweiten Portion Bohnen liegt. Doch letztendlich ist es auch wurst.

Wieder am Campingplatz zurück wird uns der Schlagbaum erst gar nicht geöffnet. Stattdessen höre ich durch die Sprechvorrichtung hindurch, dass ich mich doch bitte am Empfang einfinden soll. Dort angekommen bin ich erstens auf hundertachtzig und zweitens keinen Wimpernschlag später im Büro des Campingplatzleiters.

»Herr Eberhofer?«, fragt mich ein mir noch Unbekannter aus seinem Bürostuhl heraus.

»Höchstselbst. Und Sie sind?«, entgegne ich. Und doch ahne ich längst, wer mir hier die fragwürdige Ehre erweist.

»Markus Schönberger. Wollen Sie sich vielleicht setzen?«

»Nein, in unangenehmen Situationen, da steh ich lieber. Hab da einfach die Knarre schneller aus dem Holster«, sag ich und merke gleich, das findet er so gar nicht spaßig. Gut, ich eigentlich auch nicht und ehrlich gesagt war's auch gar nicht spaßig gemeint.

»Mein Bruder, der Mike … Sie kennen ihn …?«

»Flüchtig.«

»Wie auch immer … jedenfalls hatten wir heute Morgen ein kurzes Gespräch. Ihretwegen. Bei unserem täglichen organisatorischen Update sozusagen. Ja, und da hat mir der Mike von … ja, wie soll ich sagen? Von einigen Vorkommnissen erzählt. Er sagt, dass Sie wohl ein Polizist sind und …

irgendwie hätte er den Eindruck, Sie würden ermitteln. Also, in dieser tragischen Angelegenheit mit seiner verstorbenen Frau sozusagen.«

»Weiter«, sag ich, wie nix mehr kommt.

»Ja, nichts weiter. Das ist alles. Ich möchte einfach nur wissen, ob da was dran ist.«

»Die Letitia, die ja übrigens Ihre Schwägerin war, die ist zwei Mal den Berg hinuntergestürzt. Das erste Mal etwa vier Meter tief und das hat sie prima überlebt. Das zweite Mal aber an die achtzig Meter und da war sie dann mausetot. Und da schrillen bei mir freilich sämtliche Glocken, dass da ja jemand nachgeholfen hat. Nachgeholfen haben muss …«

»Aber die italienischen Behörden, die haben doch …«

»Wenn die italienischen Kollegen so was einfach durchwinken, dann heißt das noch lange nicht, dass das auch die deutschen tun. Fakt ist jedenfalls, dass es kein Unfall war. Und es dürfte doch auch in Ihrem Interesse sein, dass der Mord aufgeklärt wird. Immerhin handelte es sich um Ihre Schwägerin.«

»Mein Gott, ich hab die Frau nur einmal gesehen und das war auf dieser Hochzeit. Aber wenn das so ist, wie Sie sagen, dann … dann ist es jetzt also sicher, dass es ein Mord war?«

»Todsicher. Und deswegen wird in der Sache ermittelt. Es sind etwa ein Dutzend Polizeibeamte auf den Fall angesetzt. Und es wird ermittelt, bis es staubt und der Mörder hinter Gittern sitzt. Noch Fragen?«, entgegne ich und muss mich selbst grad ein bisschen ausbremsen, damit ich nicht komplett übertreibe. Ein Dutzend Polizeibeamte! Großer Gott!

Ihre Wirkung allerdings, ihre Wirkung hat meine kleine Ansprache offensichtlich nicht verfehlt. Die sonst eher gesunde Gesichtsfarbe meines Platzwarts umschmeichelt inzwischen eine relativ vornehme Blässe und obendrein wetzt er nervös auf seinem Drehstuhl herum.

»Aber Entschuldigung«, sagt er und jetzt ist seine Stimme sehr rau, während er mich eindringlich anschaut. »Mein Bruder … ich mein, sicherlich ist das oft ein … ein nerviger Arsch.«

»Da müssen Sie sich nicht entschuldigen dafür. Meiner ist es immer.«

»Ja, aber trotzdem, Mensch. Er … er ist doch kein Mörder.«

»Prima. Wenn Sie das sagen, dann streichen wir ihn natürlich gleich mal grundsätzlich von der Liste unserer Verdächtigen.«

Dann geht die Tür auf und der Lockenkopf von der Amelie erscheint im Spalt.

»Sorry, wenn ich störe, Markus«, sagt sie, während er sich zu ihr umdreht. »Aber es kommt praktisch niemand mehr rein oder raus. Also durch die Pforte, weil dein Gast hier die komplette Einfahrt blockiert.«

»Tut er das?«, fragt der Markus.

»Ja, das tut er«, antworte ich statt ihrer. »Aber nicht mehr lange. Ich hab hier ohnehin alles gesehen, was ich sehen wollte, und auch alles gehört. Es wird Zeit, die Sache zu einem Ende zu bringen. Also, nicht groß wundern, wenn das SEK in Kürze hier anrückt. Die werden dann jeden Stein umdrehen und jede Zeltplane auseinanderzurren«, sag ich noch so zum Abschied und dann bin ich weg. Eigentlich kann ich selber grad nicht sagen, was heut mit mir los ist. Irgendwie schein ich in Höchstform zu sein, sodass ich vielleicht dazu neige, minimal über das Ziel hinauszuschießen. Trotzdem finde ich es in diesem Moment wirklich zu schade, dass ich hintenrum keine Augen hab. Die zwei Gesichter, die hätte ich mir nun sehr gern angesehen.

Gleich wie ich zum Wagen zurückkomm, da kann ich sehen, dass zwischenzeitlich wahrhaftig ein kleiner Stau entstanden ist. Gut, so wie er da steht, der Poldi, ist das auch weiter kein Wunder. Praktisch mittig vor der Schranke kann keiner raus noch rein, was offensichtlich die Stimmung unter den Wartenden schon ein bisschen verhagelt hat. Dennoch müssen sie sich noch ein wenig gedulden. Weil nun noch erschwerend dazukommt, dass mittlerweile auch das Paulchen weg ist und ich den erst noch suchen beziehungsweise einpacken muss. Denn die Susi, die würd mir vermutlich was pusten, wenn ich ohne ihn heimkommen tät. Doch freilich lässt mich mein kriminalistischer Spürsinn wieder einmal nicht im Stich und so weiß ich gleich, wo ich nachsehen muss. Und erwartungsgemäß finde ich ihn unten an den Kiesbänken, wo er mit dem Egon Steine in die Isar floppen lässt.

Kapitel 18

Auf dem Heimweg bin ich erst einmal damit beschäftigt, das Paulchen ein wenig zu trösten. Immerhin ist er schon ziemlich enttäuscht, dass wir schon abreisen und somit aus unseren fünf geplanten Urlaubstagen nur drei geworden sind. Erschwerend kommt freilich dazu, dass er mit seinem neu gewonnenen Freund Egon noch gern mehr Zeit hätte verbringen wollen. Wenigstens haben die beiden noch Nummern ausgetauscht. Eine große Portion Pommes mit Mayo von der Raststätte lassen die meisten seiner Tränchen dennoch gleich trocknen und das Vanilleeis übernimmt quasi den Rest. Wie wir schließlich zu Hause ankommen, da saust er auch schon wieder fröhlich über den Kies nach hinten in den Garten und weckt die Oma auf, die dort im Liegestuhl döst.

»Paulchen«, brummt sie prompt aus ihren Kissen heraus und reibt sich kurz die Augen. »Wo kommst du denn jetzt her? Du riechst herrlich nach Sommer.«

»Aber, Oma, man kann doch nicht nach Sommer riechen. Der Sommer, der riecht doch gar nicht selber«, antwortet er, zieht sich sein T-Shirt bis zur Nase hoch und nimmt einen tiefen Schnaufer voll Paulchen-Duft.

»Freilich kann man nach Sommer riechen. Und wie der Sommer riecht!«, entgegnet sie und setzt sich ein wenig mehr in die Vertikale. »Ein Schwimmbad zum Beispiel, das riecht nach Sommer. Und auch nasse Blumenwiesen. Ein Gewitter, das riecht sogar besonders nach Sommer. Und Sonnencreme und Pommes frites und Vanilleeis eben auch. Und genau danach riechst du grad, Paul. Nach Sonnencreme, Pommes frites und Vanilleeis. Wie der leibhaftige Sommer riechst du heut, Kind.«

Wo sie recht hat, hat sie recht. Und ich bin froh, dass zumindest ihr Näschen noch einwandfrei funktioniert, wo doch alles andere schon schwer den Berg runtergeht. Ich schieb mir einen der Gartenstühle neben ihre Liege und gesell mich mal zu den beiden. Schön ist es hier im Garten. So friedlich und still. Irre heiß ist es heute wieder mal. Und zwar so heiß, dass noch nicht einmal die Vögel zwitschern. Nur die Grillen kann man hören, wie sie hinten im tieferen Gras um die Wette zirpen.

»Wie geht's dir heut, Oma?«, frag ich und versuch, sie irgendwo tätscheln zu können. Doch der Paul liegt so prominent direkt auf der winzigen Frau, dass sie fast gänzlich bedeckt ist von dem schlaksigen Kerl. Er ist jetzt fast schon so groß, wie es die Oma ist. Aber gut, das kann man schon hinkriegen.

»Prima geht's mir heut, Bub. Wie du siehst, lieg ich richtig bequem zwischen all diesen Polstern, bin im Schatten, wo's kühl ist, und hab obendrein auch noch Herrenbesuch. Und das können gewiss nicht viele alte Schachteln von sich behaupten«, antwortet sie, und wenn sie so wie jetzt wieder mal ihren schelmischen Witz durchblitzen lässt, dann lieb ich sie wieder genauso, wie ich es damals als Kind getan hab. Übrigens war ich bis zum Alter von zwölf Jahren sowieso felsenfest davon überzeugt, dass ich sie einmal heiraten werde, wenn ich erst groß bin.

»Ist es dir nicht zu warm?«, frag ich weiter.

»Ja, freilich ist es mir zu warm. Weil's eh schon dreißig Grad hat oder mehr und dann noch so ein hitziger Körper auf meinen alten Knochen liegt.«

»Soll ich lieber aufstehen, Oma?«, will das Paulchen nun wissen, macht dabei aber keinerlei Anstalten, es auch tatsächlich zu tun. Ganz im Gegenteil. Er kuschelt sich nur noch enger an unser altes Mädchen.

»Wage es nicht«, antwortet die Oma und streicht ihm mit der Hand über den Kopf.

»Die Frau Bürgermeisterin, die ist noch nicht daheim, oder?«, frag ich und ahne die Antwort doch längst.

»Nein, wo denkst du hin, Bub? Immerhin ist sie doch momentan schwer damit beschäftigt, ein neues Scheißhaus in die Gemeinde einzubauen. Damit Menschen, die sich nicht entscheiden können, ob sie einen Frauen-Haufen oder lieber einen Männer-Haufen kacken wollen, ihr eigenes Klo haben«, antwortet sie. Und wie mir von der Susi antrainiert worden ist, muss ich darauf nun leider entrüstet reagieren.

»Also, Oma. Bitte! Man sagt doch nicht mehr Gemeinde. Man sagt Gemeindeverwaltung. Oder auch Rathaus«, entgegne ich deshalb und muss grinsen. Der Paul und die Oma grinsen auch. Wahrscheinlich sind wir doch alle irgendwie verwandt miteinander.

»Aber stell dir vor, was dein Vater heut schon gemacht hat«, sagt die Oma direkt aus dem Paul seinem Haarschopf heraus. »Einen Wurstsalat hat er gemacht fürs Abendessen. Jetzt muss bloß noch jemand frische Semmeln holen.«

Ja, das müsste wohl jemand tun. Doch wer könnte das sein?

Auf dem Weg ins alte Wohnhaus rüber schreib ich der Susi kurz eine Nachricht: Bring frische Semmeln mit. Für alle.

Den Wurstsalat, den find ich dann erwartungsgemäß in der Speis und das ist perfekt so. Weil aus dem Kühlschrank raus, da ist er immer viel zu kalt und in der Küche selber, da ist es heut rein wetterbedingt viel zu warm. Und grad in der Sekunde, wo meine erste Gabel in diese äußerst einladende Schüssel fahren will, da wächst der Papa aus dem Fußboden und schreit mich an, so was hast du noch niemals erlebt. Dass ich gefälligst sofort meine dreckigen Pfoten da rausnehmen soll. Und dass der Wurstsalat fürs Abendessen ist. Und dass er schließlich für alle ist und nicht für mich alleine. Und dass er ohnehin erst noch ein Weilchen lang ziehen muss, weil die Wurst den Sud doch noch gar nicht hat aufsaugen können und so weiter und so fort. Ohne jeden Zweifel hat man seine groben Anweisungen problemlos bis nach Frontenhausen rüber hören können und das ist in etwa fünf Kilometer Luftlinie entfernt.

»Jetzt reg dich ab, ich hab doch nur mal probieren wollen«, sag ich, doch da nimmt er mir, ohne ein weiteres Wort, einfach die Schüssel aus der Hand und stellt sie zurück ins Regal. Danach schlurft er wieder dahin retour, woher er grad gekommen ist, nämlich ins Wohnzimmer. Und so steh ich jetzt quasi wie ein Vollidiot mit meiner Gabel in der Hand in der depperten Speis umeinander und einen Augenblick lang bin ich echt etwas ratlos. Dann aber geh ich auf volles Risiko und hol mir einfach den Wurstsalat wieder heraus.

Vielleicht schon aus einem minimal schlechten Gewissen heraus zieht es mich nach meiner kleinen Kostprobe ausgerechnet zu meinem Erzeuger und somit in seine Drogenplantage. Dort sitzt er jetzt praktisch wie immer auf seinem Diwan und raucht einen Joint. Zu seinen Füßen liegt die Hinkelotta und die schaut noch nicht einmal auf, wie ich reinkomm. Doch wahrscheinlich ist sie quasi als Passivkiffer ebenfalls in einem gewissen Maße zugedröhnt und hat deswegen meine Ankunft noch nicht mal bemerkt.

»Und, wie schaut's aus, ist mein Auto noch in demselben Zustand, wie ich es ausgehändigt hab?«, fragt der Papa aus seiner Nebelschwade heraus.

»Keine Ahnung. Da müsstest du den Rudi fragen, immerhin liegt der Zustand von deinem Auto ja in seiner Verantwortung.«

»Wähl seine Nummer«, entgegnet er brummig, worauf ich Augen verdrehend seiner dämlichen Aufforderung nachkomm. Kaum klingelt es durch, reich ich mein Handy gleich an den alten Junkie weiter. Und nachdem er sich dann ausführlichst vergewissern hat können, dass sein heiß geliebtes Vehikel bislang noch nicht einmal das klitzekleinste Kratzerchen abgekriegt hat, verspürt er offenbar das Bedürfnis, seinen Gesprächspartner zu beschwören, dass dies gefälligst auch so bleiben soll. Anschließend reicht er mir ohne jegliches Abschiedswort den Hörer zurück. Und da mir auch grad nicht nach Rudi ist, leg ich auf.

Keinen Wimpernschlag später kommt die Susi ins Zimmer. Wobei das nicht ganz richtig ist, eigentlich erscheint sie mehr. Ja, es ist tatsächlich wie eine Erscheinung, wo sie nun in ihrem roten Etuikleid so im Türrahmen steht. Mit diesen hochgesteckten Haaren und der Sonnenbrille auf ihrer Stirn. In der einen Hand hält sie einen Regenschirm, aus welchen Gründen auch immer, und in der anderen die riesige Tüte, wo offensichtlich die bestellten Semmeln drin sind. Irgendwie ergibt das grad ein seltsames Gesamtbild. Doch, doch, an irgendwas erinnert mich das. Moment, gleich hab ich's. Ja, genau! Und letztendlich, da braucht man dann doch gar nicht mehr so arg viel Vorstellungskraft. Weil, wenn man nämlich die Sonnenbrille von der Susi einfach mal als Krone nimmt, ihren Schirm sozusagen als Zepter und die Semmeltüte als (zugegeben ziemlich riesigen) Reichsapfel, dann könnte die kleine Frau Gmeinwieser hier sofort zu ihrer Krönung gehen. Aber vielleicht ist es auch nur mein blödes Unterbewusstsein, das mir hier einen Streich spielt.

»Ich hab die Semmeln mitgebracht«, sagt sie überflüssigerweise und hebt ihren Reichsapfel in die Höhe.

»Toll«, entgegne ich, weil mir weiter nix einfällt.

»Warum seid ihr schon wieder zurück?«

»Hat sich so ergeben. Warum hast du einen Regenschirm dabei?«

»Hat sich so ergeben. Wo ist der Paul?«, will sie nun wissen und jetzt erst fällt mir auf, dass es eigentlich keinerlei Begrüßung gegeben hat. Kein Bussi. Kein Hallo. Kein: Schön, dass du wieder da bist.

»Hinten im Garten. Bei der Oma«, antworte ich.

»Könnt ihr euch mal aus meinem Wohnzimmer verpissen«, kommt nun der Papa zum Einsatz. Und so verlassen wir halt mehr oder weniger einträchtig sein Domizil. Auf dem Weg hinters Haus fällt auch kein einziges Wort zwischen uns beiden und irgendwie ist das grad unangenehm. Wobei es durchaus schon Zeiten gegeben hat, wo ich mir gewünscht hätt, dass sie einfach mal ihre Klappe hält. Jetzt aber ... jetzt wünsch ich mir so einen Moment tatsächlich ein bisschen zurück. Dass mein Wunsch aber so prompt erfüllt wird, das hätte ich mir allerdings auch nicht träumen lassen. Aber wie heißt es immer so schön: Hüte dich vor deinen Wünschen ... Doch alles der Reihe nach.

Gleich nach dem Abendessen, bei dem ich übrigens nur halb so viel abbekomme wie alle anderen, weil der Papa hartnäckig behauptet, ich hätte meine andere Hälfte schon vorher vernascht, da geht's praktisch schon los. Kaum sind wir drüben in unseren eigenen vier Wänden, da fängt sie an zu pulvern. Warum wir schon wieder zurück sind, will sie wissen. Wo wir doch fünf Tage lang fortbleiben wollten. Und warum ich so perverse Texte in die Elterngruppe schreibe. Ob ich denn eigentlich nie erwachsen werde. Warum ich sie nicht bei ihrer Karriere unterstütze, sondern ganz im Gegenteil ihr auch noch Steine in ihren Weg leg. Irgendwann geht ihr wohl die Luft aus oder auch der Nachschub an Vorhaltungen und so beschließt sie, den Paul ins Bad zu bringen. Ich kann derweil die Gelegenheit nutzen, um durchzuatmen. Es wird aber dann eher eine Art Schnappatmung, weil ich kaum einschnaufen kann, dann ist sie schon wieder zurück. Das heißt, beide sind zurück. Die Susi und der Paul. Bis auf die Unterhose steht mein Sohn nun nackt vor mir und die Susi gleich dahinter, aber mit Klamotten dran. Dann greift sie ihn an den Schultern und dreht ihn um hundertachtzig Grad, sodass ich jetzt halt seinen Rücken sehe. Und genau auf dem steht in schwarzen und sehr großen Lettern geschrieben: ICH LIEBE EGON!

»Warum steht auf deinem Buckel in ganz großen schwarzen Lettern: Ich liebe Egon?«, frag ich zunächst mal, weil ich's wirklich nicht weiß.

»Das frage ich dich, Franz«, antwortet die Susi statt seiner.

»Na ja, ich hab's jedenfalls nicht geschrieben«, sag ich retour.

»Das beruhigt mich aber. Doch wer hat es dann geschrieben?«, fragt sie und hat einen relativ zynischen Tonfall drauf.

»Vielleicht könnt ihr mich einfach mal in das Gespräch mit einbeziehen«, schlägt nun das Paulchen vor.

»Natürlich, Schatz«, sagt die Susi völlig übertrieben fürsorglich und beugt sich zu ihrem Sohnemann. »Dann erzähl doch mal.«

»Also gut. Der Egon und ich, wir haben einfach Texte-Raten gespielt. Das ist ziemlich lustig und geht so: Einer liegt auf dem Bauch in der Wiese und der andere schreibt mit dem Finger Wörter auf den Rücken. Dann muss man raten, was der andere geschrieben hat. Das macht voll Spaß. Eigentlich«, erklärt der Paul und wird zum Ende hin etwas leiser und traurig.

»Eigentlich«, sagt die Susi und versucht nun, mit ihrem Daumen den Text wegzurubbeln. »Wenn man es mit dem Finger macht und nicht mit einem Edding. Dann ist es vielleicht lustig, ja.«

»Das ist voll gemein, das mit dem Edding«, sagt das Paulchen.

»Der Egon, das ist … einfach ein Idiot«, muss ich jetzt loswerden.

»Nein, ist er ganz sicher nicht. Immerhin hat er ja schön gespielt mit dem Paul«, sagt die Susi und wirkt nun völlig empört. Anschließend rückt sie ihre Krone wieder zurecht, die ihr vor lauter Empörung fast vom Haupt geplumpst wär.

»Natürlich ist er das. Er kriegt sogar Pillen, weil er ein Idiot ist«, muss ich ihr hier widersprechen. »Hol dein Handy, Paulchen.«

Ohne sich über den ungeliebten Namen zu monieren, springt er los und saust die Treppen hinauf. Kommt ziemlich zackig wieder retour und hockt sich dann neben mich auf die Couch.

»Und jetzt?«, fragt er mit seinem Telefon in den Händen und schaut mich mit riesigen Augen an.

»Du hast doch seine Nummer, oder? Also die von diesem Idioten«, frag ich und er nickt.

»Wage es nicht«, mischt sich nun die Susi ein. Doch freilich hat mein Sohn längst schon die nötige App geöffnet und schaut mich ein weiteres Mal voller Vorfreude an.

»DU BIST EIN IDIOT!«, diktiere ich nun ausgesprochen langsam und mit der Betonung auf jeder einzelnen Silbe.

»Soll ich das echt schreiben?«, fragt er mich und wirkt leicht unsicher dabei.

»Nein«, faucht die Susi.

»Wenn es das ist, was du denkst ...«, sag ich und schon fliegen seine Finger über die Tastatur.

Und keine fünf Sekunden später, da kommt auch schon eine Antwort: Du musst gerade in die Badewanne, stimmt's? Und ein Ich-lach-mich-tot-Emoji dahinter.

Der Paul grinst und setzt zum Antworten an.

»Du willst ihm doch nicht zurückschreiben?«, sagt die Susi. »Wir wollen jetzt auch ... nein, wir müssen jetzt ins Bad. Du stinkst, als hättest du in der Isar gebadet. Franz, jetzt sag doch du auch mal was und warum stinkt dieses Kind eigentlich so?«

»Weil dieses Kind in der Isar gebadet hat«, antworte ich wahrheitsgemäß.

»Das hat er nicht!«

»Doch«, sagen der Paul und ich direkt gleichzeitig.

»Das ist nicht dein Ernst, oder? Bist du bescheuert, oder was? Weißt du eigentlich, wie gefährlich es ist, in der Isar zu baden? Weißt du, wie viele Strömungen es dort gibt? Und dass da auch Schlingpflanzen drin sind? Abgesehen davon können Glasscherben am Boden sein und das Wasser ist auch keinesfalls sauber. Da kann man sich weiß der Geier was holen. Sag mal, kann man dich nicht einmal für drei Tage mit deinem Sohn wegschicken, ohne dass man sich Sorgen machen muss?«

»Mama«, schreit nun das Paulchen aus randvollem Hals. Das hat er zuvor noch niemals gemacht, doch offensichtlich verfehlt es seine Wirkung nicht. »Das waren die alleraller-schönsten drei Urlaubstage, die ich je hatte. Ich durfte machen, was ich wollte. Und ich durfte essen und trinken, was ich wollte. Ich bin bis um ein Uhr nachts aufgeblieben, bin mit dem Mofa von der Daphne gefahren … oder war es das von der Claire … keine Ahnung, auch egal. Und ja, ich hab in der Isar gebadet. Ich bin sogar mit einem Seil vom Baum mitten in die Strömung gesprungen. Und … ich lebe immer noch. Was sagst du dazu?«

Einen Moment lang ist es jetzt mucksmäuschenleise im Raum. Es ist so dermaßen still, dass mir nun selbst mein Atmen ohrenbetäubend laut erscheint. Dann wirft die Susi ihren Kopf in den Nacken, dass die Krone grade so wackelt, und reicht dem Paul die Hand.

»Wollen wir dann jetzt baden gehen?«, fragt sie.

»Sobald ich dem Egon zurückgeschrieben habe«, antwortet er und ich bin ziemlich beeindruckt.

»Was zum Teufel hast du mit ihm gemacht?«, will sie nun von mir wissen, doch ich zuck nur mit den Schultern. Er ist schon ziemlich cool, mein Paulchen. Nein, er ist richtig, richtig cool!

Kapitel 19

Wie man sich unschwer vorstellen kann, knurrt mir nach der halben Portion Wurstsalat der Magen wie Sau. Noch dazu, wo er so dermaßen lecker war, was ich dem Papa rein generell gesehen so eigentlich gar nicht zugetraut hätte. Und wenn etwas so besonders gut schmeckt, dann will man halt auch einen ordentlichen Teller voll davon abkriegen oder idealerweise gleich noch einen Nachschlag obendrauf. Aber doch keine halbe Portion. Wie soll denn ein erwachsener Mann davon bloß satt werden?

Nun aber läutet mein Telefon, wodurch sich mein sicherer Hungertod noch etwas in die Länge ziehen dürfte. Es ist der Moratschek, der mir jetzt seine richterliche Ehre erweist.

»Stör ich beim Abendessen?«, fragt er und sticht somit prompt in die offene und in Strömen blutende Wunde.

»Nein«, antworte ich und rein intuitiv leg ich meine Haxen auf den Tisch.

»Ach, habens etwa schon gegessen?«

»Auch nicht. Zumindest nicht wirklich.«

»Ja, das nenn ich vernünftig, Eberhofer. Abends, da soll man auch gar nicht mehr so völlen, gell. Ist ja auch überhaupt nicht gesund, grad wenn man älter wird«, sagt er noch so und dann hör ich den Schnupftabak zischen.

»Kommens auf den Punkt, Moratschek.«

»Wie?«

»Ja, Sie werden mich doch wohl nicht angerufen haben, um mit mir meine Essgewohnheiten durchzudiskutieren, oder?«

»Ach so. Nein, nein, natürlich nicht«, lacht er jetzt ein bisserl gschamig. »Nein, wegen was ich Sie eigentlich anruf, Eberhofer, stellen Sie sich vor, heute war es so weit. Heute Nachmittag, da hat meine Holde endlich den Schönberger in seiner Wohnung antreffen können. Grad vor ein paar Minuten, da ist sie praktisch erst wieder daheim angekommen. Sie hat's ja in letzter Zeit ein paar Mal probiert, aber da war er wohl immer unterwegs. Oder er hat einfach nicht aufgemacht, das ist natürlich auch möglich. Aber heut, da hat sie ihn endlich erwischt. Gut, sie hat ihn davor angerufen. Vielleicht ist es ja daran gelegen. Sie hat gesagt, dass sie einen Pichelsteiner gekocht hat, einen riesigen Hafen voll. Sie macht ja immer so viel Eintopf und dann fressen wir nix anderes mehr. Dieses Mal, da war mir zu viel Sellerie drin. Bei zu viel Sellerie, da krieg ich …«

»Moratschek«, muss ich ihn jetzt aber leider ausbremsen, »es interessiert mich noch nicht mal im mikroskopischen Ausmaß, was Sie auf Sellerie kriegen. Mich interessiert, was beim Schönberger rausgekommen ist.«

»Was rausgekommen ist? Ja mei, rausgekommen ist, dass er halt geweint hat wie ein Schlosshund und sie hat ihn dann getröstet. Praktisch genauso wie beim letzten Mal. Sie ist ja so ein Schaf, so ein gutgläubiges. Aber dann ist sie doch ganz tough gewesen, mein Täubchen. Dann hat sie ihn nämlich gefragt, ob sie denn mal kurz in das Zimmer von der Leddi dürfte. Weil sie sich einfach gern eine Kleinigkeit als Andenken mitnehmen würde. Und was glauben Sie, was daraufhin passiert ist?«

»Bin ich ein Hellseher, oder was?«

»Der Schönberger, der hat einfach gesagt: nur zu. Nur zu, hat er gesagt und dass sie sich mitnehmen kann, was immer sie möchte. Weil er die Sachen von der Leddi ohnehin nicht um sich herum ertragen kann. Ach ja, und dass nach der Beisetzung eh alles wegkommt.«

»Und? Wie ist sie gewesen, die Ausbeute von Ihrem Täubchen?«, frag ich und inzwischen bin ich ehrlich neugierig geworden.

»Ein Tagebuch hat sie mitgebracht und das hab ich auch schon ein wenig überflogen. Doch seit diesem unglückseligen Tag, wo sie ihren Mike kennengelernt hat, da steht praktisch immer nur drin, wie furchtbar glücklich sie jetzt ist. Einen PC von der Leddi haben wir übrigens nun ebenfalls hier. Ich kenn mich ja mit diesem ganzen Computer-Scheiß nicht aus, hab aber schon bei Ihren Kollegen von der IT angerufen. Die stecken zwar grad wegen so einer Internetbetrugsbande hüfthoch in Arbeit, aber der Grandauer, der hat trotzdem versprochen, dass er da morgen mal drüberschauen wird. Und das, obwohl er's grad so mit dem Magen hat.«

»Hat er denn sonst gar nix gesagt? Also der Schönberger natürlich. Zu Ihrer Frau sozusagen?«

»Doch. Er hat wohl angedeutet, dass er vorhat, die Wohnung aufzugeben. Und dass er sowieso fortwill von Deutschland. Gleich nächste Woche schon will er nach Schweden rauf und sich offenbar ein paar Campingplätze anschauen. Oder hat er Norwegen gesagt? Hm … keine Ahnung, ich weiß es nimmer.«

»Was ist eigentlich aus dieser Apotheke geworden. Die von der Leddi? Ist die geöffnet oder nicht? Ich mein, gibt's da irgendwelche anderen Mitarbeiter, oder so was?«, will ich nun wissen.

»Ja, ja, freilich gibt's da Mitarbeiter. Die Leddi, die hätte das nicht alleine geschafft. Zwei Vollzeitkräfte gibt's da. Ein Lehrmädchen und die Frau Kurz. Das ist im Übrigen auch so eine alte Wanderdüne.«

»Eine Wanderdüne? Wieso Wanderdüne?«

»Na, weil sie halt auch ständig irgendwo unterwegs ist und auf irgendwelchen depperten Bergen rumkraxeln muss. Mir könntst ja da gehen mit so einer bescheuerten Freizeitbeschäftigung. Da musst dich zuerst irgendeinen Buckel raufquälen, dann schaust runter, nur damit du dich hinterher den Buckel wieder runterquälst? Nein, herzlichen Dank auch. Ach ja, grad fällt mir ein, diese Kurz, die kennt übrigens auch die Vorgängerin von unserer Leddi. Also praktisch die Frau, mit der wo der schöne Mike praktisch zuvor liiert gewesen ist. Soweit ich weiß, haben sich die zwei Mädels vom Alpenverein her gekannt. Zumindest hat mir das die Leddi so erzählt.«

»Allerhand«, sag ich und mach mir schnell ein paar Notizen. »Das ist ja nicht uninteressant. Da werd ich wohl morgen einmal einen kleinen Boxenstopp einlegen müssen in dieser Apotheke.«

»Machens das, Eberhofer. Ja, ja, machens das nur. Das ist gar keine schlechte Idee. So, und jetzt Ende der Durchsage, weil ich nun einhängen muss. Weil's bei uns jetzt einen Pichelsteiner gibt. Einen Pichelsteiner mit viel zu viel Sellerie drin. Und wenn ich so nachdenke, dann wollen Sie das mit Sicherheit sowieso gar nicht wissen, was der bei mir so auslöst, der Sellerie. Also, servus dann und schönen Abend.«

»Ja, servus, das Gleiche und äh … Mahlzeit«, sag ich abschließend und dann leg ich auf.

Und grad wie ich auf dem Weg zum Kühlschrank bin, da kommt die Susi ins Wohnzimmer zurück. Mein Magen knurrt mittlerweile in einer Lautstärke, dass die Dezibelwerte steigen.

»Ist der Paul schon im Bett?«, frag ich, wie ich die Kühlschranktür öffne.

»Ja«, entgegnet sie und lässt sich auf das Sofa plumpsen. »Der ist todmüde gewesen. Wär mir ja schon fast in der Badewanne eingeschlafen.«

»Wieso ist der Kühlschrank leer?«

»Weil nix drin ist«, klugscheißert sie aus ihrer Decke heraus.

»Es ist ja nicht einmal ein Bier drin.«

»Wäre eins drin, dann wäre er ja auch nicht leer. Wie du weißt, trinke ich keines. Wenn du also welches drinhaben willst, dann solltest du vielleicht auch eines reinstellen.«

Und weil ich jetzt so null Komma null Bock auf einen Vortrag über ihren stressigen Job hab und den ganzen restlichen Emanzipationsmüll, drum mach ich die dämliche Kühlschranktür einfach wieder zu. Mach die Tür zu, schlüpf in meine Schuh und heb die Hand zum Gruße.

»Wo willst du jetzt hin?«, ruft mir die Susi in die Diele hinterher.

»Dorthin, wo der Kühlschrank voll ist«, ruf ich retour, doch dann fällt bereits die Haustür ins Schloss.

Einen leeren Kühlschrank hätte es bei der Oma niemals gegeben. Noch nicht einmal damals, wo sie mit vierzig Grad und Schüttelfrost in ihrem Bett gelegen ist, hat es das gegeben. Ein Trauerspiel, diese nachfolgenden weiblichen Generationen. Wirklich.

Ein Toast Hawaii ist das Einzige, was der Wolfi auf seiner Speisekarte hat. Im Grunde hat er auch gar keine Speisekarte nicht. Nur quasi für den absoluten Notfall, da hat er immer ein paar unkomplizierte Snacks in seiner Gefriertruhe drin. Gleich neben den Eiswürfeln und diesen Pads, die man öfters mal bei Schwellungen braucht, liegt solches Zeug. Und dieses Mal ist es eben Toast Hawaii, den er aktuell im Angebot hat.

»Kann ich dir warm machen, dauert fuchzehn Minuten. Mit Ketchup und Mayo schmeckt das eigentlich gar nicht so schlecht. Hab ich aber nicht«, sagt der Wolfi, wie er mein Bier vor mir am Tresen abstellt.

»Dann halt ohne«, entgegne ich und nehm meinen ersten Schluck.

»Eins oder zwei?«

»Drei«, sag ich und nehm meinen zweiten. Dann geht die Tür auf und der Simmerl kommt rein. Offensichtlich hinkt er beidseitig und visiert den Stuhl neben mir an.

»Was ist denn mit deinen Haxen passiert?«, frag ich, wie er sich schließlich neben mich setzt.

»Wadenzerrung.«

»Wadenzerrung? Du hast ja noch nicht einmal Waden. Kannst du mir mal bitte erklären, wo du eine Wadenzerrung herhaben könntest. Ich mein, dein einziger Bewegungsradius ist vom Schlachthaus zwei Meter in den Verkaufsraum oder drei in deine Wohnung rüber. Oder umgekehrt. Wie, bitte schön, kann man davon eine Wadenzerrung bekommen?«

Und dann fängt er an zu erklären und es dauert sage und schreibe vier Bier lang, bis ich final seine ganze Story kenn. Ich mach's ein bisschen kürzer, und zwar so:

Der Max, also der einzige Sohn vom Simmerl und seiner Gisela, der ist demzufolge freilich auch der Kronprinz von den beiden. Allerdings hat er leider noch nie was richtig gerissen in seinem Leben. Das muss man schon sagen. Da war die Stelle, wo er mein Hilfssheriff war und die er durchaus ein Weilchen lang gemacht hat, wohl noch der Höhepunkt seiner Karriere. Sicherheitswacht hat das damals geheißen. Weil unser alter Bürgermeister halt gemeint hat, man könnte ja schließlich nicht die ganze Arbeit hier einzig und alleine mir aufs Auge drücken. Ein feiner Zug war das, wirklich. Obwohl er jetzt nicht so die völlige Entlastung für mich war. Aber egal.

Jedenfalls war wohl die neueste Idee vom Max, die offenbar in einem Selbstfindungswahn entstanden sein muss, auf Gran Canaria einen veganen Bio-Imbiss aufzumachen. Gleich neben einem Nagelstudio und einer Modeschmuckboutique, die übrigens zeitgleich seine neue Freundin eröffnet hat. Und so schnell hat er dann gar nicht schauen können, der Max, wie sein Herzblatt dann eben relativ kurzfristig mit so einem Schlitzauge durchgebrannt ist. Übrigens war das der Besitzer vom Nagelstudio und der hatte obendrein Frau und Kinder. Und drum ist er jetzt halt wieder nach Hause zurück, der Max. Mit schwerem Herzen und leichtem Gepäck, könnte man sagen, weil er halt praktisch nur mit einem Rucksack retour gekommen ist.

Aber freilich ist die Familie hinter ihrem Buben gestanden. Und drum hat der arme Simmerl halt jetzt die letzten zwei Tage damit verbracht, sozusagen in Dauerschleife zahllose Möbelstücke und Kartons vom Keller, wo sie zwischengelagert waren, wieder in den zweiten Stock raufzuschleppen. Also praktisch alles wieder retour, was er zehn Tage vorher erst runtergeschleppt hatte, um die leere Wohnung anständig vermieten zu können. Ja, was macht man nicht alles für die lieben Kleinen …? Und drum streiken nun seine Waden, haben quasi vollkommen zugemacht. Und das macht ihm halt jetzt zu schaffen, dem Simmerl. Was aber das

Allerschlimmste ist an dieser ganzen Geschichte, dass ihm ausgerechnet jetzt seine Gisela ständig irgendeinen von diesen rattenscharfen Dessous-Fetzen vorführt. Extra für ihn hätte sie die gekauft, behauptet dieses ausgekochte Weibsbild, und ich muss grinsen. Damit endlich wieder ein bisschen mehr Schärfe in die rostige Beziehung kommt. Und nun ist der arme Metzger halt ständig notgeil, kann seinen Begierden aber einfach nicht nachkommen, weil er ständig Wadelkrämpfe hat.

»Noch ein Bier, Hinkebeinchen?«, will der Wolfi nun wissen und der Simmerl nickt stumm. Dann steht plötzlich der Flötzinger im Türrahmen. Einen Moment lang bleibt er dort stehen, weil seine Brille voll angelaufen ist. Doch nachdem er – seinem T-Shirt sei Dank – wieder einen Durchblick hat, steuert er prompt auf uns zu.

»Na, du alter Rohrkrepierer«, sagt er gleich mal zum Simmerl und haut ihm auf die Schulter. »Und, wie schaut's aus? Habt ihr die Reizwäsche nun schon einweihen können oder bist du fußtechnisch für Amourösitäten immer noch zu gehandicapt?«

»Ja, ja, wer die Waden hat, der braucht für den Spott nicht zu sorgen«, sagt der Simmerl, grad wie der Wolfi drei Bier auf dem Tresen abstellt. Wir prosten uns zu. Dann aber beginnt auch gleich der Flötz zu erzählen und seine Sorgen und Nöte scheinen denen vom Simmerl in nichts nachzustehen. Angefangen hat nämlich alles, weil unser Gas-, Wasser- und Heizungspfuscher unsere amtierende Bürgermeisterin telefonisch einfach nicht hat erreichen können, aber dringend eine fliesentechnische Entscheidung gebraucht hat. Und zwar, welche Farbe die Fliesen in diesem diversen Klo nun eben kriegen sollten. Das Herrenklo, das ist jedenfalls blau gefliest und bei den Frauen ist es pink. Ein relativ intensives Pink sogar. Und nun hätte natürlich auch jemand entscheiden müssen, welche Farbe nun dort bei den Diversen rein soll. Und da die Susi sozusagen ja die Auftraggeberin ist, wäre das eindeutig ihr Part gewesen. Doch wie gesagt, dem Flötz war es leider nicht möglich gewesen, sich mit ihr zu connecten, sodass die Farbauswahl schließlich an ihm hängen geblieben ist. Und das war die Crux. Weil er vom Herren- und Damenklo her noch einen Restposten übrig gehabt hat, ist das diverse Klo nun halt ganz pragmatisch kariert geworden. Ein Schachbrett am Fußboden quasi und an allen vier Wänden. In sattesten Blau- und Pinktönen. Gut, der Raum ist gefliest, die Arbeit gemacht und der Restposten weg. So weit theoretisch. Praktisch war es dann eher so lala. Wie nämlich der Flötzinger sozusagen nach getaner Arbeit schließlich ein paar Schritte zurückgetreten ist, um sein Werk zu betrachten, da hätt ihn fast der Schlag getroffen.

»Ein … ja, ein visueller Durchfall, könnte man sagen«, erzählt er abschließend und macht einen regelrecht erschöpften Eindruck. Er nimmt einen sehr großen Schluck Bier. »Dieses Pink und dieses Blau und das im Karo-Verbund, das könnt ihr euch einfach nicht vorstellen, echt. Es ist wirklich kaum zu ertragen. Wenn sie das morgen sieht, die Susi, dann wird tatsächlich die Hölle losbrechen, jede Wette. An deiner Stelle, Franz, an deiner Stelle, da würd ich mir für morgen Abend lieber etwas vornehmen. Irgendwas, das dir Spaß macht. Daheim wirst du den nämlich morgen nicht haben.«

»Unter jedem Dach ein Ach«, philosophiert der Wolfi, der ja ständig in Hörweite ist, wenn er seine dämlichen Gläser poliert. »Noch eine Runde?«

»Mei«, sag ich und schau in mein fast leeres Glas. Der

Simmerl zuckt mit den Schultern, der Flötzinger schüttelt den Kopf.

»Herrschaften, ihr werdet alt«, sagt der Wirt jetzt weiter und erntet damit ein kollektives Hö! »Nein, ihr seid es schon. Ja, ihr seid alt geworden, mein lieber Schwan. Früher, da habt ihr nach der fünften Halben immer geschrien: AC/DC und Jackie auf Höllenlautstärke! Und jetzt kriegt ihr sie nicht einmal mehr runter, die fünfte.«

Wie zum Beweis exe ich dann mein Bier, was aber vom Grundsatz her schon lächerlich ist, weil eh bloß noch ein Maulvoll drin gewesen ist.

Am Ende kann ich es dann gar nicht mehr genau sagen, wer ihn schließlich geschrien hat, diesen berüchtigten Satz. Aber ich glaub fast, ich war es nicht.

Jedenfalls ist es dann schon ziemlich spät, wie ich heimkomm, und das Türschloss ist auch an einer ganz anderen Stelle als sonst. Dementsprechend kurz ist die Nacht. Die Susi ist schon in der Küche, wie ich am Morgen nach unten komm, und sie trinkt einen Kaffee. Allerdings ist die Kaffeekanne leer und das finde ich relativ egoistisch, wenn ich ehrlich bin.

»Warum hast du für mich keinen mitgemacht?«, frag ich, während ich dann Wasser in die Maschine einfülle.

»Weil ich noch nicht mit dir gerechnet hab«, antwortet sie und ihr Blick ruht auf dem Handy.

»Und warum hast du noch nicht mit mir gerechnet, liebe Susi?«

»Weil du erst vor zwei Stunden heimgekommen bist, lieber Franz. Und nachdem du dann in die Yucca-Palme gepinkelt hast, bist du schließlich in einen ohrenbetäubend tiefen Schlaf gefallen«, entgegnet sie und lässt ihr Telefon in die Jackentasche gleiten.

»Kannst du mich bitte ein bisschen leiser anbrüllen?«

»Ich brülle überhaupt nicht. Aber wenn du jetzt auch nur noch einen Ton sagst, Franz, dann werde ich es tun. Dann werde ich hier mal rumbrüllen, dass kein Stein mehr auf dem anderen bleibt, mein Freund. So, und jetzt muss ich ins Rathaus. Wenigstens ein Lichtblick in meinem Leben.«

Wenn dir da nur nicht gleich der Flötzinger einen Schatten draufwirft, denke ich noch so und schon hör ich ihren Motor aufheulen.

Wo sind die Aspirin, verdammt?

Nach Kaffee und Tabletten, übrigens beides im Doppelpack, geht's mir schon wieder einwandfrei oder wenigstens nahezu. Wär doch gelacht, wenn man so einen geselligen Abend beim Wolfi nicht einfach mal locker wegstecken könnte.

Grad wie ich kurz darauf aus der Dusche steig, gesellt sich mein Sohnemann zu mir ins Bad.

»Morgen, Paulchen«, sag ich deswegen erst mal, wie ich mir mit einem Handtuch die Haare trocken rubble.

»Morgen, Väterchen«, antwortet er verschlafen und gähnt. »Ist die Mama schon weg?«

»Ja«, kann ich grad noch entgegnen, dann klappt er auch schon den Klodeckel hoch und pinkelt im Stehen. Es ist ein ungeschriebenes Gesetz ... Nein, es ist eine Anordnung von oberster Stelle, dass hier keiner im Stehen pinkelt. Außer ihre Majestät befindet sich nicht in ihrem Palast.

»Wieso hast du der Mama gestern eigentlich nix von unserer Leiche erzählt?«, will ich jetzt noch wissen. »Ich mein, du hast ihr doch sonst alle deine Verfehlungen gestanden.«

»Ich wollte halt nicht, dass sie einen Herzinfarkt kriegt«, sagt er und drückt auf die Spülung. Dann geht er rüber zum Waschbecken und wäscht seine Hände lange und sehr intensiv. Dabei lässt er sie nicht aus den Augen. »Weißt du was, Papa?«

»Hm?«

»Ich will ein Pathologe werden.«

Ich schau ihn an. Lange und intensiv. Wie er da so steht mit seinen knappen zehn Jahren und die kleinen Hände wäscht. Quasi in Vorbereitung auf seine spätere Berufswahl. Die Arbeit mit Toten, das ist eine gute. Damit kann man so viel Wahrheit reinbringen in diese verlogene Welt. Das kann etwas sehr Positives und Befriedigendes sein. Was ebenfalls positiv und befriedigend sein kann, ist der Tatbestand, dass sie dir einfach nicht dazwischenquatschen, die Toten. Sie reden mit dir, sie erzählen dir was. Das schon. Aber sie quatschen einfach nicht dazwischen. Definitiv nicht.

»Dann solltest du auch ein Pathologe werden, wenn du das willst, Paul«, sag ich. »Aber jetzt trockne dir erst mal die Hände ab und dann komm nach unten. Ich werd dir einen Kaba machen.«

Wie ich die Stufen runtergeh, da bete ich zu allen Heiligen, die mir so spontan einfallen wollen, dass auch tatsächlich noch einer da ist, ein Kaba. Und auch eine Milch!

Kapitel 20

Wie ich eine gute Stunde später in der Apotheke ankomm, da ist es schließlich die Frau Kurz, die mich in einem schwer ostdeutsch angeschlagenen Dialekt begrüßt, und wenn sie Lang hieße, dann würde sie ihrem Namen alle Ehre machen. Das Lehrmädchen, oder auch gerne mal Azubine genannt, ist heute in der Berufsschule und glänzt deswegen durch Abwesenheit. Und nachdem mir die Frau Kurz relativ langatmig erzählt hat, was für ein schwerer Verlust das mit ihrer Chefin doch ist und dass man nie wieder so einen Job kriegt wie diesen, erzählt sie mir ebenso langatmig, dass sie deswegen beschlossen hat, nun die Apotheke gleich selber zu übernehmen. Sie hat inzwischen auch alles so weit mit der Bank geklärt und mit dem Vermieter ist sie ebenfalls zu einer relativ schnellen Einigung gekommen. Nun aber betritt eine Kundschaft den Laden und so muss meine aktuelle Gesprächspartnerin ihren Fokus vorübergehend verlagern.

Derweil kann ich einmal meinen Blick schweifen lassen und muss schon sagen, sehr edel hier. Die Räumlichkeiten sind freundlich und hell und obendrein dürfte ein Innenarchitekt zugange gewesen sein, der ein geschicktes Händchen hat und weiß, was er will. Im Übrigen ganz anders als der aktuelle Kunde. Der Herr klagt nämlich über starke Schmerzen im Hals, aber auch im Nacken und auch über Schluckbeschwerden und will nun einen Rat. Was anschließend folgt, ist eine Einweisung der ausführlichsten Sorte in die Thematik der Hals-, Nasen- und Ohrenmedizin, und die Frau Kurz, wohl gänzlich in ihrem Element, vergleicht an ihrem PC einen Beipackzettel mit und nach dem anderen. Dabei wird obendrein alles laut vorgelesen, sodass mir wahrscheinlich sämtliche Risiken und Nebenwirkungen heute Nacht im Schlaf begegnen. Leider ist der halskranke Kunde am Ende dann aber so dermaßen verunsichert, dass er sicherheitshalber lieber noch mal daheim die ganze Sache googeln will. Also wenn sie ihre Geschäfte immer so macht, die neue Apothekerin, dann weiß ich nicht, ob es langfristig Sinn macht, dass ausgerechnet sie diesen Laden hier übernimmt.

»Ja, so ist das oft«, sagt sie und schnauft einmal tief durch, wie sie sich endlich wieder mir zuwendet, und somit bestätigt sie meine Befürchtungen prompt. »Die Kunden kommen und erzählen mir von ihren Krankheiten und am Ende, da sind sie wegen ihrer Symptome völlig verunsichert und überlegen, ob sie nicht vielleicht doch ganz was anderes haben. Aber daran ist hauptsächlich der Ärztemangel schuld. Inzwischen gibt es ja regelrechte Wartelisten in den Praxen.«

»Allerhand«, sag ich anstandshalber, obwohl dieses Thema so ziemlich das letzte ist, das mich interessiert. »Aber ehrlich gesagt hätte ich noch ein paar Fragen an Sie. Zum Beispiel würde ich gerne wissen, ob Sie die Amelie Maurer kennen.«

Wenn ich auch nur ansatzweise geahnt hätte, was ich damit auslöse, dann hätte ich diese Frage niemals gestellt. Vermutlich hätte ich sogar rein generell einen riesigen Bogen um die Apotheke und ihre neue Besitzerin gemacht. Und wenn ich bedenke, dass ich zwei Stunden später immer noch dort bin und kein einziger weiterer Kunde mehr erschienen ist, dann machen vermutlich alle anderen auch einen riesigen Bogen um diese Apotheke. Nur um deutlich zu machen, dass ich keineswegs übertreibe, gebe ich hier ein einziges und vergleichsweise winziges Beispiel.

»Ja, ja, natürlich kenne ich die Amelie. Sie ist ja eine Freundin von mir. Wobei Freundin nicht ganz richtig ist. So eng sind wir nicht. Aber wir kennen uns schon aus dem Kindergarten. Eigentlich haben sich ja unsere Mütter schon gekannt. Die ihrige, also die von der Amelie, das war ja vielleicht eine Beißzange, das können Sie sich gar nicht vorstellen. Und ein Maul wie ein Scherenschleifer hatte die, war in ganz Chemnitz bekannt. Ich glaube, die sind sogar in derselben Straße aufgewachsen, wenn mich nicht alles täuscht. Nein, warten Sie … meine Mutter, die ist ja in der Parallelstraße aufgewachsen, das war da, wo die Tankstelle früher war … Aber egal, jedenfalls war ich mit der Amelie schon im Kindergarten. Das hab ich Ihnen ja schon erzählt. Genau. Und dann haben wir uns aus den Augen verloren. Also natürlich nicht gleich nach dem Kindergarten, erst nach der Grundschule. Weil sie ist ja dann auf die Hauptschule und ich ins Gymnasium. Ja, so eine besonders gute Schülerin ist sie nicht gewesen, die Amelie. Ich ja eigentlich auch nicht. Aber der Nachhilfelehrer, der hat dann doch einen guten Job gemacht. Das war ein Nachbar von uns, der hat dann irgendwann die Doreen geheiratet. Aber die kennen Sie ja gar nicht. Ist aber eine Nette, da hat er nichts verkehrt gemacht. Ach, egal. Wie gesagt, ich bin ja dann aufs Gymnasium. Weil so ohne Abi, da kannst du heut nämlich keine Apothekerin mehr werden. Ja, und dann haben wir uns erst Jahre später wieder getroffen, die Amelie und ich. Im Alpenverein. Das war schon lustig. Zwei Chemnitzer Gewächse treffen sich in Garmisch auf dem … wie hieß der gleich noch? Egal, auf irgendeinem Berg haben wir uns dann eben wieder getroffen. Nach fast zwanzig Jahren …«

Und ich schwöre, das war tatsächlich noch die Kurzfassung. Natürlich hätte ich sie auch unterbrechen können, ganz klar. Aber immer wenn ich irgendwann in meinem Leben eine Frau um eine Kurzfassung gebeten hab, wurde die Fassung nicht kürzer, sondern nur lauter. Und aus diesen Erfahrungswerten heraus hab ich es gar nicht erst probiert. Hab ihr stattdessen in meiner weltmännischen Gelassenheit den Raum für ihre Geschichten gegeben, nickenderweise nicht vorhandenes Interesse geheuchelt und alle Vorräte an Probier-Traubenzucker aufgegessen, sodass mein Blutzuckerspiegel mit an Sicherheit grenzender Wahrscheinlichkeit bis ins Nirwana geschossen sein dürfte.

Bei allen linguistischen Strapazen, denen ich heute Vormittag ausgesetzt war, muss ich dennoch sagen, es war zumindest nicht umsonst. Denn bei dem ganzen sinnfreien Blabla von der redseligen Frau Kurz ist doch noch ein Schmankerl dabei gewesen, das nicht unwesentlich sein dürfte. Nämlich, dass sie halt bei den Gesprächen mit der Amelie, also quasi nach ihrer Reunion, eine ebensolche Plaudertasche war, wie sie es eben bei mir auch grad war. Gut, man kann halt nicht raus aus seiner Haut und da gibt's wohl auch keinen Knopf, den man ein- oder besser ausschalten kann. Logisch, Ratschkatl bleibt Ratschkatl, vollkommen wurst, mit wem sie da ratscht. Jetzt aber hab ich mich wohl grad selber ein bisserl verquatscht. Ob das womöglich ansteckend ist?

Also, bei diesem gelegentlichen Austausch zwischen der Frau Kurz und dieser Amelie, da ist halt auch ab und zu über die Leddi geredet worden. Dass die halt eine ganz Liebe ist und obendrein noch einen ganzen Haufen geerbt hat und trotzdem immer noch alleine durch die große, weite Welt wandern muss. Obwohl sie zu gerne einen Partner hätte. Sie hat auch schon alles probiert und ist sogar auf sämtlichen möglichen und unmöglichen Portalen unterwegs gewesen. Aber alles umsonst. So einen schneidigen, sportlichen, charmanten Kerl, wie sie ihn sich gewünscht hätte, den würde sie halt einfach nicht kriegen und einen anderen wollte sie nicht.

Und dann, wie sie die Hoffnung quasi schon ganz aufgegeben hatte, da war er plötzlich da, ihr Märchenprinz. Ist einfach mit seiner Schnupfennase in ihrer Apotheke gestanden und hat sie aus seinen geröteten Augen heraus angestrahlt. Und da war's um sie geschehen. Und sie war so überglücklich, dass es ganz offensichtlich auch um ihn geschehen war. Von diesem Moment an sind die beiden unzertrennlich gewesen und drei Monate später waren sie auch schon verheiratet.

»Ich hab mich ja so gefreut für die Chefin«, sagt die Frau Kurz abschließend und wirkt nun ein bisschen betrübt. Inzwischen bin ich schon relativ vertraut mit der Apotheke und so reiche ich ihr ein Packerl Tempos aus dem Schubfach. Sie lächelt mich dankbar an und schnäuzt dann.

Auf meine echt knappe Frage, ob sie denn den Märchenprinz auch persönlich kennengelernt hätte, bekomme ich wieder eine Antwort, die umfangreicher ist als die Bibel, und die erspar ich mir hier.

Ja, doch, er wär schon ein paar Mal hier gewesen, um die Leddi abzuholen. Und nein, zuvor hatte sie ihn noch niemals gesehen. Nein, auch oder erst recht nicht mit der Amelie zusammen. Und ja, das wüsste sie bestimmt, weil er doch ein Typ ist, den man sich schon merken kann. Sie hätte den sicherlich auch nicht von der Bettkante gestoßen.

Wie ich gegen Mittag auf die Straße zurück und zu meinem Wagen geh, da bin ich rein aus akustischen Gründen so dermaßen gerädert, das kann ich nicht in Worte fassen. Ich bin so dermaßen gerädert, dass ich sogar an der roten Fußgängerampel stehen bleib, obwohl ich das sonst niemals tu. Höchstens und eher in Ausnahmefällen, wenn kleine Kinder dabei sind. Sonst immer zack und rüber. Doch heute eben nicht. Und wie ich da so steh, da fragt mich plötzlich ein Typ, der grad zufällig neben mir wartet, sehr freundlich und leise, ob ich vielleicht kurz ein Feuer für ihn hätte. Und was passiert dann? Ich schrei ihn an.

»Halt die Fresse«, schrei ich ihn an. Und dann geh ich bei Rot über die Ampel und frag mich, was wohl ein Ehemann tut, der so eine Frau wie die Kurz zu Hause hat. Weil, sagen wir einmal so: Hässlich war sie eigentlich nicht. Sportlich und groß, mit langen blonden Haaren. Wenn man der die Stimmbänder durchtrennt, dann schwör ich, das wär ein echter Jackpot, ohne Frage.

So zehn bis fuchzehn Minuten verbring ich anschließend im Streifenwagen und ganz allmählich komm ich wieder runter. Der Tinnitus, der sich zuvor noch anzubahnen drohte, der ist inzwischen auf dem Rückzug. Ich hab mir nämlich völlig lässig den Sitz nach hinten geklappt und für ein Weilchen die Augen geschlossen. Und mit komplett geschlossenen Fenstern genieße ich die Stille, soweit das in München direkt am Mittleren Ring eben überhaupt möglich ist. Irgendwann aber läutet mein Telefon und der Moratschek ist dran.

»Jetzt ist was wirklich Saublödes passiert«, kann ich gleich nach seinem Grußwort vernehmen. »Den Grandauer, den haben sie letzte Nacht ins Krankenhaus einliefern müssen. Weil sich nämlich diese Gastritis, auf die hin er seit Wochen behandelt worden ist, die ist akkurat gestern kurz vor Mitternacht zu einem ausgewachsenen Magengeschwür mutiert. Aber glücklicherweise hat man ihn dann gleich operieren können. So wie's ausschaut, ist alles gut verlaufen und ihm geht's halt jetzt den Umständen entsprechend, wie man so schön sagt. Doch ansprechbar ist er leider noch nicht, der Ärmste. Was freilich auch heißt, dass er den PC von der Leddi fürs Erste einmal nicht machen kann.«

»Gut«, antworte ich, während ich meinen Sitz wieder hochstell. »Dann hol ich den am besten gleich einmal ab. Ich hab da nämlich jemanden, der das sicherlich auch machen kann.«

Während ich dann den Wagen starte und mich auf den Weg nach Landshut mach, da halte ich meinen juristischen Gesprächspartner noch kurz über meine Ermittlungserfolge auf dem Laufenden.

»Das versteh ich jetzt nicht ganz«, sagt er am Ende zu mir und klingt in der Tat ein wenig verwirrt. »Was zum Teufel soll denn der Mord an unserer armen Leddi damit zu tun haben, dass die Maurer Amelie mit dieser Apothekerin früher einmal in denselben Kindergarten gegangen ist?«

»Mit dem Kindergarten hat es natürlich eher weniger zu tun. Da haben Sie schon völlig recht, Moratschek. Aber wenn diese Kurz der Amelie von den partnerschaftlichen Defiziten ihrer doch sehr wohlhabenden Chefin, also der Leddi, ausschweifend und bis ins kleinste Detail erzählt hat, dann kann man doch unschwer zwei und zwei zusammenzählen, oder etwa nicht?«

»Zwei und zwei ist vier und trotzdem bin ich keinen Schritt weiter, Sie Schlauberger. Ganz im Gegenteil, jetzt bin ich erst so richtig verwirrt. Aber ich muss das auch gar nicht verstehen, Hauptsache, Sie tun es. Also, kommens in die

Pötte und holens diesen scheiß Computer ab. Und zwar auf dem schnellsten Weg, und dann lösens den Fall auf dem selbigen. Und jetzt servus, weil ich in ein paar Minuten eine Gerichtsverhandlung hab. Zwei Nachbarn, zum Haareraufen. Wirklich. Die einen, die hängen nämlich ständig einen Meisenknödel nach dem anderen auf, weil sie die Vögerl halt so mögen und ihnen einfach gern zuschauen. Und was tun die anderen? Die schießen mit dem Luftgewehr die Viecher ab, weil ihnen die immerfort sämtliche Gartenmöbel zuscheißen. Also, was tun? Ich sag Ihnen eins, Richter ist auch nicht immer ein Traumjob, wenn man Fälle wie diese hat. Nein, da lob ich mir doch jeden handfesten Mord, wenn es nicht grad der an meiner Patentochter ist«, sagt er abschließend und nach einem knappen Wort des Abschieds glaubt er, eingehängt zu haben. Hat er aber nicht. Und so komm ich noch in den Genuss seiner Gletscherprise, was durch die Autolautsprecher noch deutlich mehr zischt als jemals zuvor.

Gut, Polizist ist jetzt auch nicht immer ein Traumjob, grad so bei Nachbarschaftsstreitereien. Da kann ja oft jeder Kindergarten das reinste Knigge-Seminar dagegen sein. Und gelegentlich hilft tatsächlich nur noch eins. Und zwar der Einsatz der Waffe, oftmals aber auch schon die bloße Androhung.

Der Rudi, der freut sich offenbar über sein neues Aufgabengebiet, das kann ich sehr gut vernehmen. Sicherlich ist er bei Weitem nicht so firm, wie es die Kollegen von der IT-Abteilung sind. Wenn die aber total überlastet oder auch im Krankenstand sind, dann muss man halt doch Abstriche machen, gell. Und den Computer von einer Privatperson, den sollte auch der Rudi knacken können. Immerhin hat er mir den von der Susi auch schon geknackt, wie ich mal einen Verdacht gehegt hab, dass sie mir möglicherweise fremdgehen tät. Was sich dann aber glücklicherweise nicht bewahrheitet hat. Also glücklicherweise für die Susi natürlich. Und da er auf seinem Campingplatz in Passau eh nix mehr zu tun hat, der Rudi, drum wird er nun halt seine Siebensachen in den Admiral packen und dann praktisch auf dem Heimweg kurz in Niederkaltenkirchen noch einen Zwischenstopp machen. Zur Übergabe von diesem Rechner quasi. Auch jetzt berichte ich natürlich noch so ausführlich wie nötig und so knapp wie möglich von meinem vormittäglichen Dialog in dieser Apotheke, in der Hoffnung, dass wenigstens er nun die ganze Sache durchschaut. Doch ein weiteres Mal Fehlanzeige.

»Verstehst du das wirklich nicht?«, frag ich, wie ich genau auf Höhe Frontenhausen bin.

»Akustisch hab ich dich schon verstanden. Nur, wo da ein Zusammenhang sein sollte eben nicht. Was hat das Verhältnis zwischen der Kurz und der Maurer mit diesem Mordfall zu tun? Sorry, aber ich glaube, das musst du mir wirklich erklären.«

»Nein, nein, nein, mein Freund. Diese Geschichte, die musst du schon selber durchschauen. Schließlich bin ich nicht dein Blindenhund. Denk einfach mal nach. Wie lange wirst du jetzt ungefähr brauchen, bis du bei mir daheim aufschlägst?«

»Ich denke … in etwa zwei Stunden, höchstens zwei fuchzehn, werde ich da sein.«

Prima. Da geht sich ja noch eine kleine Mittagspause beim Simmerl aus. Oder könnte sich ausgehen, wenn der Parkplatz nicht praktisch voll wär bis zum Gehtnichtmehr. Selbst in der zweiten Reihe ist alles verparkt und nix mehr zu kriegen. Was zum Geier ist denn da heut los? Gibt's da was geschenkt? So muss ich notgedrungen weiterfahren und ruf stattdessen in der Metzgerei an. Der Simmerl persönlich ist es, der abhebt.

»Was ist denn bei euch heut los?«, muss ich als Erstes einmal wissen.

»Viel«, antwortet er ebenso knapp wie genervt.

»Das seh ich selber, bin ja grad eben vorbeigefahren.«

»Wir haben unseren ersten Veggie-Day. Vegane Würstl, vegane Fleischpflanzerl.«

»Das ist widerlich, Simmerl.«

»Franz«, schnauft er mir jetzt in den Hörer. »Bitte, mach's kurz, ich muss wieder zur Kundschaft.«

»Ich bin Kundschaft.«

»Das mag sein, aber nicht aktuell. Komm hierher und stell dich gefälligst in die Schlange, so wie's auch alle anderen tun. Dann bist du eine Kundschaft.«

»Glaubst du ernsthaft, ich würde mich bei dir in die Schlange …«

»Franz! Ich hab jetzt einfach keine Zeit für dein blödes Geplänkel, zefix«, grätscht er mir nun ins Wort und ein Hauch von Ungeduld scheint sich nun in seine Stimme geschlichen zu haben.

»Aber was, wenn ich jetzt als Kunde beliefert werden möchte. Immerhin hast du ja auch einen Partyservice, oder etwa nicht?«

»Ja, den hab ich. Normalerweise. Aber nicht jetzt im Moment und auch nicht für zwei Leberkässemmeln.«

»Aber ich hätte überhaupt keine zwei Leberkässemmeln bestellt. Sondern drei.«

»Auch nicht für drei.«

»Ich bin dein Freund, Simmerl.«

»Du arbeitest grad schwer auf meinen Ex-Freund hin. Ich rate dir ernsthaft, überspann den Bogen jetzt nicht.«

»Na gut. Gib mir mal die Gisela«, sag ich, weil mir das jetzt wirklich zu blöd wird. Und offenbar wird der Hörer prompt weitergegeben, wenn auch ohne ein weiteres Wort.

»WAS?«, keift mir dann gleich seine bessere Hälfte entgegen. Ebenso unfreundlich, wie es ihr Gatte gerade noch war, und deutlich gereizt, und zwar bis aufs Blut.

»Gisela, allerliebste Gisela. Ach, was tut es doch gut, deine liebe Stimme zu hören. Und überleg dir jetzt bitte sehr genau, was du tust. Ich hätte gerne drei … Ach, was soll's … Nein, mach vier. Also ich hätte jetzt gern vier Stück von euren wunderbaren Leberkässemmeln. Bitte mit reichlich süßem Senf drauf, gell. Ja, und dann machst mir noch ein paar Essiggurkerl dazu. Aber die bitte schön unbedingt extra verpacken, sonst werden die Semmeln doch immer so nass. Ja, ich glaub, das war's auch schon. Dann sag ich mal vielen lieben Dank auch. Ich fahr in zwei Minuten noch mal bei euch am Laden vorbei, dann wär's wunderbar, wennst mir mein Zeug ans Auto bringst, gell.«

Und, was soll ich sagen? Klappt alles ganz einwandfrei.

Kapitel 21

Wie ich in unseren Hof reinfahr, da seh ich ein fremdes Auto stehen, was weiter kein Problem wär, ist ja genug Platz da. Ein Problem ist es trotzdem, weil das fremde Auto ausgerechnet auf meinem Parkplatz steht. Also nicht, dass wir etwa Parkplätze mit Namensschildern oder so was hätten. Oder welche, die durchnummeriert wären. Das nicht. Aber jeder aus unserem Clan hat halt seinen eigenen festen Stellplatz, und wenn da ein anderer steht, dann gibt es Stunk. Und weil dieses ungeschriebene Gesetz jedem bekannt ist, drum halten sich auch alle dran. Heute also große Ausnahme quasi.

Auf der Suche nach dem dreisten Regelverstoßer werde ich dann allerdings doch relativ schnell fündig. Und zwar in der Küche, von dort her kann ich nämlich Stimmen vernehmen.

»Schau, Bub, wer da ist«, begrüßt mich die Oma lautstark von der Eckbank her, wo sie bei Kaffee und Kuchen mit dem mutmaßlichen Parkplatzsünder hockt. Genau genommen ist es eine Parkplatzsünderin, die mich nun ihrerseits mit einem Kopfnicken begrüßt. »Das ist die Nathalie. Kannst dich an die noch erinnern? Weißt schon, die Tochter von den Aubichlers drüben.«

Freilich kann ich mich noch an die Nathalie von den Aubichlers drüben erinnern. Die kenn ich ja praktisch schon als ganz kleines Baby. Ich kann mich schon aus dem Grund sehr gut an sie erinnern, weil sie ein furchtbar hässliches Kind gewesen ist. Schon gleich nach ihrer Zangengeburt, quasi noch in der Entbindungsstation vom Krankenhaus, da war die arme Frau Aubichler gar nicht scharf drauf, dass sie einen Besuch bekommt. So wie das halt sonst üblich ist bei freudigen Ereignissen dieser Sorte. Wo man hingeht, Blumen oder Luftballons mitbringt oder auch einen Strampler in der passenden Farbe meinetwegen und wo man halt auch gratuliert. Nein, das hat sie nicht wollen, die Frau Aubichler. Und ihn, ihn hat man gleich gar nicht gesehen. Kein Kindsbier, kein Fest und noch nicht einmal ein Haufen voll Büchsen von den Freunden, was ja wohl das Minimum an Anstand bei einer Mädels-Geburt sein sollte. Nein, nix. Rein gar nix. Im ganzen Dorf war das ein Gespräch seinerzeit. Aber so ist das Leben, gell. Oft kann man sich's eben nicht aussuchen. Und ab und zu, da muss halt auch mal so ein hässliches Entlein das Licht der Welt erblicken. Hilft ja nix. Obwohl es für die Eltern schon ein harter Schlag war. Und dann, was ist dann passiert? Nach all diesen furchtbaren Jahren mit Schiel- und Hasenscharten-Operationen, immensem Babyspeck, diversen Zahnspangen und dieser extrem pickeligen Haut in der Pubertät? Nach all diesen Jahren, da ist aus dem hässlichen Entlein schließlich und endlich eine hässliche Ente geworden. Ist ja im Grunde auch nicht anders zu erwarten gewesen, gell. Weil, so was passiert halt auch meistens eh nur im Märchen. Also, diese Story mit dem schönen Schwan und so.

»Servus, Nathalie«, sag ich und schenk mir einen Kaffee ein. Am Nachmittag, da gibt's bei uns immer einen mit ohne Koffein. Der schmeckt zwar nicht so besonders, aber zumindest ist damit die Nachtruhe kollektiv gerettet.

»Servus, Franz«, antwortet sie und schiebt sich dabei ihre Brille nach oben. Diese Gläser, die müssen aus Panzerglas sein. »Ich hab einen Kirschkuchen mitgebracht. Selbst gemacht. Das sind die ersten Kirschen heuer.«

»Du stehst auf meinem Parkplatz«, entgegne ich und prompt wird sie rot, was ihr im Übrigen auch nicht sehr schmeichelt.

»Die Nathalie, die hat einen ganz feinen Kirschkuchen mitgebracht. Einen selber gemachten. Das sind die ersten Kirschen heuer«, wiederholt nun die Oma fast wörtlich und wieder in vertrauter Lautstärke. Allerdings merke ich auch, dass sie sich offenbar ziemlich freut über ihren Besuch.

»Magst vielleicht auch ein Stückerl?«, will unser Gast nun von mir wissen, hat jedoch noch immer keinerlei Anstalten gemacht, ihr blödes Fahrzeug umzuparken. Also gut, so schau ich mir mal den Kuchen an. Ja, der schaut gut aus, gar keine Frage. Die Kirschen saftig und rot und viele, viele hellbraune Butterstreusel obendrauf. Aber ausgerechnet jetzt … nach vier Leberkässemmeln mit Senf? Und all diesen riesigen Essiggurkerln. Ja, gut, warum eigentlich nicht, gell. So hol ich mir mal einen Teller aus dem Küchenbüfett und setz mich halt kurz entschlossen zu den zwei Mädels hier. Ich hätte meinen Arsch drauf verwetten können und wieder einmal gewonnen, denn schon bei der ersten Gabel, da beiß ich auf einen Kern. Warum das immer nur mir passiert? Ich hab mir dabei sogar schon einmal eine Plombe aus einem Backenzahn gebissen und das war dann hinterher wirklich kein Spaß nicht.

»Das … das tut mir jetzt aber leid«, sagt die Nathalie gleich, wie sie das bemerkt. »Wir hatten keinen einzigen drin, deine Oma und ich. Und ich hab beim Entkernen wirklich ganz fest Obacht gegeben.«

»Offenbar nicht genug«, muss ich jetzt dennoch loswerden. Wobei ich aber durchaus zugeben muss, der Kuchen ist tatsächlich allererste Sahne.

»Ah, gut, dass du da bist, Franz«, kann ich auf einmal den Papa vernehmen, grad wie er zur Küchentür reinschlurft. Und schon im Laufe der nächsten Minuten, da sollte ich dann auch in Erfahrung bringen, warum es gut ist, dass ich da bin. Wie sich jetzt nämlich rausstellt, sollen wir offenbar wieder mal eine neue Haushaltshilfe bekommen. Weil die ersten zwei, die haben wir … ja, wie soll ich sagen? Die haben wir gewissermaßen schon verschlissen. Oder anders, die haben leider nicht so gut funktioniert. Die erste nicht, weil sie sozusagen gleich mehrere Defizite aufgewiesen hat. Unter anderem hat sie sich schlichtweg geweigert, uns ein Schweinernes zu braten. Aus religiösen Gründen heraus, hat sie gesagt. Und bei uns hier am Hof ohne Schweinefleisch, ja, wie soll das bitte schön gehen? Mit Haushaltshilfe Nummer zwei sind wir eigentlich vom Grundsatz her alle sehr zufrieden gewesen. Das war eine Nette und Hübsche und fleißig war sie auch. Saudummerweise hat sie sich dann aber urplötzlich als eine Mörderin entpuppt. Und so war ich ja mehr oder weniger schon aus Berufsgründen heraus geradezu genötigt dazu, sie halt dann doch irgendwie verhaften zu müssen. Und jetzt soll also aus der Ente Nathalie unsere neue Haushaltshilfe und somit Nummer drei werden. Na, bravo. Gut, die Argumente sprechen für sich, das muss man schon sagen. Weil es freilich kein Dauerzustand sein kann, dass wir ständig nur Hühnchen mit Reis und Gemüse oder was vom Simmerl seiner heißen Vitrine essen. Und dass der Papa keine sauberen Socken mehr hat, ist ja auch nicht zukunftsträchtig. Und ja, es stimmt schon, auch die Fenster sollten vielleicht wieder mal geputzt werden, selbst wenn das auf meiner persönlichen Prioritätenliste nicht direkt auf Platz eins steht. Fakt jedenfalls ist, wir brauchen eine Unterstützung hier und die Nathalie, die braucht einen Job. Das ist so was, das heutzutage wohl als Win-win-Situation durchgeht. Und jetzt aufgemerkt, sie hat sogar mal eine Ausbildung zur Haushälterin gemacht, die Nathalie. Zwar nicht fertig, aber immerhin.

»Kannst du auch Einkäufe machen?«, muss ich nun praktisch final und im Hinblick auf unseren leeren Kühlschrank noch wissen.

»Ja, klar kann ich Einkäufe machen. Ich hab ja ein Auto.«

»Das ist nicht zu übersehen«, sag ich und dieses Mal wird sie nur noch ganz leicht rot. Vielleicht eher rosa.

»Wieso, was ... was würde ich denn einkaufen sollen?«, fragt sie und schaut mich durch ihr Panzerglas hindurch ganz aufmerksam an.

»Alles. Wann kannst du anfangen?«

»Ich ... ich weiß nicht«, sagt sie etwas unsicher, während sie zwischen uns dreien hin und her schaut. »Wann wäre es euch denn recht?«

»Sofort«, antworten der Papa und ich wie aus einem einzigen Mund.

»Okay«, entgegnet unsere nagelneue Haushaltshilfe und man sieht ihr schon an, dass sie sich freut.

»Passt. Dann sind wir uns ja einig«, sagt der Papa, während er nun schlurfend die Küche wieder verlässt.

Es ist eine gute Stunde später, wie ich mit dem Rudi vor seinem Wagen stehe, den er übrigens brav auf einem der Parkplätze für Besucher abgestellt hat, obwohl es natürlich auch problemlos auf dem vom Papa hätte stehen können. Ist ja seines. Dessen erste Aktion war es übrigens, sein geliebtes Fahrzeug erst mal auf Herz und Nieren und etwaige Schrammen zu untersuchen, jedoch glücklicherweise erfolglos. Der Rudi war daraufhin freilich durchaus erleichtert. Und nachdem ich ihm im Anschluss den Laptop von der Leddi übergeben hab, da macht er plötzlich Anstalten, zu mir ins Haus zu kommen. Doch da muss ich gleich mal abwiegeln. Wenn der Rudi nämlich erst einmal sitzt, dann sitzt er fest sozusagen. Und dann kannst du schauen, wie du ihn wieder loswirst. Also sag ich ihm, er soll sich so schnell wie möglich an die Auswertung von diesem PC machen, und wie er daraufhin meint, das könnte er doch auch ganz prima hier tun, da platzt mir schier schon das Hemd. Nein, sag ich, kannst du nicht. Weil wir hier kein Netz haben. Oder nur ein schlechtes. Woraufhin er sein Handy aus der Jackentasche zieht und sagt, er hätte vier Striche.

»Wir kriegen Gäste. Viele, viele Gäste. Und äh … ich, ich muss noch was kochen. Sehr, sehr viel kochen«, sag ich dann und merke, dass ich zu schwitzen beginne.

»Du kannst gar nicht kochen, Franz. Hast du noch nie gekonnt. Genauso wenig wie ich«, erwidert er nun in seiner beleidigten Tonart. »Und wenn ihr viele, viele Gäste kriegt, warum bin ich dann nicht eingeladen, wenn die Frage gestattet ist?«

Und exakt in diesem Moment, da fährt die Nathalie in den Hof und entpuppt sich somit jetzt schon als Segen. Sie stellt sich artig auf den ihr zugewiesenen Parkplatz, also neben das Auto vom Rudi respektive Papa. Öffnet dann die Fahrertür und steigt mit ihren kurzen, klobigen Beinchen aus.

»Hab alles gekriegt«, sagt sie dann stolz in meine Richtung. Ich nicke.

»Wer … wer ist das?«, will der Rudi nun wissen.

»Oh«, antwortet die Nathalie statt meiner und stapft mit ihren kurzen Beinchen um den Wagen herum und zielorientiert an unsere Seite. »Ich bin die Nathalie. Und ab heute bin ich die Haushaltshilfe bei den Eberhofers. Die Perle sozusagen.«

»Die Perle«, sagt der Rudi wie unter Drogen.

»Und Sie sind?«, fragt sie nun und die beiden lassen sich nicht aus den Augen.

»Du«, haucht der Rudi.

»Hab ich doch schon gesagt, ich bin die Nathalie«, lacht sie und wird rot.

»Nein, ich meine, du sollst du zu mir sagen. Ich bin der Rudi«, entgegnet er wie ferngesteuert und lächelt wie debil. Anschließend schütteln sich die beiden die Hände, da stinkt jeder Staatsempfang ab.

»Gut, Nathalie, dann bringst du vielleicht einfach schon mal die Einkäufe rein«, sag ich, wie mir das schließlich zu blöd wird.

»Warte, ich helf dir«, flötet der Rudi komplett hypnotisiert und eilt dann an ihrer Seite zum Kofferraum.

Zwei Stunden später sind zwar alle Einkäufe längstens verstaut, doch der Rudi verweilt immer noch hier. Er lehnt an einem der alten Birnbäume, und zwar relativ lässig, zumindest für seine Verhältnisse. Die Arme verschränkt und den Kopf schiefgelegt befindet er sich exakt gegenüber von unserer Perle und doch keine Handbreit von ihr entfernt. Ich krieg gleich das Kotzen.

Besser wird meine Stimmung auch nicht, wie kurz darauf die Susi heimkommt. Sie steigt nämlich aus ihrem Auto, und weil ich das von unserer todschicken Terrasse aus sehe, begeb ich mich prompt und schnurgerade nach drinnen.

Schließlich will ich ihr gleich beim Eintreffen die frohe Botschaft von unserem aufgefüllten Kühlschrank erzählen. Und da steh ich dann vor unserem ebenso todschicken Küchenblock und warte auf das Erscheinen Ihrer Majestät. Doch was passiert stattdessen? Die Susi gesellt sich postwendend zum Rudi und seiner Perle und fängt mit denen zu ratschen an. Was ich nun wiederum glasklar durchs Wohnzimmerfenster sehen kann. Und grad, wie ich so überlege, welche strategischen Schritte ich nun einleiten werde, damit sie endlich mal hier aufschlägt, da erledigt sich die Sache quasi ganz von selbst. Weil sie nämlich plötzlich auf ihren hohen Hacken und mit wehenden Haaren kerzengrad unser Domizil anpeilt. Im Schlepptau – ich traue meinen Augen kaum – ihre zwei aktuellen Komplizen. Jetzt wird's aber hinten höher wie vorn.

»Schau mal, wen ich mitgebracht hab«, kann ich sie dann keine zwei Atemzüge später auch schon von der Diele aus trällern hören. Sie ist wohl bester Laune, was relativ ungewöhnlich ist, so frisch vom Büro. Üblicherweise ist sie da vorerst mal einigermaßen wortkarg und wirkt vielmehr äußerst erschöpft. Heute jedoch offenbar nicht die Bohne.

»Du, ich hab's ihr schon erzählt, deiner Susi«, kommt nun der Rudi zu seinem fragwürdigen Einsatz, grad wie er nun zu mir ins Wohnzimmer stößt, und auch seine Laune erweist sich als ausgesprochen prima. »Ich hab ihr schon erzählt, dass wir grad euren Kühlschrank wieder aufgefüllt haben, die Nathi und ich.«

Dann haut er mir auf die Schulter.

Jetzt aber Vorsicht. Und den Bogen nicht überspannen.

»Schau mal, Franz«, trällert die Susi ungebremst weiter. »Der Rudi ist da. Und die Nathalie, die wird uns allen jetzt ein bisserl zur Hand gehen. Das ist doch wirklich ein

Glücksfall. Was meinst, das ist doch ein Grund zum Anstoßen, oder?«

»Unbedingt«, sagt der Rudi und haut mir ein weiteres Mal auf die Schulter.

Das Eis ist dünner denn je.

»Geh, Franz, geh sei doch so lieb«, sagt nun wieder die Susi, während sie aus dem zweiten ihrer Pumps schlüpft. »Kannst du uns mal eine Flasche Wein aus dem Keller holen. Vielleicht den schönen Chardonnay von meinem Geburtstag.«

Ich bin so lieb und hol den schönen Chardonnay von ihrem Geburtstag aus dem Keller. Wie ich retour komm, da thront der Rudi auf unserer Couch und die zwei Mädels machen sich in der Küche zu schaffen. Ein wenig zu laut stell ich die Weinflasche ab.

»Ups«, sag ich, ohne es so zu meinen. Die Susi schenkt mir ein mildes Lächeln.

»Ist doch schön, einmal Leute hierzuhaben. Ich mach uns ein paar Schnittchen. Jetzt, wo dank dem Rudi und der lieben Nathalie endlich der Kühlschrank wieder voll ist«, lächelt sie seelenruhig weiter.

»Ja, Leute sind prima«, antworte ich und lächle idiotisch zurück.

»Magst vielleicht den Wein öffnen?«

»Freilich mag ich den Wein öffnen«, antworte ich und zieh mein Handy aus der Hosentasche. »Ich muss bloß vorher noch kurz telefonieren.«

Eine Stunde später, da ist die Bude voll, das kann man nicht glauben. Ja, auf meine Leute, da ist halt Verlass. Die Simmerls sind da mitsamt ihrem Max und haben eine Flasche Asbach mitgebracht.

»Den haben wir mal geschenkt bekommen. Sauft aber keiner bei uns«, sagt der Simmerl und drückt ihn mir in die Hand. Bei uns auch nicht, denk ich mir so, sag aber nix. Der Flötzinger hat seine neue Schlampe mitgebracht, auch der Leopold hat mit seiner ganzen Bagage kurz entschlossen dazustoßen können, selbstredend sind auch die Oma und der Papa mit von der Partie, und weil der Wolfi kurzerhand beschlossen hat, heut einfach Ruhetag zu machen, ist auch der noch angetanzt und hat zwei Tragerl Bier mitgebracht.

»Bist du des Wahnsinns?«, fragt mich die Susi genau in dem Augenblick, wo ich mir das erste aufmach. »Was zum Teufel tun all diese Menschen auf einmal hier?«

»Wieso? Ich mein, du hast doch selber gesagt, es ist schön, einmal Leute hierzuhaben«, sag ich und proste ihr zu.

»Die Schnittchen sind alle«, schreit die Oma vom Sofa her rüber.

»Ja, der Weißwein auch«, ruft der Flötzinger von der Terrasse aus, wo seine Tussi selbstverständlich aus reinem Stuhlmangel heraus auf seinem Schoß rumhockt. Sie macht einen ein bisschen verlebten Eindruck. Aber gut, das macht der Flötzinger auch.

Ansonsten ist die Stimmung prima. Die Susi und unsere nagelneue Nathalie, die kommen kaum noch raus aus der Küche. Doch in relativ regelmäßigen Abständen versorge ich sie mit einer weiteren Flasche Wein. Also praktisch von diesem schönen Chardonnay vom Geburtstag. Zwar muss man sagen, dass im Laufe des Abends die Optik von den Schnittchen deutlich nachlässt, dennoch sind sie rein kulinarisch betrachtet weiterhin echt einwandfrei. Der Papa lässt es sich nicht nehmen, seinen Plattenspieler hier anzuschleppen, und so laufen die alten ABBA-Platten mehr oder weniger pausenlos und rauf und runter. Gut, das wär jetzt nicht dringend meine erste Wahl und die vom Papa ist es sicherlich auch nicht, aber rein kollektiv gesehen funktioniert der Sound prima. Unter der Bluse von der Gisela lugt unverkennbar Reizwäsche hervor, was den Simmerl ganz offensichtlich trotz seiner kranken Haxen zum ständigen Beinwippen inspiriert. Er lässt sie keine Sekunde lang aus den Augen. Ein paar Mal zischt das Paulchen durchs Zimmer, um sich ein paar Chips einzuverleiben oder die ein oder andere Pirouette zu drehen. Und wie sich schließlich alle Gäste mehr oder weniger torkelnd auf unserer Tanzfläche tummeln, da geh ich auf die Terrasse raus, wo sich der Papa genüsslich einen Joint gönnt.

»Wann krieg ich meinen Wagen zurück?«, fragt er und schaut in die Sterne.

»Sobald der Fall geklärt ist. Wieso, brauchst du ihn?«

»Ich brauch gar nix. Ich hab mehr, als ich überhaupt haben will. Aber ich hab ihn einfach gern bei mir.«

»Das versteh ich nicht. Du fährst ihn nicht und schaust ihn oft wochenlang noch nicht einmal an. Warum hängst du so an diesem alten Vehikel?«

»Weil deine Mama und ich unzählige Male gevögelt haben in diesem alten Vehikel. Jedes Jahr, den ganzen Sommer lang. Selbst als wir schon lange ein eigenes Schlafzimmer hatten, haben wir das noch getan, bis zuletzt. Hast du sonst noch irgendwelche Fragen?«, entgegnet er und seine Wehmut darüber klingt aus jedem einzelnen Wort. Er ist bis heute nicht über die Mama weg.

»Nein, keinerlei weitere Fragen mehr«, sag ich bei *Our last Summer* und geh ins Wohnzimmer zurück.

Gegen halb drei ist das Haus wieder leer und der Kühlschrank ist es auch. Es war ein schönes Fest und alle haben sich beim Abschied herzlich bedankt. Vermutlich wird es aber auch das letzte gewesen sein. Die Susi ist so dermaßen müde und so dermaßen besoffen ist sie obendrein, dass ich gar nicht recht weiß, wie ich sie jetzt eigentlich ins Bett bringen soll. All ihre Gliedmaßen hängen an ihr runter, grad so, als wären sie tot. Und nur ein kurzer Atemtest kann mich schließlich vom Gegenteil überzeugen.

Irgendwie schaff ich es dann aber trotzdem, sie ins Schlafzimmer zu hieven, und schon beim Hinlegen fängt sie zu schnarchen an. Jetzt bin ich ehrlich erschöpft und leg mich neben das schnarchende Weib. Dann aber fällt mir siedend heiß ein, dass ich noch nach dem Paulchen schauen muss. Ich hab ihn zwar im Laufe des Abends doch einige Male beim Rumhopsen gesehen, aber seit ein oder zwei Stunden gilt er für mich dennoch als vermisst. Also wieder raus aus den Federn, um den verlorenen Sohn aufzufinden. Aber ich finde ihn nicht.

Kapitel 22

Der Paul ist nicht in seinem Bett und nicht in seinem Zimmer. Auch in allen anderen Zimmern werd ich nicht fündig und langsam, aber sicher bricht mir der Schweiß aus. Die Susi aufzuwecken, erscheint mir momentan als wenig sinnvoll, weil sie erstens besoffen ist und zweitens in Stresssituationen zur Hysterie neigt. Erst recht bei allem, was das Paulchen betrifft. Draußen auf der Terrasse werde ich dann fündig, allerdings ist es zu meinem großen Leidwesen der Rudi, der dort in einem der Gartenstühle schlummert. Trotzdem weck ich ihn auf.

»Hast du den Paul gesehen?«, frag ich, während ich ihn an den Schultern schüttle. Es dauert ein Weilchen, bis er wach ist, und ein weiteres, bis er weiß, wo er ist.

»Den Paul? Nein. Ich hab ihn zuletzt gesehen, wie er uns den Schwan getanzt hat. Toll hat er das gemacht. Wirklich ganz toll. Besonders mit dem Spagat am Ende«, sagt er, ohne sich auch nur einen Millimeter bewegt zu haben, und hält auch noch immer das Kissen aufs Engste umklammert.

»Er ist weg.«

»Wer ist weg?«, fragt er in sein Polster hinein.

»Der Paul. Der Paul ist weg.«

»Ach, Kinder kommen und gehen. Man sollte nicht festhalten an ihnen. Sie müssen ihr eigenes Leben leben.«

»Ja, aber nicht mit neun«, sag ich und beschließe dann,

meinen aktuellen Gesprächspartner nicht länger zu bemühen. Wär ohnehin relativ zwecklos, er hat ja eh keinen Plan in seiner momentanen Verfassung.

Jetzt ist es ja nicht so, dass ihn jemand entführt haben könnte. Weil, wer sollte hier schon rauskommen, an den Arsch der Welt sozusagen. Und zum Ausreißen dürfte es sowieso keinen Grund geben für den Buben, lebt er doch mitten im Paradies. Also, wo zum Teufel könnte er sein?

Wie alles nix hilft, muss ich die Susi aufwecken. Selbst auf die Gefahr hin, dass hier gleich der Krieg ausbricht. Sie wach zu kriegen, dauert schon mal deutlich länger als eben gerade noch beim Rudi, und das war schon kein Kinderspiel. Irgendwann aber erteilt sie mir wenigstens die Ehre, eines ihrer schminkeverschmierten Augen zu öffnen, minimal ihr verpenntes Köpfchen zu heben und mich anzusehen.

»Was?«, faselt sie dann mit wackeligem Schädel.

»Weißt du, wo der Paul ist?«, frag ich sie und versuche, einen lässig-lockeren Tonfall hinzukriegen. Eine Panikattacke würde uns jetzt nicht helfen.

»Weiß ich, wo wer ist?«

»Der Paul. Weißt du, wo der Paul ist? Dein Sohn.«

»Ich hab einen Sohn?«, fragt sie und jetzt dreh ich gleich durch.

»Susi ...«

»Nein, Späßle«, kichert sie und dann plumpst ihr Haupt aufs Kissen zurück. »Ich glaub, ich bin ein bisschen betrunken, Paul.«

»Drei Fehler in einem einzigen Satz. Du solltest nämlich wissen und nicht glauben, dass du nicht ein bisschen, sondern sehr betrunken bist und nicht mit dem Paul, sondern mit dem Franz sprichst. Kannst du dich jetzt aber trotzdem mal wenigstens für einen kurzen Moment zusammenreißen und überlegen, wann du den Paul zuletzt gesehen hast?«, sag ich, inzwischen dem Wahnsinn nahe, und schüttle sie. Aber nur kurz, weil ihr Kopf so hin- und herfliegt, dass ich tatsächlich Angst hab, sie bricht sich das Genick.

»Aua«, sagt sie und öffnet nun endlich auch ihr zweites Auge.

»Susi, bitte. Wann hast du unser Paulchen das letzte Mal gesehen.«

»Das war gestern. Oder vorgestern. Jedenfalls hat er mich da gefragt, ob er im Poldi schlafen darf. Und ob die Hinkelotta auch im Poldi schlafen darf«, antwortet sie und nun lass ich von ihr ab. Leider knallt sie nun voll gegen die Stirnseite vom Holzbett. Zirbelholz. Ist gut für den Schlaf. Wir haben da echt Wert drauf gelegt.

Kaum, dass ich mich dann erleichtert meinem wohlverdienten Schlaf widmen kann, da läutet der Wecker. Glücklicherweise ist es nicht meiner und noch mal glücklicherweise macht ihn die Susi gleich aus. So kann ich also friedlich weiterschlummern und einige Atemzüge lang merke ich, dass die Bettwäsche mieft. Nein, es ist wirklich ein Segen, dass wir nun unsere nagelneue Perle haben.

Ein Schrei des Entsetzens weckt mich aber schließlich endgültig, und wie ich die Augen aufreiße, bin ich nicht nur akustisch geschockt. Auch der Anblick von der Susi, der sich mir jetzt bietet, erschreckt mich in seiner schieren Unbarmherzigkeit und lässt mich schlagartig ernüchtern. Ihre Haare stehen in alle Herrgottsrichtungen ab, die Wimperntusche ist mittlerweile bis zum Nasenflügel hinuntergewandert, ihre Augen sind klein, verschwollen und rot und der Rest vom Gesicht ein fataler Mix aus grün, grau und weiß. Ist das die Susi, die ich so mag? Die immer noch so sexy ist, nach all unserer Zeit?

»Verfickte Scheiße«, schreit sie mich jetzt an und macht die Gesamtsituation somit keinen Deut besser. »Ich hab verschlafen.«

Ein Blick auf den Wecker bringt mir im Moment zwei wesentliche Vorteile. Erstens kann ich mich von der Susi abwenden und zweitens auch sehen, wie spät es eigentlich ist. Eigentlich ist es ziemlich spät. Genau genommen schon nach halb elf. Die Susi, inzwischen in hektischer Panik, stolpert Richtung Badezimmer und so ramponiert, wie sie ist, tut das dringend not. Ich streck mich kurz durch, schlüpf dann aus den miefigen Federn und begeb mich schnurgrad nach unten. Dort angekommen erwartet mich ein Szenario wie aus einem der ganz frühen Hollywoodfilme. Drei adrette Menschen allerbester Laune sitzen um einen vorbildlich gedeckten Frühstückstisch herum, unterhalten sich lachend und haben sich offenbar unheimlich lieb. Das ganze Erdgeschoss macht einen schier keimfreien Eindruck und von diesem ganzen chaotischen Verhau, also dem von gestern Nacht, da ist kein Krümelchen mehr zu sehen. Alle Flaschen sind weg. Alle Gläser und Teller gespült und verräumt. Alle Achtung, da sind die Heinzelmännchen aber fleißig gewesen.

»Guten Morgen, Franz«, ruft nun die Nathalie über ihren Teller hinweg und ist wohl die Erste, die meine Ankunft entdeckt hat. »Kaffee? Rührei?«

»Beides«, sag ich und schon steht sie auf. Nach einer kollektiven Begrüßung setz ich mich nun ebenfalls nieder, und zwar genau zwischen den Rudi und den Paul.

»Ich hab dich gesucht heute Nacht«, sag ich zum Paulchen und schnapp mir eine Semmel aus dem Brotkorb.

»Ich weiß«, antwortet er mit seiner Nutella-Schnauze. »Du hast mich mit der Taschenlampe geblendet.«

Unsere Perle bringt mir das Ei und auch den Kaffee und ich komm mir fast vor wie bei der Oma.

»Danke«, sag ich und nicke ihr zu.

»Sehr gerne«, antwortet sie lächelnd. »Die Hühner waren übrigens fleißig. Ach ja, und es hocken zwei frisch geschlüpfte Küken im Stall.«

»Du bist aber heute Morgen ja auch schon ganz schön fleißig gewesen«, sag ich und nehm einen Schluck Kaffee.

»Ich weiß.«

»Du … also, du bist echt Gold wert.«

»Das weiß ich ebenfalls. Wenn ich allerdings geahnt hätte, dass ich hier auf eine absolute Alkoholikerfamilie stoße, dann hätte ich vermutlich doch besser den Job bei diesem Kettensägenmörder annehmen sollen.«

»Das ist lustig«, sagt der Rudi.

»Echt? Es war aber gar nicht lustig gemeint«, entgegnet die Perle, ohne auch nur mit der Wimper zu zucken.

»Ich … ich bin übrigens auch schon ganz schön fleißig gewesen heute Morgen«, sagt nun der Rudi und beißt dann in eine Honigsemmel. Dabei grinst er dämlich und schaut mich an. Wahrscheinlich will er einen geheimnisvollen Eindruck machen, um meine Neugier zu wecken. Der kann mich mal.

»Schön«, entgegne ich deswegen vollkommen desinteressiert und widme mich lieber wieder meinem Frühstück, das besser gar nicht sein könnte. Sogar die Butter ist portioniert und dekorativ auf einen Berg Eiswürfel gebettet. So was hab ich tatsächlich erst einmal gesehen. In einem echt noblen Hotel, wo die Susi unbedingt hinwollte und alle anderen dort arrogante Arschlöcher waren.

»Leute, ich muss los«, sagt der Paul auf einmal und wischt sich mit einer Serviette über den Mund. Wir hatten übrigens noch niemals Servietten am Tisch.

»Wieso, wo musst du denn hin?«, will ich nun wissen, weil er's plötzlich gar so brisant hat.

»Ich hab gleich eine Sudoku-Meisterschaft. Online. Um elf geht's los. Haltet mir die Daumen.«

Und schon ist er weg. Bringt noch artig sein Gedeck rüber zur Spüle, bedankt sich bei der Nathalie und saust dann die Treppe ins Obergeschoss empor.

»Herrschaftszeiten, jetzt pass doch auf«, können wir gleich drauf die Susi vernehmen. Vermutlich ist sie mit dem Paul kollidiert. Und Augenblicke später, da zischt sie dann wie ein Tornado und sonnenbebrillt an uns vorbei und durchs Zimmer hindurch. Dann fällt die Haustür ins Schloss.

»Sie hat verschlafen«, versuch ich, ihr wortloses Intermezzo kurz zu erklären, worauf ich verständnisvolles Nicken ernte.

»Willst du denn eigentlich gar nicht wissen, warum ich heute schon so fleißig war?«, muss nun der Rudi erwartungsgemäß nachbohren. Ich kenne dieses Spielchen. Und er kennt es auch. Wir spielen es seit Jahren und es geht so: Er hopst wie ein aufgeregter Pinscher auf und ab und winselt um Aufmerksamkeit und ich ignorier das Ganze so lange, bis er irgendwann aufgibt. Heute ist es keinesfalls anders. Erst bei Semmel Nummer drei, die ich schweigend verzehre, da streicht er die Segel und beginnt zu erzählen.

So ist es wohl einzig und allein seinem heutigen Fleiß zu verdanken, dass wir an durchaus brauchbare Informationen gelangt sind, die zur Aufklärung unseres Falles nicht unwesentlich beitragen können. Weil der Rudi nämlich inzwischen diesen Laptop geknackt hat. Und trotz seines mittelmäßigen Katers hat er dort ein paar private Notizen vorfinden können. Es ist nicht wirklich ein Tagebuch, geht aber dennoch ein wenig in diese Richtung. Beispielsweise hat die Leddi dort einige besondere Momente notiert, wo sie mit ihrem schönen Mike verbracht haben muss.

Da steht so was wie: Picknick am See … Autokino … Rose an der Windschutzscheibe …

Aber sie hat auch geschrieben: Die Trennung von Amelie verlief völlig problemlos. Nach so vielen Jahren. Keine Träne, kein Abschiedsschmerz. War das überhaupt noch eine Partnerschaft?

Und auch das hat sie geschrieben: Ein Antrag! Mike hat mir einen Antrag gemacht! Die ganze Wohnung voller Herz-Luftballons … Champagner … dieser Ring … Es geht alles so unglaublich schnell. Zu schnell? Ich kann kaum noch denken.

Aber auch: Immer wieder diese blöden Telefonate mit Amelie …

»War das alles?«, frag ich den Rudi nun, weil er zu erzählen aufgehört hat. Er sitzt mir mit überheblich im Nacken verschränkten Armen an meinem Esstisch genau gegenüber.

»War das alles? War das alles? Sag mal, hat dir möglicherweise jemand ins Gehirn geschissen?«, sagt er nun relativ laut und nimmt seine blöden Arme herunter. »Während du dort oben deinen Rausch ausgeschlafen hast, mein Freund, da hab ich deine Arbeit gemacht. Schon vergessen, es ist dein Fall. Du bist der Bulle. Also sei so gut und bring mir wenigstens ein bisschen wohlverdienten Respekt entgegen für meine durchaus effiziente Kooperation.«

Ich steh auf und schnapp mir meine Autoschlüssel.

»Wo willst du jetzt hin?«, fragt er leicht hektisch.

»Es wird Zeit, dem schönen Mike mal ein paar Fragen zu stellen.«

»Ja, da geb ich dir recht. Es wird Zeit. Aber wo genau willst du sie ihm stellen?«

»Ja, äh …«, sag ich und kratz mich am Kopf.

»Ja, äh bringt uns aber nicht weiter. Doch weil ich natürlich schon gewusst hab, dass wir dem schönen Mike heute ein paar Fragen stellen wollen, drum hab ich in weiser Voraussicht vorab schon mal den Markus, also seinen Bruder, angerufen. Weil ich angeblich im Zuge meines Buchprojekts noch einige Informationen von ihm bräuchte und Pipapo. Inzwischen, da sind wir zwei ja schon fast so was wie Freunde, hähä. Und exakt bei diesem Telefongespräch, da hab ich eben auch in Erfahrung bringen können, dass unser schöner Mike heute am Campingplatz *Isarflimmern* seinen Dienst tut. Übrigens gemeinsam mit dieser Amelie«, erzählt der Rudi nun weiter und jede einzelne Silbe, die er sagt, ist jetzt sein Triumph. Ich seh es. Ich hör es. Und ich fühl es sogar.

»Prima, mein kleines Streberlein. Du hast dir wieder mal ein Fleißbildchen verdient. Dann noch mal kurz auf die Pipi-Box, Nase putzen, Scheitel kämmen und dann geht sie auch schon los, die wilde Fahrt«, antworte ich.

»Machst du dich grad lustig über mich?«, kann ich ihn im Rausgehen noch hören, doch da bin ich praktisch schon mitten im Hofkies. Ich muss grinsen. »Sag mal, Franz. Kann es sein, dass du dich grad lustig machst über mich. Dass du mich nicht ernst nimmst. Mich und meine ganze Arbeit, die eigentlich die deine wär. Das verletzt mich. Das verletzt mich zutiefst. Kannst du dir vorstellen, was das mit einem Menschen macht? Noch dazu mit einem so sensiblen, wie ich es bin …«

Immer wieder mal erweist sich mein Lautsprechersystem im Streifenwagen als echt unbezahlbar, auch wenn ich es laut Vorschrift gar nicht hätte einbauen dürfen. Weil jetzt AC/DC auf Höllenlautstärke läuft und der Rudi ist quasi Geschichte. Da kann er mir noch so wild ans Fenster trommeln, ich öffne es grad mal einen Daumen breit.

»Wir treffen uns am *Isarflimmern*. Und vorsichtig fahren mit dem Papa seinem Juwel«, ruf ich noch nach draußen und schon bin ich weg.

Die Fahrt ist geschmeidig, der Brian in Höchstform und ich könnte schwören, dass heut noch ein Gewitter aufzieht. Gelbe Schleier schieben sich durch dunkle Wolkenbänke hindurch und die flirrende Luft könnte man wohl problemlos in Scheiben schneiden.

Der Anruf beim Moratschek ist im gleichen Maße notwendig, wie er auch angenehm ist. Weil sich der Richter offenbar ausgesprochen freut über die Auswertungsergebnisse von diesem Laptop und das auch prompt mit einer ordentlichen Prise Schnupftabak feiert. Und freilich wird er mir nun von ganz offizieller Stelle her den Weg freimachen, ist es doch das Mindeste, was er für mich tun kann. Ich soll mir jetzt weiter keinen Kopf machen, sondern einfach mal fröhlich draufloszieben und diesen verdammten Mörder dingfest machen. Er würde sich derweil liebend gern um alle Formalitäten kümmern. Und keine zwanzig Minuten später fahre ich schon die wohlbekannte Auffahrt hinauf und steh dann vor der Pforte. *Campingplatz Isarflimmern* steht da drauf und zu meinem ganz großen Glück muss ich ihn gar nicht lang suchen, den schönen Mike, weil er heute wohl Pfortendienst hat. Schon wie ich aus dem Wagen steig, kann ich sehen, dass sich seine Begeisterung in Grenzen hält. Wirkt er nicht auch ein wenig nervös?

»Heut bin ich in dienstlicher Mission unterwegs«, sag ich, wie ich mich über den Tresen der Pförtnerbude beuge.

»Aha«, sagt er knapp und tut so, als würde er irgendwelche Zahlen in irgendwelche Tabellen eintragen.

»So, mein Freund. Jetzt einmal Obacht«, sag ich weiter und merke, dass meine Stimmung grad kippt. Er wendet seinen Blick von den Tabellen ab und schaut mich nun wenigstens an.

»Ja, bitte?«, fragt er und legt seinen Stift beiseite. Seine Hand zittert. Und er schwitzt auf der Oberlippe. Gut, ich schwitze überall. Aber es ist auch echt zu stickig heut.

Nun kommt der Rudi an und er parkt den Admiral so vorsichtig und akkurat, wofür auch ein ganzes Weilchen ins Land zieht. Der Mike und ich betrachten diese Aktion, wie man meinetwegen auch ein Theaterstück betrachtet. Und als der Birkenberger endlich den Motor abstellt, da muss ich mich ernsthaft beherrschen, nicht zu applaudieren.

»Und«, sagt er als Erstes, wie er schließlich an unserem Tresen eintrifft. »Hast du ihn schon verhaftet, unseren Ehefrauen-Meuchler?«

»Was … was soll das? Was meint er damit?«, fragt der Mike und nun ist er echt von der Rolle.

»Es gibt nun eine ganz offizielle Ermittlung im Todesfall von der Letitia. Da sind zu viele Ungereimtheiten, die einen Unfall nahezu ausschließen. Deshalb gibt es auch einige Fragen zu stellen. Die erste wäre: Wollen wir das hier machen oder doch lieber …«

Genau in diesem Moment, da schießt ein Wagen an uns vorbei und durch die Pforte hindurch, dass der Staub nur so fliegt. Es ist ein kleines rotes Fahrzeug, womöglich ein Golf, und es rast nun die Auffahrt entlang Richtung Bundesstraße, als wär es auf dem Nürburgring. Für einen ganzen Moment lang, da sind wir alle drei so dermaßen erschrocken, dass wir nur wie Idioten hinterherstarren können. Ich bin der Erste, der die Sprache wiederfindet.

»Was war das?«, frag ich durch die dicke Staubwolke hindurch. Der Rudi blickt weiterhin und ganz aufmerksam dem Flüchtling hinterher, und zwar so, als wenn er sehr, sehr kurzsichtig wär. Also, der Rudi. Ganz anders als der Mike übrigens. Der hält seinen Kopf gesenkt und hat den Blick starr auf dem Tresen.

»Die richtige Frage wäre wohl gewesen, wer war das?«, sagt er schließlich kaum hörbar.

»Auch gut. Dann also, wer war das?«, frag ich.

»Ich sag dazu nix. Ohne Anwalt sag ich sowieso nix mehr.«

»Das ist die völlig richtige Entscheidung, junger Mann«, kommt nun der Rudi zum Einsatz, der inzwischen offenbar wieder in unserer Umlaufbahn zurück ist. »Vollkommen richtig. Ich hab da übrigens einen Kumpel. Prima Anwalt, wirklich. Zwar eher für Verkehrsrecht, aber trotzdem. 1a, ich schwör's. Von dem krieg ich … äh, ja, eine Art Vermittlungsprovision. Moment, ich glaub, wir haben Glück. Ja, ich hab sein Kärtchen sogar dabei. Warte … Ah, hier ist es!«

Dann bricht ein Donner los, das kann man kaum glauben. Und keine zwei Sekunden später schlägt der Blitz neben uns ein.

Kapitel 23

Wenn ich alle Gewitter und Unwetter meines Lebens addiere und anschließend miteinander multipliziere, dann kommt es noch nicht einmal in Bruchteilen dem nahe, was jetzt am Campingplatz abgeht. Hagelkörner so groß wie Hühnereier, Blitz und Donner wie aus dem Maschinengewehr, der Regen kommt von allen Seiten und vermischt sich erbarmungslos mit dem Sturm, der Äste wie Streichhölzer knickt und Plastikstühle in Kopfhöhe umeinanderwirbeln lässt. Gut, in Rudis Kopfhöhe. Aber Kopf ist Kopf. Wohl eine ganze Weile lang, da hab ich tatsächlich das starke Gefühl, Raum und Zeit komplett verloren zu haben, und wie der ganze Spuk endlich vorbei ist, da steh ich knöcheltief in Eis und Schnee und das Chaos um mich herum ist nicht wirklich begreifbar. Völlig fassungslos schau ich mich um. Bis hier wieder ein alltäglicher Betrieb ablaufen kann, dürften Wochen ins Land ziehen.

»Franz«, kann ich irgendwann eine wimmernde Stimme wie aus dem Nirwana heraus vernehmen. Sie kommt von weiter hinten, ein paar Schritte zumindest, und ist wohl dem Rudi zuzuordnen. »Bist du in Ordnung?«

»Ja«, sag ich, während er auf mich zukommt, und auch er wirkt komplett verstört.

»Du blutest an der Augenbraue«, entgegnet er und ich fass mir an die Stirn. Tatsache. Möglicherweise eine schwere

Gehirnerschütterung? Ein Schädelbasisbruch? Zum Nachdenken jedoch, da bleibt mir keine Zeit. Hinter dem Tresen, ganz in der äußersten Ecke von der Pförtnerbude, kann ich nun den Mike erkennen. Er kauert dort am Boden, hat beide Arme um sich geklammert und ganz offensichtlich zittert er aus Leibeskräften. Seine Augen blicken starr und leer auf den Boden, eine Träne läuft ihm über die Wange und die Lippen bewegen sich tonlos. Doch bevor ich noch genauer nach ihm sehen kann, da eilt die Amelie bereits heran.

»Mike«, ruft sie und scheint völlig außer sich. »Mike, Mike, Mike, bist du in Ordnung?«

Kaum bei ihm angekommen, kniet sie sich vor ihn hin und zieht ihre tropfnasse Regenjacke aus. Die legt sie ihm dann um die Schultern herum und ich frag mich, ob das nun tatsächlich Sinn macht. Aber gut.

Ich zieh mal mein Handy aus der Jackentasche und ruf in der Rettungsleitstelle an. Und während ich mit dem Kollegen dort telefoniere, schreite ich den Campingplatz ab. Allein schon, um den möglichst genauen Status quo durchzugeben. Menschen laufen um mich herum, verängstigt und verwirrt und viele noch in Badesachen. Und alle scheinen nach irgendwas auf der Suche zu sein. Sie suchen nach Kindern, nach Hunden oder auch nach Gegenständen. Es herrscht pures Chaos, wohin ich nur schau. Und mittendrin, da herrscht der Rudi. Er gibt Anweisungen, reicht Handtücher, Pflaster und Getränke. Er verhält sich äußerst bedacht, bleibt sachlich und redet beruhigend auf alle Betroffenen ein. Kurz, er macht einen echt tollen Job und den auch erfolgreich.

Das Wetter hat eine Schneise der Verwüstung hinterlassen, das muss man einfach so sagen. Aber eben auch nur eine Schneise. Ich würde mal schätzen, es ist vielleicht ein Streifen von an die zwanzig Meter, maximal aber fünfundzwanzig, der die volle Bandbreite abbekommen hat. Wo nun armdicke Äste in der Wiese liegen und kaum mehr ein Blatt an den Bäumen hängt. Wo die Hagelkörner schon wieder am Schmelzen sind, weil es kaum abgekühlt hat. Wo in Autos und Wohnmobilen kaffeelöffelgroße Dellen sind und kein Liegestuhl mehr steht, wo er zuvor noch gestanden hat. Vor und hinter dieser Schneise jedoch, da ist nur die Erde ein bisschen nass. Sonst nichts. Da hat es noch nicht mal die Wäsche von den Ständern geweht. Die Natur ist und bleibt halt ein ewiges Rätsel. Ein weiteres Rätsel ist allerdings auch, wo denn die Rettung so lang bleibt. Entweder bin ich echt grad schon rein stressbedingt ein wenig zur Ungeduld verdammt oder aber die Kollegen haben jetzt auch an anderen Stellen ihren notwendigen Einsatz zu leisten. Immerhin dürften wir ja nicht die Einzigen gewesen sein, die von dem Wetter was abgekriegt haben. So geh ich mal zur Pförtnerbude zurück, um nochmals nach dem Mike zu sehen. Finde ihn jedoch exakt genauso vor, wie ich ihn grad verlassen hab.

»Was ist los mit ihm?«, frag ich dann die Amelie, die noch immer vor ihm kniet, sanft auf ihn einredet und sein Gesicht mit beiden Händen umklammert. Er hat überhaupt keine Hautfarbe mehr.

»Es ist … Ich weiß nicht genau, aber es muss wohl eine Art Déjà-vu sein oder so. Er war ja mal verschüttet bei so einem Gewitter«, antwortet sie und nun seh ich, dass sie weint. Ich leg mal meine Hand auf ihre Schulter.

»Wieso verschüttet? Was ist da passiert?«, frag ich, um überhaupt irgendetwas zu sagen. Vermutlich will ich sie auch nur ein wenig ablenken damit.

»Das ist vor drei Jahren gewesen, im Juli. Am zweiten Juli, um genau zu sein. Der Mike und ich, wir sind da auf einer längeren Bergtour unterwegs gewesen. Es war ein heißer Tag und wir waren am Ende schon ziemlich k. o., alle beide. Das Unwetter, das ist komplett ohne jede Vorwarnung über uns hereingebrochen und es hat eine gewaltige Gerölllawine ausgelöst. Na ja, dann waren wir halt schon ziemlich verletzt, aber der Mike noch viel schlimmer als ich. Irgendwann, da ist er dann einfach bewusstlos geworden und dadurch in so eine Felsspalte gerutscht. Er war nicht ansprechbar und ich konnte einfach nichts machen. Dann hab ich halt wegen meinem gebrochenen Mittelfuß allein sieben Stunden bis ins Tal hinunter gebraucht, um Hilfe zu holen. Und die Rettung, die hat dann weitere vier gebraucht, um ihn zu bergen. Er ist ja bis zum Brustkorb verschüttet gewesen. Seine rechte Hand, die war ebenfalls verschüttet und die linke vierfach gebrochen. Er hatte nicht die geringste Chance, sich auf irgendeine Weise selber zu befreien. Und diese vielen, vielen Stunden mitten in der Nacht, die müssen ihm wohl tatsächlich endlos erschienen sein. Ich glaub, dass er im Grunde schon völlig aufgegeben hatte«, erzählt sie und macht mir somit sein aktuelles Verhalten durchaus verständlich.

»Du hast ihm sein Leben gerettet«, sag ich und muss zugeben, dass ich schon etwas beeindruckt bin.

Wie die Sanitäter schließlich eintreffen, ist er freilich auch einer der Ersten, der untersucht und dann postwendend in den Sanka verfrachtet wird. Die Regenjacke von der Amelie bleibt hier zurück. Eine pinkfarbene Regenjacke. War da nicht was?

»Lass mal schauen«, sagt plötzlich einer der Rettungskräfte mit Blick auf meine blutende Wunde an der Braue.

»Schädelbasisbruch?«, frag ich, wie ich ihm meine Stirn biete. Er lacht und schüttelt den Kopf, während er mir mit einer Taschenlampe ins linke Auge zielt.

»Never«, grinst er und blendet mir nun ins rechte.

»Eine schwere Gehirnerschütterung?«

»Mach dir keine Mühe, Kumpel. Ich kann dir sowieso keinen gelben Zettel schreiben. Bin nur der Hiwi hier«, grinst er weiter und pappt mir dann ein Pflaster auf die Augenbraue.

»Dann brauch ich auch kein Pflaster«, sag ich und reiß es wieder ab.

Keine zwei Minuten später, da düst der Markus hier an. Ich nehm einmal an, dass er von einem seiner Angestellten über das hiesige Inferno unterrichtet worden ist. Im ersten Moment, da macht er mir einen ziemlich gefassten Eindruck. Geht langsam und in kleinen Schritten den gesamten Campingplatz ab. Einmal hinauf und dann wieder runter. Erkundigt sich mitfühlend bei jedem seiner Gäste nach deren Wohlbefinden und klaubt auch den einen oder anderen Gegenstand vom Erdboden auf. Irgendwann ist dann die Amelie an seiner Seite und die beiden reden ein paar Worte miteinander. Anschließend tritt er an mich heran. Wahrscheinlich weil ich der einzige Bulle hier bin.

»Ich hätte da mal eine Frage«, sagt er und wirkt etwas blass um sein Näschen herum. »Können Sie mir vielleicht sagen, wo mein Bruder hingebracht worden ist?«

»Ins Klinikum Landshut.«

»Danke«, antwortet er und will sich grad zum Gehen abdrehen.

»Ich hätte da auch ein paar Fragen. Gehen wir in Ihr Büro, sofern da eine Kaffeemaschine drinsteht.«

»Ich … ich hab doch jetzt keine Zeit für Fragen oder … oder einen Kaffee. Sehen Sie denn nicht, was hier los ist?«

»Sie meinen dieses Chaos hier? Das ist in einer halben Stunde immer noch da, jede Wette. Also, auf geht's.«

Einen Augenblick lang muss er noch überlegen. Dann aber nickt er und so wandern wir los. Die Regenjacke von der Amelie hab ich mir unter den Arm geklemmt.

»Diese Jacke«, sag ich, während er tatsächlich einen Kaffee aus seiner hochmodernen Maschine jagt, »die werde ich jetzt schnurstracks ins Labor fahren. Denn an der Absturzstelle von der armen Leddi, da wurde exakt so ein Stofffetzen gefunden.«

»Und?«, will er nun wissen und überreicht mir meine Tasse.

»Und? Und vermutlich wird es sich dabei genau um das Stückchen Stoff handeln, was hier fehlt«, antworte ich und halte ihm einen der Ärmel entgegen, wo ich gerade eben ein kleines Loch im Bündchen aufgefunden hab.

»Ja, prima«, entgegnet er und zuckt mit den Schultern. »Und was hab ich damit zu tun?«

»Ich hoffe gar nichts. Doch so wie es momentan ausschaut, da hat Ihr Bruder was damit zu tun. Und wenn Sie dem jetzt irgendwie helfen wollen, Herr Schönberger, dann reden Sie lieber mit mir. Sonst können Sie ihn wohl demnächst und für einen längeren Zeitraum in Stadelheim besuchen«, sag ich und nehm einen ersten Schluck. Erstklassig, dieser Kaffee. Cremig und schaumig und doch kräftig genug. Freilich nicht so gut, wie wenn ihn die Oma frisch aufgebrüht hat. Mit ihrem in die Jahre gekommenen Wasserkocher und den guten alten Filtertüten So einen Kaffee, den kann auch gar keine Maschine nicht machen. Völlig egal, wie neumodisch sie ist. Weil den kann halt echt nur die Oma.

»Franz, da bist du ja. Mensch, ich such dich überall. Ich hab mir echt schon Sorgen gemacht«, können wir nun den Rudi vernehmen, der plötzlich im Türrahmen steht.

»Ah, Rudi. Gut, dass du da bist. Schau mal, diese Jacke hier, die muss gleich mal ins Labor. Kümmerst du dich drum?«, sag ich und werf ihm diese Regenjacke entgegen.

»Aber …«, will er grad noch einen Beitrag beisteuern.

»Super, danke«, muss ich hier aber gleich reingrätschen und schon sind wir wieder unter uns, der Markus und ich. Und man kann es kaum glauben, aber allmählich wird er tatsächlich gesprächig. Wahrscheinlich ist ihm nach diesem ganzen Elend heut ohnehin irgendwie danach zumute, einmal ordentlich sein kleines Herz auszuschütten.

»Also, gleich am Anfang, da war ich ja eigentlich noch voll begeistert von ihr. Praktisch gleich, wie der Mike sie mit hierhergebracht und mir vorgestellt hat.«

»Die Amelie?«

»Ja, genau, die Amelie. Mei, sie war lustig und fleißig und hübsch ist sie ja auch. Und dem Mike, dem ist es einfach gut gegangen mit ihr. Aber natürlich hat sie dann schon ziemlich schnell gecheckt, dass er nur ein kleiner Angestellter hier ist und nicht der Besitzer. Und dann hat sie halt angefangen, mich anzubaggern. Weil sie eben den Hans haben wollte und nicht das Hänschen, verstehen Sie?«

»Wer ist jetzt der Hans und was hat der damit zu tun?«, muss ich nun fragen, weil ich's wirklich nicht weiß.

»Mann, das ist doch nur so ein Spruch. Was ich damit sagen will: Sie will einfach die Kohle, sonst nix. Und wer die am Ende anschleppt, das ist ihr im Grunde vollkommen gleichgültig.«

»Nein, schon klar. War ja eh nur Spaß. Hat … hat der Mike das mitbekommen? Also, dass die Amelie …«

»Null«, unterbricht er mich prompt. »Weil bei allem, was die Ami betrifft, da schaut er eh nur durch seine rosarote Brille. Das ist übrigens auch nur so ein Spruch. Aber, nein.

Ohne Spaß, er betet sie an, seine Amelie, um es auf den Punkt zu bringen. Das ganze Drama daran ist, dass er sie halt nicht befriedigen kann. Also jedenfalls in finanzieller Hinsicht nicht.«

»Gut, aber wenn er die Amelie so anbetet, warum zum Teufel heiratet er dann plötzlich eine ganz andere Frau?«

»Diese Frage, lieber Herr Kommissar, die müssen Sie schon ihm selber stellen und dann auf eine Antwort hoffen. Ich zumindest, ich hab auf diese Frage noch keine Antwort bekommen von ihm«, sagt er und bringt mein leeres Kaffeehaferl zum Geschirrspüler.

»Diese Frau Kurz, also die aus der Apotheke, kennen Sie die eigentlich auch?«

»Flüchtig. Das ist manchmal eine Seilschaft von der Ami. Die kennen sich wohl aus der Kindheit.«

»Sagen Sie einmal, wissen Sie zufällig, was für ein Auto die fährt?«

»Was für ein Auto. Hm, keine Ahnung. Irgendwas Sportliches ... so einen ... einen roten Flitzer. Können wir jetzt?«

Inzwischen steht er schon im Türrahmen, wo grad der Birkenberger noch gestanden hat, und ich merk deutlich, dass es ihm unter den Nägeln brennt. Weil er sich nun halt endlich mal um seinen Platz kümmern will und um seinen Bruder. Und irgendwie kann ich das auch durchaus verstehen.

Das nächste Mal kann ich den Rudi am Wagen entdecken, wo er grad mehr oder weniger eifrig damit beschäftigt ist, auf allen vieren nach etwaigen Schäden zu suchen.

»Franz«, sagt er, wie er mich schließlich sieht. »Es ist wie ein Wunder. Keine einzige Delle im Admiral. Ich bin so erleichtert. Die ganze Zeit über, wo dieser beschissene Tornado getobt hat, da hatte ich nur einen einzigen Gedanken im

Kopf. Und zwar den, was wohl dein Papa mit mir anstellt, wenn er seine heiß geliebte Kiste mit so einem beschissenen Hagelschaden zurückkriegt.«

Ich informiere den Rudi kurz über den neuesten Stand, während ich nun auch selber mal um meinen Wagen rumlauf. Doch auch den scheint der Hagel komplett verschont zu haben. Allerhand, wirklich. Aber gut, möglicherweise weiß ja auch so eine Unwetterschneise, wo sie doch besser ausklingen soll.

»Wieso hast du mich eigentlich vorher beim Markus so behandelt, als wenn ich dein ganz persönlicher Lakai wär? Rudi, diese Jacke muss gleich mal ins Labor, kümmerst du dich drum, super, danke«, äfft er mich nun nach.

»Weil ich erstens den Markus ein bisschen unter Druck setzen wollte. Zweitens die Jacke tatsächlich ins Labor muss. Und drittens, weil es einfach Spaß gemacht hat«, antworte ich, während ich in den Streifenwagen steig. »Also, Rudi, du fährst ja auf dem Heimweg sowieso da beim Labor vorbei. Dann bringst du denen die Jacke schnell vorbei und die sollen sie einfach gleich mal mit dem Fetzen vergleichen, den sie ja eh schon haben.«

»Ja, toll. Und was machst du derweil?«

»Ich kläre den Fall auf«, sag ich und starte den Motor.

»Das machst du nicht. Wage es bloß nicht, etwas ohne mich zu unternehmen. Wir sind ein Team. Franz, verstanden? Ich warne dich … Wir haben das Ganze hier gemeinsam begonnen und wir werden das auch verdammt noch mal gemeinsam beenden … Halt an! Halt bloß sofort an …«

Irgendwann im Laufe der Zufahrt werden seine wütenden Worte immer leiser und leiser und plötzlich sind sie nicht mehr zu hören. Als wär er vollkommen verschwunden, der Rudi. Na gut, im Rückspiegel ist er schon noch zu sehen. Ja, da sieht man ihn noch deutlich. Wie er springt und flucht und Gift und Galle spuckt, als wär er Rumpelstilzchen höchstpersönlich. War es nicht sogar genau der, wo sich seinerzeit selber komplett mittig zerteilt hat? Für den Birkenberger jedenfalls, da würde ich jetzt grad keine Wetten dagegen annehmen.

Drei Anrufe in Abwesenheit. Einer vom Moratschek und zwei von der Susi. Da ich aber im Grunde zumindest mental noch gar nicht recht anwesend bin, erscheint mir ein zeitnaher Rückruf ohnehin als wenig sinnvoll. Erst muss ich mal meine Gedanken sortieren, mir geht so vieles durch den Kopf. Der Markus, die Amelie, diese dubiose Frau Kurz und selbstverständlich auch der schöne Mike mitsamt der armen Gattin. Wie soll das alles zusammenhängen? Das ergibt noch keinen rechten Sinn. Irgendwie will sich dieses Puzzle noch nicht wirklich zusammenfügen, sosehr ich auch schiebe und schiebe. Das macht mich jetzt schier verrückt. Alle Teile sind komplett vorhanden und dennoch ergibt es kein richtiges Bild.

Ich studier und studier und plötzlich hab ich das dringende Bedürfnis, nun doch unbedingt telefonieren zu müssen. Wo zum Geier find ich denn diese dämliche Nummer? Gottverdammte Scheiße, noch eins.

»Barbara-Apotheke, schönen guten Tag«, kann ich dann aber am anderen Ende der Leitung äußerst freundlich vernehmen. »Sie sprechen mit Frau Kurz.«

»Wunderbar, Frau Kurz, dass ich Sie gleich in der Leitung hab. Sie sprechen übrigens mit Herrn Eberhofer«, sag ich exakt in dem Moment, wo ich das Ortsschild von Landshut passiere.

»Äh … ja, bitte. Was kann ich für Sie tun«, sagt sie noch immer sehr freundlich, wenn auch die Tendenz langsam ins eher Unsichere überzugehen scheint.

»Was Sie für mich tun können? Sie können mir zum Beispiel sagen, wer Ihr Vermieter ist. Also nicht bei Ihnen zu Hause, sondern der Vermieter von der Barbara-Apotheke, die Sie ja bald übernehmen wollen.«

Pause und Stille in der Leitung. Sie scheint verwirrt.

»Warum … Ich meine, was geht Sie das an … Herr …«

»Eberhofer. Kommissar Eberhofer. Wir kennen uns übrigens. Ich war ja neulich erst bei Ihnen in der Apotheke«, helf ich ihr auf die Sprünge.

Wieder Pause und Stille in der langen Leitung.

»Ich versteh nicht ganz …«

»Frau Kurz, die Frage war doch gar nicht so schwer, oder? Sagen Sie mir doch einfach den Vermieter, bei dem Sie die Geschäftsräume von dieser Apotheke anmieten. Das ist sozusagen der Eigentümer des Hauses, in dem Sie zukünftig …«

»Ja, ja, Herrgott. Ich hab Sie schon verstanden«, sagt sie nun und ihr Ton ist jetzt nicht mehr so freundlich. Eher schärfer. »Mein Vermieter … das ist der Herr Schönberger.«

»Ah, da schau einer an. Der arme Witwer Schönberger. Also der Ehemann Ihrer ermordeten Chefin sozusagen. Und ja auch der langjährige Lebensgefährte Ihrer Kindergartenfreundin. Zufälle gibt's. Noch eine Frage, Frau Kurz. Sagen Sie, waren Sie heute zufällig auf dem Campingplatz *Isarflimmern*?«

Wieder Pause und Stille. Scheint langsam traditionelle Formen anzunehmen.

»Wo genau hätten Sie jetzt gemeint?«, fragt sie schließlich dämlicherweise.

»Frau Kurz, Frau Kurz, wollen wir uns denn gar nicht ein bisschen konzentrieren? Grad so als Apothekerin. Ich mein, da muss man doch wenigstens ein klein wenig wief sein. Weil sonst kriegen ja womöglich Ihre Patienten am Ende noch die falschen …«

»Ja, Herrgott, ich war dort. Ganz kurz nur.«

»Und dann hat es Ihnen plötzlich ganz arg pressiert, gell. Also, wie Sie das Polizeiauto gesehen haben. Was haben Sie dort gemacht, auf dem Campingplatz? Und jetzt würd ich um eine zügige Antwort bitten.«

»Ich hab … Mann! Ich wollte einfach diesen verdammten Mietvertrag haben. Ohne diesen Mietvertrag kann ich nämlich geschäftlich gar nichts in die Wege leiten. Ich brauch ihn, und zwar dringend. Und auch bald. Aber der Mike, also der Herr Schönberger, der weigert sich einfach, einen auszustellen. Er macht das nicht, ehe er nicht in diesem dämlichen Grundbuch steht. Noch nicht einmal einen Vorvertrag will er machen, dieser sture Bock«, erklärt sie nun und hat mich somit vollends zufriedengestellt.

Kapitel 24

Nach dem relativ aufschlussreichen Telefonat mit der Frau Kurz, die übrigens heute so gar nicht gesprächig war, fahr ich keine zweihundert Meter weit, und wen hab ich da in der Leitung? Rumpelstilzchen höchstpersönlich ruft an. Und ehrlich gesagt bin ich da grad ein wenig überrascht, weil er doch sonst eher dazu veranlagt ist, nachtragend und auch durchaus mal trotzig zu sein.

»Servus, Rudi«, sag ich, gleich wie ich abheb, und muss etwas grinsen. Was auch vollkommen wurst ist, weil das kann er ja nicht sehen und drum kann's ihn auch nicht provozieren.

»Servus, du kleines Arschloch«, kommt es retour, was mein Grinsen durchaus noch anfeuert.

»Jetzt aber keinen Fehler machen, Rudolf Birkenberger. Wie du weißt, bin ich fei einen halben Kopf größer als du. Minimum.«

»Also gut, du großes Arschloch. Pass auf, ich hab noch etwas rausfinden können.«

»Allerhand. Dann lass mal hören.«

Und so beginnt er zu erzählen, der Rudi. Dass er sich nach seinem Wutanfall von vorhin ziemlich rasch wieder eingekriegt hat, weil wir doch diesen Fall aufklären müssen. Und da hilft es ja nix, gegeneinander zu schießen. Nein, nur wenn wir einträchtig sind, kommen wir auch vom Fleck und somit zum Ziel. Und das sind wir doch schließlich allein schon dem Moratschek schuldig. Außerdem kann es ja auch nicht angehen, dass so ein hinterhältiger Meuchler weiterhin frank und frei da draußen herumläuft und zu guter Letzt möglicherweise auch noch andere in Gefahr bringt. Und im Übrigen, da hätt er ja sonst eh nix zu tun und das wär dauerhaft gesehen auch bloß ziemlich fad, gell. Das waren so seine Gedanken, die ihn wahrscheinlich am Ende sogar davor bewahrt haben, sich vor lauter Wut doch in der Mitte auseinanderzureißen. Und im Zuge seiner wiederkehrenden Vernunft und noch bevor er sich auf den Weg nach München gemacht hat, da ist er dann praktisch alle ihm bislang bekannten Fakten noch einmal durchgegangen. Äußerst akribisch und Punkt für Punkt. Und das hätte ihn dann irgendwie unheimlich beruhigt, sagt er. Und urplötzlich, da ist ihm quasi eingefallen, dass wir ja gar nicht hundertprozentig wissen können, ob diese pinkfarbene Regenjacke auch tatsächlich die von der Amelie ist. Weil immerhin hätte es ja auch sein können, dass sie in diesem ganzen Unwetter-Tohuwabohu einfach irgendeine Jacke übergezogen hat, die ihr grad in die Quere kam. Doch freilich ist es unglaublich wichtig, dass wir die Jacke eindeutig der Amelie zuordnen können, wenn wir sie mit dem Fetzen, den wir bereits gesichert haben, vergleichen wollen. Und um das herauszufinden, drum hat das ausgebuffte Bürschchen einfach in seine Trickkiste gegriffen. Hat ebendieses besagte pinkfarbene Teil kurzerhand selber übergezogen und ist damit schnurgrad zur Amelie ins Büro gelatscht. Und dort hat er sie dann gefragt, ob sie so gut wär, ihm einen Zehner in Münzen zu wechseln. Ja, darauf muss man auch erst einmal kommen! Sie hat von ihrem Schreibtisch aufgeschaut und war dann wohl erst mal für einen Moment lang verdutzt.

Dann hat sie ihn gefragt, warum zum Teufel er ihre Regenjacke trägt. Ach, hat der Rudi gesagt, ist das deine? Und da hat sie genickt. Ja, ja, das wär sicherlich ihre, es würden ja sogar ihre Initialen drinstehen. Dazu müsste er nur das Etikett oben am Kragen einmal umdrehen und dann würde er es schon sehen. A. M. für Amelie Maurer. So hat unser kleiner Schlaumeier prompt die Jacke ausgezogen und ihre Behauptung direkt bestätigt gefunden. A. M. ist da in der Tat auf diesem Etikett gestanden, für Amelie Maurer. Und anschließend, da hat er sich noch recht artig bedankt, ist mit dieser Regenjacke und unter dem lautstarken Protest von der Amelie wieder aus dem Büro verschwunden und inzwischen bereits längst auf dem Weg Richtung München. Manchmal da ist er gar nicht so blöd, unser kleiner Privatdetektiv, gell.

Vor dem Klinikum Landshut park ich auf dem Platz für Einsatzfahrzeuge, weil was, bitte schön, sollte ein Streifenwagen denn sonst auch sein? Der schöne Mike liegt in einem Einzelzimmer, das etwas abgedunkelt ist, und starrt seitwärts aus dem Fenster. Selbst als er meine Schritte hört, schaut er nicht zu mir rüber. So trete ich an sein Bett heran und schau ihn mir an. Mittlerweile hat er wieder etwas Farbe, der Bursche, und auch seine Gesichtszüge wirken nicht mehr so verkrampft wie zuvor, wo er in der Ecke gekauert hat. Seine Lippen sind nicht mehr am Zittern und der Blick ist nicht mehr apathisch. So trommele ich ihm mal auf die Schulter. Doch erst beim zweiten Mal, da wandert sein Kopf vom Fenster weg und langsam, sehr langsam, eigentlich schon im Zeitlupentempo, zu meiner Person.

»Kennen wir uns?«, fragt er ausgesprochen monoton. Vermutlich hat er was zur Beruhigung gekriegt.

»Flüchtig, Herr Schönberger. Sehr flüchtig. Aber jetzt«, sag ich und zieh mir einen Stuhl heran. »Jetzt haben wir viel, viel Zeit, uns besser kennenzulernen.«

»Ich bin so müde.«

»Ja, das glaube ich. Das glaub ich Ihnen gern. Was Sie alles mitgemacht haben, das geht ja auf keine Kuhhaut.«

»Das wissen Sie alles?«, fragt er mich nun und kneift dabei seine Augen zusammen, dass die ganze schöne Stirn in tiefen Falten liegt.

»Alles, was ich nicht weiß, werden Sie mir jetzt erzählen.«

»Ich kann nicht, ich bin viel zu müde. Kommen Sie ein anderes Mal wieder.«

»Wann wäre es Ihnen denn genehm?«

»Ich weiß nicht«, sagt er und sein Blick wandert wieder rüber zum Fenster. »In einem Monat oder in zwei.«

»Spaßvogel. Da sitzen Sie längst schon im Kittchen«, sag ich und damit hab ich umgehend seine volle Aufmerksamkeit.

»Was ...? Wieso denn?«

»Weil Sie Ihre Ehefrau Letitia Schönberger in Südtirol von einem Berg hinuntergestoßen haben und das darf man halt nicht. Erst recht nicht, wenn sie dabei ums Leben kommt. Dafür muss man nämlich hinterher ins Gefängnis zur Strafe. Aber passen Sie auf, weil Sie jetzt so arg müde sind, werde ich Ihnen einmal meine ganzen Spekulationen erzählen und Sie hören mir einfach nur zu.«

Dann geht die Tür auf und eine Krankenschwester erscheint. Sie ist jung und hübsch und auch sehr freundlich. Die Beine reichen ihr bis zum Hals.

»Ist alles in Ordnung bei Ihnen?«, fragt sie und ihr Blick huscht zwischen dem müden Krieger und mir hin und her.

»Ah, gut, dass Sie kommen, Schwester«, antwortet der schöne Mike prompt und setzt sich nun ein wenig auf in seinem Bett. »Ich bin so müde und dieser Herr hier …«

»Dieser Herr hier ist ein Kommissar«, muss ich ihn gleich unterbrechen, geh auf die Schwester zu und deute ihr an, mit mir nach draußen zu kommen. Sie folgt mir ohne ein weiteres Wort.

»Was … was ist denn da los? Stimmt das mit dem Kommissar?«, will sie nun verständlicherweise zunächst einmal wissen, während sie an mir rauf- und wieder runterschaut. Zur endgültigen Klärung etwaiger noch offener Fragen zücke ich meinen Dienstausweis.

»Und Sie heißen?«, frag ich und lächle sie an.

»Lilly. Ich bin Schwester Lilly«, antwortet sie und wird ein bisschen rot. Menschen werden öfters mal rot, wenn sie mit einem Polizisten reden.

»Gut, Schwester Lilly. Haben Sie einen Freund?«

»Ja, aber …« Jetzt ist sie noch deutlich röter geworden.

»Hat der auch einen Namen?«

»Ja, wieso? Nils. Er heißt Nils.«

»Prima. Also mal angenommen, Schwester Lilly, Ihr Freund, der Nils, der macht Ihnen einen wunderbaren Heiratsantrag. Natürlich sagen Sie Ja und es gibt eine fette Hochzeit in Italien. Sie schweben auf Wolke sieben, und weil Ihr Nils so ein großer Fan vom Bergsteigen ist, tun Sie ihm den Gefallen und kraxeln halt mit. Doch was tut der Nils dann plötzlich? Er schubst Sie einen Berg hinunter und Sie sind mausetot. Ist das nicht eine ganz fürchterliche Geschichte?«

»Doch. Ganz fürchterlich«, sagt sie und hat jetzt Tränen in den Augen. »Ist der Herr Schönberger …?«

»Um das herauszufinden, bin ich hier. Also seien Sie so

gut und halten Sie mir diese Tür für die nächste halbe Stunde verkehrsfrei. Kriegen Sie das hin?«

»Das krieg ich hin«, sagt sie nun äußerst bestimmt und wischt sich die Tränen fort. »Verhaften Sie das Schwein.«

»Danke«, sag ich und leg ihr meine Hand auf die zarte Schulter. »Und übrigens, Ihr Nils, der hat damit nix zu tun.«

»Das weiß ich doch«, lacht sie mich jetzt an. »Er ist ja auch gar kein Bergsteiger.«

Gut, damit wär wenigstens diese Sache geklärt. Ich hol mir noch schnell zwei Cola aus dem Automaten und geh dann zu meinem erschöpften Kraxler zurück. Öffne die beiden Dosen und drück ihm eine davon in die Hand. Wär doch gelacht, wenn wir den nicht ein bisschen munterer kriegen.

»Was soll ich damit?«, fragt er immer noch etwas erschöpft.

»Trinken. Viel und schnell«, antworte ich und lass mich dabei auf der Fensterbank nieder. Einfach schon, weil das ganz offensichtlich der bevorzugte Ausblick meines aktuellen Gesprächspartners ist. Dann nehm ich selber einen ganz großen Schluck und atme einmal tief durch. Und anschließend versuche ich, ihm meine These in möglichst einfachen und verständlichen Worten zu erklären, damit er generell auch kapiert, wovon ich überhaupt red. Darüber hinaus macht es auch Sinn, mich so kurz wie möglich zu fassen, weil er mir sonst möglicherweise mitten im Text doch noch wegpennen tät.

»Also, Herr Schönberger, fangen wir mal an. Die Amelie und Sie sind seit Jahren ein Paar. Ein Paar, das ständig pleite ist, von der Hand in den Mund lebt und von Ihrem Bruder Markus. Ein Paar, das aber auch gern mehr Kohle hätte, so wie es eben der Markus hat. Dann kommt da plötzlich die geschwätzige Seilschaft von der Amelie ins Spiel und die fängt an, von ihrer Chefin zu erzählen. Von der Letitia, Ihrer verstorbenen Frau. Sie erzählt, dass die Letitia reich ist wie ein Ölscheich und trotzdem arm wie eine Kirchenmaus, denn sie ist halt so einsam. Sie erzählt auch, dass die arme Leddi ständig in sämtlichen Portalen unterwegs ist, weil sie sich nichts sehnlicher wünscht als einen schönen Mann an ihrer Seite. Die Schönen kriegt sie aber nicht und die Hässlichen, die will sie nicht.«

Jetzt nimmt er einen sehr großen Schluck Cola und anschließend, da bleibt sein Blick an dieser Dose in seiner Hand hängen. Weg von mir und weg vom Fenster, er hat seinen Blick nur noch starr auf diese dämliche Dose gerichtet.

»Haben Sie mir bis hierher folgen können, Herr Schönberger?«, frag ich und da nickt er kaum merkbar seine Dose an. »Der eigentliche Plan, der war dann wohl ziemlich schnell gefasst, nehm ich mal an. Sie fahren in diese Apotheke, die Letitia verliebt sich erwartungsgemäß und wie im Märchen auf den allerersten Blick und ist dann völlig überwältigt, wie sie ein paar Wochen später schon Ihren Antrag kriegt. Und dann – nach dieser Hochzeit – einfach nur noch rauf auf den Berg. Und weil sie Ihnen natürlich gefallen will, geht sie da einfach mit, die Letitia. Sie vertraut Ihnen ja schließlich. Auch das ist übrigens nicht anders zu erwarten gewesen. Doch dann, quasi genau beim wichtigsten Part in diesem abartigen Spiel, da geht plötzlich etwas schief. Beim Runterschubsen, da bleibt die Letitia nämlich auf diesem Felsvorsprung liegen und stürzt nicht, wie geplant, in die Tiefe. So war das freilich nicht gedacht. Richtig tragisch ist es am Ende allerdings nicht. Schließlich haben Sie ja Ihren Back-up dabei, die Amelie. Und während Sie dann ins Tal zurückgehen und sich in der Wanderlust für den fraglichen

Zeitraum ein astreines Alibi basteln, da kraxelt Ihre Komplizin auf diesen Vorsprung und gibt der armen Letitia den Rest.«

Jetzt leert er seine Büchse in einem einzigen Zug und zerquetscht sie dann in der Hand.

Ein paar Momente lang herrscht nun komplett tonlose Stille, man könnte einen Floh atmen hören. Ich steh mal vom Fenstersims auf und trete an sein Bett.

»Jetzt stellt sich eigentlich nur noch die entscheidende Frage, wer diesen Mord nun begangen hat: Sie oder Ihre Amelie? Das aber werden die Richter entscheiden. Der Moratschek und seine Kumpane. Den Moratschek, den haben Sie ja schon kennengelernt. Er mag Sie nicht besonders, aber das wissen Sie ja. Habgier ist übrigens eines der Mordmotive, die bei Richtern am allerwenigsten ankommen. Das mögen sie einfach nicht und sind dann echt knallhart bei ihrem Urteil.«

Nun dreht er seine Coladose zwischen seinen Händen und lässt sie dabei nicht aus den Augen. Grad so, als wenn da eine Gebrauchsanweisung draufstehen würde, die er aufmerksam liest. Oder auch Verhaltensregeln. Vielleicht so was in der Art: Wie verhalte ich mich, wenn mir ein heimtückischer Mord vorgeworfen wird …

Nachdem er auch die nächsten Momente nur seine Dose dreht und schweigt, komm ich halt wieder zum Einsatz.

»Wissen Sie eigentlich, dass Ihre heiß geliebte Amelie auch Ihren Bruder Markus ordentlich angebaggert hat? Weil der nämlich erfolgreich ist und die ganze Kohle hat und nicht Sie? Weil das kleine Luder nämlich viel lieber den Hans abbekommen hätte anstatt nur das Hänschen? Haben Sie das gewusst? Und was glauben Sie, wie schnell Sie abserviert gewesen wären, wenn der Markus dieses Spielchen mitgespielt hätte?«

»Sie lügen! Lügen! Lügen! Sie blöder Bulle! Und jetzt verschwinden Sie endlich«, schreit er nun mit hochrotem Kopf aus seinem Kissen heraus, während er mit Feuereifer seine inzwischen so vertraute Dose quetscht, bis sie letztendlich aufreißt. Blut tropft auf das schneeweiße Leintuch. In genau diesem Moment, da geht die Tür auf und der Markus erscheint. Hinter ihm hüpft die kleine Lilly auf und ab und entschuldigt sich für ihr Versagen.

»Es tut mir so leid«, sagt sie und ist sichtlich bekümmert. »Aber zuerst, da hat er nur an der Tür gelauscht und plötzlich ... plötzlich wollte er unbedingt hier rein.«

»Alles gut, Schwester Lilly. Das haben Sie echt richtig prima gemacht«, sag ich und schieb sie sanft zur Tür hinaus.

»Nein, Mike«, sagt der Markus nun und zieht sein Handy aus der Gesäßtasche hervor. »Der Bulle hier, der lügt leider nicht. Hier kannst du all diese ... diese Nachrichten lesen, die mir deine Amelie im Laufe der Zeit geschickt hat.«

Dann wirft er seinem Bruder das Telefon aufs Bett.

Jetzt wird's aber spannend.

Der Mike scrollt also auf diesem Handy umher und dabei kann man förmlich zusehen, wie seine gerade erst zurückgewonnene Gesichtsfarbe quasi in Rekordzeit wieder verschwindet. Tränen laufen ihm über die blassen Wangen.

»Danke«, sagt er nach einer Weile fast tonlos und reicht dem Markus sein Telefon zurück. Ein paar Augenblicke lang passiert nun rein gar nichts und fast bin ich ein bisschen enttäuscht. Dann aber läutet mein Telefon und der Birkenberger ist dran. Normalerweise würd ich in Situationen wie diesen ja jeglichen Anruf komplett ignorieren. Doch weil hier momentan eh nicht viel los ist, drum geh ich halt ran.

»Was gibt's, Rudi?«

»Wo bist du momentan?«, kommt es retour und irgendwie klingt er grad äußerst beschwingt.

»Im Klinikum Landshut. Bei den Gebrüdern Schönberger, um genau zu sein.«

Einen Moment lang herrscht nun Stille in der Leitung.

»Das passt ganz einwandfrei«, sagt der Birkenberger schließlich. »Dann schalt doch mal kurz den Lautsprecher ein.«

»Wie du meinst«, sag ich und so schalt ich halt den Lautsprecher ein. »Läuft.«

»Achtung, Achtung, das ist eine wichtige Information für alle hier. Die Amelie Maurer wurde vor etwa zehn Minuten von unseren Kollegen aus Landshut verhaftet und dürfte in weiteren zehn Minuten in Untersuchungshaft sitzen. Gut, lassen wir es zwanzig sein. So, Franz, jetzt kannst du den Lautsprecher wieder ausschalten.«

Der Markus starrt mich an, ich starr den Mike an und der Mike starrt auf seine blutende Hand. Es blutet nicht mehr so wild, aber ein Pflaster würde trotzdem nicht schaden. Aber woher nehmen, wenn nicht stehlen?

»Franz«, können wir nun erneut den Rudi vernehmen und so schalt ich den Lautsprecher erst mal wieder aus.

»Ja, Rudi?«

»Und? Was sagst du dazu?«, möchte er nun wissen und ich merk gleich, dass er seiner Stimme jetzt einen geheimnisvollen Klang verleihen will. Vor lauter freudiger Aufregung geht das aber frontal in die Hose.

»Erst einmal sag ich, es sind meine Kollegen und nicht unsere. Und dann würde ich natürlich gerne wissen, wie es zu dieser Aktion gekommen ist. Das aber dürfte ja wohl selbstverständlich sein und ich frag mich, warum du es nicht einfach erzählst.«

Dann erzählt er es freilich, was bleibt ihm auch übrig? Jedoch ist seine Stimmfarbe jetzt eher ins Beleidigte abgedriftet, was freilich auch zu erwarten war. Aber gut.

Nachdem der Rudi also zuvor vom Campingplatz aufgebrochen und schon in Richtung München unterwegs war, da ist ihm kurz vor der Autobahnauffahrt aufgefallen, dass er seine Jacke dort vergessen hat. Wie er halt in die von der Amelie geschlüpft ist, hat er seine eigene in reiner Gedankenlosigkeit wohl dort einfach liegen lassen. Also, es hilft nix, wieder umdrehen, um das gute Stück zu holen. Im Camp zurück, kann er es dann schon von Weitem sehen, das Teil seiner Begierde. Genau auf dem Bankerl vom Büro hängt es über der Lehne. Und kaum, dass er dort angekommen ist, da kann er von drinnen eine Stimme vernehmen. Es ist die von der Amelie, sehr leise und auch ausschließlich ihre. Was wohl bedeuten würde, dass sie flüsternd telefoniert. Und weil es ja im Berufsbild von einem Privatdetektiv quasi schon verankert ist, da muss er dieses Gespräch einfach belauschen, selbst wenn es auch nur die eine Hälfte davon ist. Gut, unterm Strich, da ist manchmal das Gesamtbild gar nicht wirklich entscheidend. Ob man ein ganzes Gespräch gehört hat oder nur eine Stimme davon, das spielt oft keine Rolle. Wichtig ist nur, dass man das Wesentliche hört. Selbst wenn es sich, wie in unserem Fall, nur um einen einzigen Satz handeln mag. Und diesen einen Satz, den hat er gehört, der Rudi. Und nicht nur das. Nein, er hat ihn sogar auf Band. Weil nämlich als Fuchs, der er nun mal behauptet zu sein, bei dieser ganzen Flüsterei sein Spürnäschen Witterung aufgenommen hat. Und da hat er eben einfach mal kurz seine Diktierfunktion aktiviert. Und so leise diese Aufnahme nun auch sein mag, problemlos verständlich ist sie allemal.

»Ich schwör's dir, wenn du mir für die Tatzeit einfach so ein scheiß Alibi gibst, dann kannst du noch heute deinen dämlichen Mietvertrag haben.«

Das war alles. Und es ist doch so viel.

»Sie hat mir mal mein Leben gerettet«, sagt nun der Mike plötzlich und relativ verzweifelt aus seinem Bett heraus. »Und jetzt … jetzt hat sie es zerstört.«

»Ja, so sind sie, die Weiber«, kann ich daraufhin den Rudi fröhlich kichernd durch den Hörer vernehmen. Und da bin ich ehrlich gesagt schon ziemlich froh, dass ich den Lautsprecher bereits ausgeschaltet hab.

Kapitel 25

Blutendes Herz hin – blutende Hand her, verhaften müssen wir ihn trotzdem, den schönen Mike. Er ist ja dann noch recht gesprächig gewesen und hat im Grunde alle meine Thesen bestätigen können. Allerdings, und das kauf ich ihm tatsächlich auch ab, hat er die Leddi nicht richtig gestoßen. Eher so halbherzig und ohne jegliche Motivation, weil er es einfach nicht so recht über das Herz gekriegt hat. Deswegen ist sie wohl auch erst mal auf diesem Felsvorsprung gelandet und nicht in der Tiefe, wo sie eigentlich hinsollte. Den Todesstoß also, den hat ihr dann endgültig die Amelie verpasst. Was auch zeitlich mit den Informationen zusammenpasst, wo mir die Kollegen aus dieser Smartwatch ausgewertet haben. Demnach hat ihr kleines Herz nämlich erst dann aufgehört zu schlagen, wie der Mike schon fast beim Apfelstrudel in der Wanderlust gesessen hat.

Im Grunde ist ja der perfide Plan von diesem gierigen Paar nahezu perfekt gewesen. Die beiden kannten die Gegend aus dem Effeff, die Letitia hat ihrem Mike blind vertraut und die Amelie war still im Hintergrund für den Notfall. Da hätte prinzipiell gar nichts schiefgehen können. Und sagen wir es einmal so, wär die Rechnung aufgegangen, dann hätten die zwei wohl in Zukunft ein recht unbeschwertes Leben führen können. Zumindest finanziell gesehen. Aber hätte, wäre, wenn … So war es halt nicht. Weil der Moratschek nämlich gleich Lunte gerochen hat. Und gewissermaßen seinen besten Mann an die Front geschickt hat, weil die italienischen Kollegen einfach nicht kompetent genug waren. Also nur so als Tipp: Wenn dir deine Holde mal so final auf den Senkel geht, dann bring die Sache dort unten zu Ende. Immer schön vorausgesetzt freilich, dass ich davon nix mitkrieg.

Den Moratschek, den ruf ich gleich auf dem Heimweg an. Er ist völlig gerührt und erleichtert und gratuliert mir in einem fort. Ich meinerseits gratulier ihm ebenfalls. Für seine richterliche Spürnase, wo ja die ganze Sache erst ins Rollen gebracht hat. Und wie wir dann schließlich fertig sind mit Gratulieren, da legen wir auf.

Aber wie das Leben halt so spielt, kaum ist die eine Baustelle beendet, da tut sich just eine neue auf. Und meine neue, die kauert zu Hause auf unserer todschicken Couch und flennt in die Wolldecke.

»Was ist passiert?«, frag ich relativ panisch, weil mir gleich der Paul und die Oma ins Gehirn schießen.

»Ich sterbe«, antwortet die Susi, doch allein der Klang ihrer Stimme schließt das schon mal definitiv aus.

»Ja, das tun wir alle. Aber kann ich mir zuvor noch ein Bier aufmachen oder hast du es eilig?«

»Wie kannst du nur ein Bier trinken nach gestern Nacht? Allein beim Gedanken an Alkohol würgt es mich schon«, jammert sie nun und umklammert dabei relativ dramatisch ihr Haupt.

»Erstens ist Bier kein Alkohol und zweitens hast du dich gestern weggestrahlt und nicht ich«, muss ich hier klarstellen, während ich die Flasche öffne.

»Ich trink nie wieder was, in meinem ganzen Leben nicht!«

»Schon klar, wo du ja jetzt eh stirbst«, sag ich und lass mich neben sie auf das Sofa plumpsen. Sie legt ihren Kopf an meine Brust, was jetzt einerseits blöd ist, weil ich da nicht gut trinken kann, andererseits ist es aber schon ziemlich schön. Hat sie schon lange nicht mehr gemacht. Dann beginnt sie zu weinen. Und wie schließlich die eine Seite von meinem T-Shirt komplett durchnässt ist, da beginnt sie auch zu reden.

Es war ein ganz und gar furchtbarer Tag heut, sagt sie. Weil nicht nur, dass sie verschlafen hat und dann dementsprechend spät ins Büro gekommen ist, nein, sie war auch komplett verkatert. Und das genau am wichtigsten Datum des Jahres. Weil nämlich ausgerechnet heute dieses mordwichtige Komitee im Rathaus angerauscht ist. Also praktisch die Truppe, wo am Ende die erfolgreichsten zehn Gemeinden küren wird. Vier Mann und eine Frau waren das. Alle tipptopp ausgeschlafen, geduscht und nüchtern. Und irgendwann ist die Frau Bürgermeister auch endlich mal dort angewackelt. Die Jessy, die hat gleich im Korridor zu ihr gesagt: Du stinkst, als wärst du in ein Weinfass gefallen, und siehst aus, als wärst du darin ersoffen. Ja, ich mach's kurz, die fünf schneidigen Herrschaften sind dann auch relativ zeitnah wieder abgezogen und haben gesagt, sie hätten sich bereits einen aussagekräftigen Überblick verschaffen können. Gut, das war's dann wohl mit dem Wochenende im Bayerischen Hof.

»Ich glaub, ich will gar keine Bürgermeisterin mehr sein. Das ist einfach zu anstrengend, Franz.«

»Doch, du bist eine ganz hervorragende Bürgermeisterin. Die beste, die wir je hatten«, sag ich und streichle ihr über den Kopf.

»Kunststück. Ich bin ja auch die erste.«

»Du machst einen großartigen Job, Susi-Maus. Aber du musst doch auch nicht immer nur Vollgas geben. Schau mal, dein Vorgänger, der hat dieses Kaff hier jahrzehntelang regiert, ist aber nie über die 10 km/h hinausgekommen und hat trotzdem überlebt.«

»Apropos überleben. Der Flötzinger wird es nicht überleben, wenn er diese Kasperl-Fliesen nicht wieder von unserer diversen Wand nimmt. Das kannst du deinem Spezl ruhig ausrichten.«

»Sobald ich ihn seh.«

Jetzt erscheint das Paulchen im Zimmer. Groß ist er geworden, mein lieber Schwan. Und sein Knie ist aufgeschlagen.

»Stör ich?«, fragt er, wie er uns sieht, und bleibt abrupt stehen.

»Nein«, sagen seine Eltern wie im Kanon.

»Na ja, hätte ja sein können, dass ihr Sex haben wollt«, grinst er uns an.

»Nicht gleich, aber fass dich kurz«, grins ich retour. Die Susi boxt mich in die Rippe.

»Kann ich beim Onkel Leopold drüben essen? Die Sushi, die isst heute mal ausnahmsweise wieder mit, weil sie Hausarrest hat, und die Panida holt Pizza. Sie sagt, dass sie heute nicht kochen kann, weil ihr von gestern noch komplett schwindelig ist. Ich glaub, die hat ganz schön viel gebechert.«

»Immer diese versoffenen Weiber«, brummt die Susi aus meiner Schulter heraus.

»Klar kannst du da mitessen«, sag ich. »Da sparen wir uns jede Menge Geld.«

»Paul, warte«, muss ihn die Susi nun kurz ausbremsen, wie er schon auf der Ferse kehrtmachen will. »Was ist mit der Gästeliste für deinen Geburtstag? Wann krieg ich die endlich? Immerhin sollte es dieses Mal klappen, wo wir schon zweimal verschoben haben.«

Tatsache. Einmal mussten wir die Feier wegen einer Windpockenepidemie in der Schule verschieben und das zweite Mal dann wegen Läusen. Mit hoher Wahrscheinlichkeit auch aus der Schule.

»Hab dir die Liste schon aufs Handy geschickt«, antwortet der Paul nun lässig und steckt seine Hände in die Hosentaschen. Irgendwie wirkt er grad furchtbar erwachsen.

»Wie war übrigens dein Sudoku-Wettbewerb?«, möchte ich jetzt noch wissen.

»Lief ganz gut«, antwortet er und zuckt mit den Schultern.

»Der wievielte Platz von wie vielen?«, bohr ich nach.

»Der erste von fünfundsiebzig«, entgegnet er, als würde er den Wetterbericht vorlesen. Ich kann es nicht fassen. Ich würde platzen vor Stolz.

»Mann, Paulchen, darauf solltest du stolz sein«, sag ich deswegen.

»Wieso sollte ich darauf stolz sein? Ich kann das einfach. So wie du ein- und ausatmen und Bier trinken kannst. Man kann doch nur stolz sein auf etwas, das man nicht gut kann, wo man sich anstrengen oder überwinden muss. Ich zum Beispiel, ich wäre stolz, wenn ich Fußball spielen könnte, obwohl ich es ja eigentlich nicht mag. Aber ich glaub, ich mag es schon deshalb nicht, weil ich es eben nicht kann. Am stolzesten wär ich aber, wenn ich vom Zehnmeterbrett springen könnte. Aber ich schaff es ja noch nicht mal vom Dreier.«

Mann, ist der erwachsen geworden! Ich kann gar nicht mehr wegschauen von ihm. Wie er da so steht, die Hände in den Hosentaschen und mit dem aufgeschlagenen Knie. Und redet daher wie ein ganz großer Mann. Die Susi daddelt an ihrem Handy rum. Für sie scheint das alles nicht so spannend zu sein wie für mich. Aber gut, sie kennt ihn schon irgendwie besser, ihren Prinzen.

»Sieben Leute?«, sagt sie und blickt dann vom Display hoch. »Fünf Jungs und zwei Mädchen. Und wer ist dieser Egon?«

»Dieser Egon ist ein Freund, Mama. Du hast gesagt, ich soll Freunde einladen.«

»Ja, aber den kenn ich nicht«, sagt sie und schmiegt sich noch dichter an mich.

»Aber ich kenn ihn«, muss ich hier einwenden. »Und er ist toll.«

»Wenn wir jetzt alles geklärt haben, dann würde ich gern zum Onkel Leopold rüber. Wahrscheinlich ist die Pizza längst da. Ich wär dann wahrscheinlich so in einer Stunde zurück. Nur, damit ihr Bescheid wisst. Wegen Sex«, grinst er noch kurz und schon ist er verschwunden.

Einen Moment lang haben wir dem Paul noch hinterhergeschaut, wie er mit wippenden Schritten durch die Terrassentür verschwunden ist. Dieser schlaksige Blondschopf mit roten Backen, zu langen Haaren, aufgeschlagenem Knie und ganz schön viel Hirn in seinem kleinen Kopf.

»Groß ist er geworden«, sag ich noch zur Susi.

»Und schön«, murmelt sie mir an die Brust. »Er ist einfach nur schön.«

Dann müssen wir wohl beide eingeschlafen sein. Gut, ist auch weiter kein Wunder. War doch die Nacht davor für uns beide sehr kurz und der Tag danach anstrengend, wenn auch aus unterschiedlichen Gründen heraus.

Aufwachen tun wir dann zu dritt auf der Couch, und zwar, weil mein Telefon läutet. Wie das Paulchen heimgekommen ist, das haben wir wohl beide verpennt. Schäbige Rabeneltern, wie wir nun mal sind.

»Willst du nicht rangehen?«, kann ich nun die Susi vernehmen und ich schüttle den Kopf, was sie freilich nicht hört. Das Paulchen übrigens ebenfalls nicht.

»Väterchen, jetzt geh bitte ran«, sagt der nämlich gleich drauf und so geh ich halt ran.

»Einen wunderschönen guten Morgen«, hör ich den Rudi, der jetzt in die Leitung trällert, offenbar bester Laune und obendrein scheint er auch grad äußerst gesprächig. Ich klemm mir das Handy zwischen Kissen und Kopf und hör einfach zu. Kann es sein, dass ich dem Paulchen seinen Fuß im Gesicht hab?

Wunderbar, sagt der Rudi. Sein Leben wär plötzlich einfach wunderbar. Denn nicht nur, dass er maßgeblich, wenn nicht gar entscheidend, an der Aufklärung unseres Falles beteiligt war. Nein, jetzt hätte er vermutlich noch einen echten Jackpot obendrauf. Weil nämlich grad vor ein paar Minuten der Markus bei ihm angerufen hätte und ihm einen Vorschlag gemacht hat. Einen Vorschlag, den er unmöglich ablehnen kann und den ihm wohl der Himmel geschickt hätte. Es kann natürlich sein, dass ich zwischendurch einmal kurz eingenickt bin, weil der Rudi ab und zu FRANZ! in den Hörer schreit. Aber unterm Strich krieg ich die Geschichte schon zu Ende. Also, pass auf: Bei diesem Gespräch, da hat der Markus den Rudi dann gefragt, ob er sich eventuell vorstellen könnte, ihm auf dem Campingplatz ein wenig zur Hand zu gehen. Dort herrscht ja bekanntermaßen immer noch das pure Chaos von diesem Unwetter und obendrein sind ihm ja jetzt – ebenfalls bekanntermaßen – zwei seiner wichtigsten Mitarbeiter ausgefallen. Er weiß gar nicht mehr, wo er eigentlich anfangen soll, und er würde auch tüchtig bezahlen, sofern halt auch tüchtig hingelangt wird. Wahrscheinlich hat der Markus längst durchschaut, dass es beim Rudi ständig irgendwie klamm ist.

»Na? Was sagst du dazu?«, frohlockt der Rudi abschließend in den Hörer und ich versuch, mich irgendwie aus diesem Familien-Knödel zu befreien.

»Prima«, sag ich, während ich nach meinen Schuhen such. »Dann bist du ja jetzt so was wie der Handlanger von einem Campingplatzbetreiber. Das nenn ich doch mal einen Karriereschub.«

»Es ist eine Arbeit, die mir Spaß macht, ein Ort, an dem ich mich wohlfühle, und ein Mensch, der mich ernst nimmt. Und ganz obendrein verdiene ich Geld. Denn ganz im Gegenteil zu dir hab ich in den letzten Tagen und Wochen und, ja, auch Jahren keinen Cent damit verdient, irgendwelche blöden Mordfälle aufzuklären. Ach, und es wäre schön gewesen, wenn du dich einfach nur mal mit mir gefreut hättest, Franz.«

»Dann freu ich mich halt jetzt einfach nur mal mit dir, Rudi.«

»Weißt du was, leck mich einfach am Arsch.«

»Auch das gerne. Vielleicht können wir das ja verbinden, wenn du dem Papa sein Auto zurückbringst. Du weißt ja, der Fall ist abgeschlossen, die Kiste muss zurück«, sag ich noch, dann hängt er mir ein. Darüber oder generell über den Birkenberger Rudolf weiter nachzudenken, das würde jetzt gar keinen Sinn machen. Er ist, wie er ist. Und im Grunde ist er auch gut so, wie er ist. Und weil ich ebendarüber nicht weiter nachdenken muss, da stört es auch gar nicht groß, dass nun die Nathalie ihre Nase zur Terrassentür reinstreckt.

»Morgen! Ich fahr Semmeln holen«, ruft sie zu uns rein. »Braucht ihr irgendwas?«

»Ja«, antwortet die Susi und ist nun schlagartig wach.

»Warte, Nathalie, ich komm mit«, ruft gleich drauf der Paul und so schnell hab ich den noch nie in seinen Turnschuhen gesehen. Und wie sich die beiden samt Einkaufsliste schließlich auf den Weg machen, da geh ich gleich mal die Treppe ins Obergeschoss hinauf, um zu duschen.

»Wir müssen übrigens noch über den Geburtstag vom Paulchen reden«, ruft mir die Susi hinterher, während sie einen Kaffee aufsetzt.

Kindergeburtstage. Was soll man dazu eigentlich sagen? Vielleicht, dass sie immer abartiger werden? Dass ein Kinobesuch mit anschließender Pizzeria für zwanzig Kinder schon eher als Armutszeugnis gilt? Einen Escape-Room oder eine ganze Kletterhalle samt Verkostung anzumieten, das ist ja wohl das Mindeste. Ein zweitägiger Lama-Ausritt, selbstverständlich inklusive Übernachtung im Zelt, ist schon ganz nett. Gut, Disneyland Paris ist jetzt vielleicht nicht jedermanns Sache, aber bei den meisten würde das doch ganz gut ankommen …

Herrjemine!

Was ist denn nur geworden aus dem guten alten Topfschlagen? Dem Sackhüpfen und dem Würstlschnappen? Aus dem Mohrenkopfwettessen, dem Versteckerlspielen und den Wasserpistolenschlachten?

Ich dusch mir die restliche Seife runter und trockne mich ab.

»Mach dir keine Gedanken über die Geburtstagsparty«, sag ich dann zur Susi, wie ich mir kurz darauf einen Kaffee einschenk, und ihr dann ein Bussi auf die Stirn geb. »Die Oma, die hat das jahrelang prima gemacht. Die hat alle Zeit der Welt und wird sich darüber Gedanken machen. Und sie freut sich bestimmt, wenn sie eine so wichtige Aufgabe hat.«

»Aber, Franz. Die Oma, die ist aus der Zeit gefallen. Das ist einfach alles nicht mehr up to date, verstehst. Das würde so was von in die Hose gehen. Ganz abgesehen davon, dass sie das ja schon rein körperlich gar nicht mehr schafft.«

»Aber dafür hat sie ja jetzt Personal sozusagen.«

»Die Nathalie? Die hat doch gar keine Kinder. Ich mein, woher sollte die wissen, wie ein Kindergeburtstag funktioniert. Die Oma und die Nathalie. Ja, das würde eine großartige Geburtstagsparty werden. Herzlichen Dank auch!«

»Wollen wir wetten?«, frag ich und grins sie provokant an. Ich kenn sie genau, da muss sie einschlagen.

»Okay. Und worum wollen wir wetten?«, fragt sie nach einem kurzen Bedenkschnaufer retour und schlägt schon mal ein.

»Wenn die Party ein Flop wird, dann kriegst du dein Wochenende im Bayerischen Hof. Und die Oma wird nie wieder einen einzigen Geburtstag organisieren.«

»Klingt gut. Und wenn nicht?«

»Dann geben wir den Paul zur Adoption frei und haben jeden Tag vierundzwanzig Stunden lang Sex, und zwar in jedem Zimmer.«

»Auch auf dem Küchentisch?«

»Auch auf dem Küchentisch!«

»Gut, die Wette gilt«, sagt sie und wirft triumphierend den Kopf zurück. Anschließend deckt sie den Frühstückstisch ein, während sie fröhlich eine kleine Melodie vor sich her summt.

Es sollte eine ganze Woche ins Land ziehen und der Rudi hat sich noch immer nicht gemeldet. Was weiter nicht schlimm wär, soll er doch in seinem dämlichen Schneckenhaus vor sich hin schmollen. Oder mit seinem Markus den dämlichen Campingplatz wieder flottmachen. Mir wär das wurst. Aber dem Papa ist das nicht wurst. Zumindest ist es ihm nicht wurst, dass sein Admiral noch nicht wieder dort steht, wo er stehen sollte. Und zwar bei uns daheim. Deswegen nervt er mich mehrmals täglich und fragt mir ein Loch in den Bauch, wo seine blöde Kiste nun abbleibt. Drum hab ich quasi gar keine andere Wahl, als den ersten Schritt Richtung Rudi zu machen.

»Ah, Franz, das ist ja ein Zufall«, hör ich praktisch als Erstes, wie er an sein Telefon geht.

»Was?«, frag ich, weil ich nicht weiß, wovon er eigentlich spricht.

»Was, was?«

»Was ist ein Zufall?«

»Ach so. Es ist ein Zufall, dass ich gerade eben mit dem Markus über dich gesprochen hab. Gerade hab ich nämlich zum Markus gesagt, dass ich heute Nachmittag frei brauch, weil dein Sohn Geburtstag feiert.«

»Du bist gar nicht eingeladen.«

»Ja, wieder charmant wie eh und je, unser Franz. Aber ganz egal, ob ich eingeladen bin oder nicht, ich hätte dem Paul einfach gerne ein kleines Geschenk überreicht. Ich hab mir lange Gedanken darüber gemacht und ich glaub, er wird eine Freude dran haben. Außerdem hätte ich bei der Gelegenheit gleich deinem Papa den Wagen zurückgebracht.«

»Klingt gut. Die Party beginnt um drei.«

»Dann werde ich pünktlich und mit Geschenk und Auto aufschlagen.«

»Ach, bei der Gelegenheit, könntest du mir noch einen kleinen Gefallen tun.«

»Du willst was …? Das ist jetzt nicht dein Ernst, oder?«

»Es … es ist auch nicht direkt für mich. Also nicht erstrangig. Eher mehr für die Susi. Ja, sagen wir einmal so, du könntest der Susi einen Gefallen tun. Einen großen.«

»Und der wäre?«, fragt er und ich kann förmlich sehen, wie er seine Augen verdreht.

»Bevor du hier anrückst, könntest du da vielleicht noch einen kurzen Abstecher zum Bayerischen Hof machen und einen Gutschein für zwei Personen für ein Wochenende kaufen? Zimmerkategorie so gutes Mittelmaß. Du kriegst das Geld dafür, sobald du hier bist. Danke, mein Freund. Dann sehen wir uns um drei.«

Dann häng ich ein.

Um sechs hätten die Kinder wieder abgeholt werden sollen und um neun sind sie immer noch hier. Und nicht nur die Kinder, auch die Erzeuger von denen tummeln sich in unserem Refugium, als wären sie nie woanders gewesen. Die Stimmung auf dem Hof ist kaum zu beschreiben und die Einzige, die davon nix mehr mitkriegt, ist die Oma. Die schlummert nämlich selig in ihrem Lehnstuhl und ist nach all den Vorbereitungen jetzt einfach k. o. So liebevoll sie auch die Geburtstage vom Leopold und mir immer geplant hatte, dieses Mal hat sie sich mit größter Hilfe unserer Perle tatsächlich selbst übertroffen. Überall im Garten hängen Wimpelketten und Luftballone und obendrein jede Menge Lichterketten zwischen all den Obstbäumen. Aus alten Laken sind Zelte gebaut und auch unsere lang verwaiste Feuerstelle ist wieder aktiviert. Es hat auch tatsächlich jeder irgendwie mit anpacken wollen und ich muss neidlos anerkennen, das Spanferkel zu grillen, das hat er prima gemacht, der Leopold, die alte Schleimsau.

Das Geschenk vom Rudi ist ein Pfeil und Bogen. Selbst gebastelt und scharf. Welche Gedanken er sich darüber so lang gemacht hat, bleibt mir ein Rätsel. Übrigens hat der Rudi seinen Nachbarn und Vermieter Eugen mitgebracht, weil er ja auch irgendwie wieder nach München kommen muss, und der hat auch ein Geschenk mitgebracht: einen E-Scooter. Allerhand. Aber er sagt, das sei ein Pfand von einem Typen, der grad an einer Überdosis gestorben ist. Das Teil wär aber wie neu und er hätte es auch zuvor vorsorglich desinfiziert. Na, dann passt ja alles. Ein Neunjähriger mit einem E-Scooter und Pfeil und Bogen. Perfekt.

Die Kinder sind übrigens völlig begeistert von den ganzen Tattoos, die der Eugen so hat. Und im Laufe des Nachmittags kriegen sie von ihm dann auch ganz ähnliche verpasst. Und zwar ganzkörperlich und mit einem wasserfesten Edding, versteht sich. Da spielt es auch gar keine Rolle, dass übermorgen die große jährliche Aufführung vom Schulchor ansteht.

Die beste Party von allen. Da sind sich Erwachsene und Kinder im gleichen Maße einig. Und ob man das auch buchen könnte, möchte man wissen. Und ob da die Oma im Preis dann dabei wär. Oder wenigstens der Eugen.

Gegen zehn kehrt allmählich wieder Ruhe ein. Der Paul wirkt glückselig mit seinem Pfeil und Bogen in der Hand. Er sitzt noch drüben am Lagerfeuer mit seinem Freund Egon. Der bleibt heut über Nacht hier, weil einfach der Heimweg viel zu weit wär.

»Das war die allerallerbeste Party von allen«, sagt die Susi, wie sie vom Wohnzimmer wieder zu mir nach draußen kommt. Sie reicht mir ein kaltes Bier und hockt sich dann zu mir auf die Stufen. »Jetzt müssen wir leider den Paul zur Adoption freigeben.«

»Schade«, sag ich und stoß mit ihr an.

»Ja, es war ein so netter Kerl.«

Drüben im Hof können wir sehen, wie der Rudi und der Papa vor dem Admiral stehen, jeder ein großes Glas Rotwein in der Hand. Offenbar unterhalten sie sich auch über die alte Kiste, weil sie immer mal wieder kurz drum herumwandern und reden und nicken. Der Papa scheint äußerst zufrieden, dass er sein Schätzchen so heil zurückgekriegt hat, und der Rudi muss zuvor sogar noch in der Waschstraße gewesen sein.

Plötzlich haut der Papa dem Rudi so dermaßen auf die Schulter, dass der beinah umfliegt und sich grad noch am Kofferraumdeckel abfangen kann. Ja, bei Rotwein und Joints, da entwickelt unser alter Kiffer manchmal äußerst sonderbare Kräfte. Der Admiral beginnt nun zu rollen. Rollt quasi rückwärts auf die Hausmauer zu. Oha!

»Rollt dem Papa sein Auto grad weg?«, fragt mich die Susi und ich nicke.

Genau in diesem Augenblick, da tritt der Leopold auf den Plan. Er springt wie ein Tiger auf die rollende Karosserie zu und reißt die Wagentür auf. Hopst dann hinein und zerrt aus Leibeskräften an der Handbremse. Wie er dann wieder raushüpft, hält er sie in der Hand. Mit einem relativ lauten Krach donnert der alte Opel schließlich ans Hauseck und dann ist alles wieder ruhig. Der Papa nimmt einen ganz tiefen Zug, haut dem Rudi erneut auf die Schulter und sagt: »Scheiß drauf!«

Er sagt einfach scheiß drauf, ich kann es kaum glauben.

»Ja, das war ein echt sehr schönes Fest«, sagt die Susi ein paar Momente später und nimmt einen Schluck Bier. »Nur ein bisschen schade, dass ich die Wette verloren hab.«

»Ach ja«, sag ich und zieh nun diesen Gutschein aus meiner Hosentasche. Den überreich ich ihr dann und könnte grad platzen vor Spannung. Was sie wohl gleich sagt?

Ganz langsam, fast feierlich, öffnet sie jetzt den Umschlag. Ihr Mund geht auf und nicht mehr zu. Dann schlägt sie die Hände davor, wahrscheinlich, weil sie grad schreien könnte vor Glück.

»Ein Gutschein! Vom Bayerischen Hof! Für ein ganzes Wochenende!«, sagt sie. »Aber warum für drei Personen?«

»Wie, für drei Personen?«, frag ich und nehm ihr die Karte aus der Hand.

Gutschein
nicht übertragbar
für
Franz Eberhofer
Susanne Gmeinwieser
Rudolf Birkenberger

steht da in goldenen Lettern.

»RUDI!«, schrei ich und spring auf. Und schon kann ich ihn flitzen sehen.

Glossar

Auf der Brennsuppe dahergeschwommen	Wenn jemand auf der Brennsuppe daherschwimmt, dann hat er keinen blassen Schimmer von gar nichts. Sprich, keine Ahnung, keinen Durchblick oder er weiß halt einfach nicht, was abgeht. Wenn allerdings jemand behauptet, dass ich auf der Brennsuppe dahergeschwommen bin, dann hat er es ganz genau beieinander. Obacht, kann ich da bloß noch sagen.
Den Schuh aufblasen	Da gibt's einige Zeitgenossen, die mir den Schuh aufblasen können, wenn nicht sogar die meisten. Und zwar zu jeder Zeit und an jedem Ort. Aber um es auf den Punkt zu bringen, es ist vielleicht eine eher schmeichelhaftere Umschreibung davon, wie wenn dich jemand am A.... l..... kann. Oder so.
Wenn's hinten höher wird als vorne	Also, wenn es einem hinten höher wird als vorne, dann langt's dem. Dann hat er die Nase voll oder die Schnauze. Unterkante Oberlippe sozusagen. Oder er glaubt einfach, dass er nicht richtig sieht. Oder hört. So was halt.

Wo der Barthel den Most holt Wenn jemand weiß, wo der Barthel den Most holt, dann weiß er, wo's langgeht. Dann ist er der Chef im Ring, hat die Hosen an oder die Hand am Hebel. Ist mit allen Wassern gewaschen und hat den Durchblick. Sprich, ein echter Macher halt.

Vom Arsch gefallen Wenn jemand ausschaut, als wär er dir vom Arsch gefallen, dann sieht er dir halt recht ähnlich. Der Paul ist mir natürlich nicht vom Arsch gefallen, das wär auch ein biologisches Wunder, aber dass er so ausschaut, das freut mich dann schon. Besonders, weil die Susi-Maus ja immer steif und fest behauptet, dass er rein genetisch bedingt total in ihre familiäre Richtung käme. Lachhaft, wirklich.

Der Zahn trieft Also wenn mir der Zahn trieft, dann gibt es entweder was Feines zu riechen oder zu sehen. Im Härtefall beides gleichzeitig. Also rein kulinarisch gesehen. Beispiel: Ich steig aus dem Streifenwagen und mir knurrt schon der Magen. Wie ich die Tür zum Simmerl aufmache, da kommt mir eine Duftwolke entgegen. Leberkäs, Schweinshaxe, Schnitzel. Kurzum alles, was seine heiße Vitrine halt so hergibt. Da merk ich dann schon, wie sich das Wasser in meinem Hals sammelt. Aber dann, wenn ich rein visuell die volle Bandbreite vom Simmerl seinem Mittagsangebot abkrieg, da trieft mir halt dann der Zahn. Und aus.

Ein Brummkäfer Wie der Paul noch ganz klein war und die ersten Blähungen hatte, da sind die ganz leise gewesen und er hat sie … sagen wir einmal mehr oder weniger ignoriert. Als sie dann lauter wurden, da ist er dann manchmal ein bisschen erschrocken und hat uns mit großen Augen angeschaut. Dann haben wir öfter gesagt, ob denn da womöglich ein Brummkäfer ins Zimmer geflogen ist? Da hat er immer recht lachen müssen, der Paul. Heute lacht er nicht mehr, wenn er pupst. Heute ist es ihm unangenehm. Drum gibt es sie auch kaum noch, seine Pupse. Aber wenn es ihm halt doch einmal passiert, dann ist es eben immer noch ein Brummkäfer.

Leftutti Ein Leftutti ist gemeinhin ein Handlanger, ein Helfer oder auch Knecht. In der Mehrzahl der Fälle von gutmütiger Natur und nicht selten, doch durchaus nicht zwingend, mit einem eher unterdurchschnittlichen IQ gesegnet.

Speis Die Speis ist bei uns halt die Speisekammer. Also quasi eine Kurzform davon. Und sie ist ein wahres Lebenselexier. Vorausgesetzt freilich, dass sie voll ist. Bei der Oma, da war sie immer voll. Voll bis zur Decke. Und wehe, wenn's irgendwo Sonderangebote gab. Da hat sie noch in der Küche gestapelt. Und sogar in ihrem Schlafzimmer. Da müssen wir schon noch ein bisschen üben. Müssen sie ein wenig dressieren, unsere nagelneue Nathalie.

Ratschkatl

Eine Ratschkatl ist quasi ein zusammengesetztes Namenwort, und zwar aus den Worten ratschen und Katl. Fangen wir einmal mit dem Ratschen an. Ratschen ist reden. Oder plaudern, wie man gern im Ausland sagt. Katl ist eine Kurzform von Katarina. Was uns demzufolge sagen will, dass eine Ratschkatl eine plaudernde Katarina ist. Zwingend muss es aber keine Katarina nicht sein. Eine Ratschkatl kann auch Monika heißen. Oder Evelyn. Oder Greta. Ja. Nein, was ich damit sagen will, eine Ratschkatl ist eine Person, die viel redet (am liebsten über andere), nicht unbedingt Katarina heißen muss und weiblichen Geschlechts ist. Bei divers könnt ich es jetzt nicht genau sagen …

Rezepte

Apfelstrudel aus Südtirol

Teig: 250 Gramm Mehl auf ein Backbrett sieben und in die Mitte eine Mulde drücken, 2 EL zerlassene Butter (unbedingt Butter!), ein Ei und eine Prise Salz hineingeben. Nun alles gut verkneten, bis ein elastischer und geschmeidiger Teig entsteht. Nach und nach etwa 100 ml lauwarmes Wasser zugeben. Den Teig zu einem Ball formen und mit Öl bepinseln. Dann in eine Schüssel geben, zudecken und an einem warmen Platz für etwa eine 1/2 Stunde ruhen lassen.

Füllung: 1 Kilogramm feste säuerliche Äpfel schälen, vom Kerngehäuse befreien und in möglichst schmale Scheibchen schneiden. In eine Schüssel geben, mit abgeriebener Zitronenschale, 2 EL Zitronensaft, 3 EL Pinienkernen oder Mandelsplittern, 70 Gramm Zucker und 1/2 TL Zimt mischen. 100 Gramm Rosinen einweichen, abtropfen lassen und ebenfalls untermischen.

Nun wird ein großes Küchentuch mit Mehl bestäubt und der Teig darauf platt gedrückt. Anschließend mit dem Nudelholz sehr dünn ausrollen. Am besten sollte man das Muster vom Küchentuch gut durchscheinen sehen. Dann die Teigdecke dünn mit der zerlassenen Butter bestreichen und 2 EL Semmelbrösel daraufstreuen. Nun werden die Äpfel gleichmäßig darauf verteilt. Dabei an beiden schmaleren Seiten und einer langen Seite einen 2 cm breiten Rand belassen. Nun die schmalen Seiten bis zur Füllung einschlagen und von der nicht ausgesparten Seite her zügig aufrollen. Das geht am besten mit einem Küchentuch. Mithilfe des Tuches wird der Strudel nun auch auf das Backblech gehoben (Backpapier!). Die Nahtstelle sollte möglichst nach unten kommen, damit sie nicht aufgeht.

Nun die Oberfläche des Strudels mit reichlich zerlassener Butter einstreichen und dann bei 200 °C Ober-/Unterhitze im vorgeheizten Backofen für eine Stunde backen.

Nach dem Abkühlen mit Puderzucker bestäuben.

Dazu wird heiße Vanillesoße gereicht.

Ein ganz feiner Apfelstrudel ist das, ich hab ihn selber probiert. Und erst, da hat er das Rezept ja gar nicht rausrücken wollen, der Wirt von der Wanderlust. Aber ich glaub, meine Dienstwaffe hat ihn schon ein bisschen beeindruckt und letztendlich dann wohl auch überzeugt. Und – und das ist jetzt nicht unwichtig – ich hab ihm freilich hoch und heilig versprechen müssen, dass die Sache unter uns bleibt. Nein, hab ich zu ihm gesagt, da müssen Sie sich gar keine Sorgen machen. Da kann ich schweigen wie ein Grab. Wenn Sie das Rezept geheim halten wollen, dann kann ich das durchaus verstehen. Aber freilich weiß ich auch, dass ihr ebenfalls schweigen könnt. Genießen und schweigen sozusagen. Wie ein echter Gentleman halt.

Pasta à la Luisa

100 Gramm getrocknete Tomaten (oder in Öl eingelegte) sowie 250 Gramm geräucherten Speck in kleine Würfel schneiden. 1 kleine Zwiebel und 2 Knoblauchzehen abziehen und klein hacken. 50 Gramm schwarze Oliven ohne Stein und 2 Chilischoten ebenfalls in kleine Stücke schneiden. Jetzt den Speck in einer Pfanne auslassen, dann Knoblauch und Chilischoten sowie 3 EL Tomatenmark zugeben. Auf größerer Hitze kurz anbraten und umrühren. Mit 375 ml Brühe ablöschen und 5 Minuten köcheln lassen. Abschließend 50 Gramm ganze schwarze Oliven ohne Stein und eine Handvoll Basilikumblätter unterheben. Nach Geschmack salzen und pfeffern. Wenn man das Nudelwasser am Kochbeginn aufgesetzt hat, ist alles gleichzeitig fertig. Jetzt also die Nudeln abgießen (Rigatoni eignen sich prima) und mit der Pastasoße in einer großen Schüssel vermengen. Dann servieren. Dazu schmeckt am besten ein trockener Rotwein.

Auch zwei oder drei trockene Rotweine schmecken dazu ganz einwandfrei. Immer schön vorausgesetzt, dass man von Gläsern spricht und nicht von Flaschen. Und dass man am nächsten Tag nicht irgendwo im Nirgendwo in schwindelerregender Höhe einen Mord aufzuklären hat. Aber ich hab mir nix anmerken lassen, auch wenn ich noch so ver-

katert war. Wär ja noch schöner, wenn man sich da von so ein paar italienischen Kollegen als Warmduscher abstempeln ließe.

Eierravioli à la Rudi

Relativ einfach.

Dose auf, fragwürdigen Inhalt in einen Topf füllen und langsam auf einem Campingkocher erhitzen. In Ermangelung eines solchen reicht auch ein Lagerfeuer. Ist kein Topf vorhanden, kann man auch die Dose selber erhitzen. Aber Obacht, das können nur Profis. Ist weder ein Topf noch eine Wärmequelle vorhanden, dann isst man die Ravioli so, wie sie sind, also kalt direkt aus der Dose. Ein Dosenöffner erleichtert die Sache ganz entscheidend.

Als mich der Rudi vor Lichtjahren das erste Mal zu sich nach Hause zum Essen eingeladen hat, da war genau das sein Hauptgericht. Zwei Dosen Eierravioli. Eine mit und eine ohne Fleisch. Vorspeise: Salzstangen. Nachspeise: ein Dany Sahne Schoko. Dazu eine Flasche Lambrusco samt Preisetikett vom Tengelmann: 3 Mark 49. Aber irgendwie war alles nett. Wir sind auf diesem schäbigen Sofa gesessen, das noch von seinen Vormietern da war, und haben von Tellern gegessen, wo Korn- und Sonnenblumen drauf waren. Unsere »Weingläser« haben die Peanuts verziert und eins davon hatte sogar einen Sprung. Die Plastiktischdecke war vollkommen ausgebleicht. Und diese Kerze auf dem Tisch war eine, wo sonst nur auf Friedhöfen steht, und ich hab es tunlichst unterlassen, mich nach deren Herkunft zu er-

kundigen. Doch am Ende war es ein echt guter Abend. Wir waren satt und der Rudi, der war tatsächlich ziemlich stolz hinterher.

Hühnchen Gemüse
Reis à la Panida

500 Gramm Hähnchenbrust, 2 Paprikaschoten, 3 Frühlingszwiebeln und 100 Gramm Möhren klein schneiden. 200 Gramm Kaiserschoten halbieren. 2 EL Sesamöl in einem Wok erhitzen und 2 EL Currypaste rot kurz sautieren. 800 ml Kokosmilch dazugeben und aufkochen lassen. Das Hühnerfleisch zugeben und 5 Minuten köcheln lassen. Anschließend die restlichen Zutaten zugeben und weitere 5 Minuten köcheln lassen.

Dazu serviert man am besten Jasminreis.

Die Panida, die hat ihr Rezept gern rausgerückt. Oder anders gesagt: Sie hat sogar drauf bestanden, dass es hier ins Buch kommt, nachdem sie rausgefunden hat, dass hier Rezepte drinstehen werden. Und als wäre das nicht schon genug, nein, sie wollte natürlich auch alles richtig machen. Deswegen hat sie mir dann Dienstag, Mittwoch und Freitag jeweils ihr Thai-Curry gekocht und hinterher gefragt, welches nun das beste war. Keine Ahnung. Denn es hat Dienstag, Mittwoch und Freitag vollkommen identisch geschmeckt. Und auch am Donnerstag, da wo ich dann die Reste von Dienstag und Mittwoch abgekriegt hab.

Wurstsalat à la Papa

500 Gramm Lyoner und 10 Essiggurken in Scheiben und 2 mittlere rote Zwiebeln in Ringe schneiden. 1 Bund Radieschen waschen und ebenfalls in Scheiben schneiden. 300 Gramm Bergkäse in kleine Würfel schneiden. Einen kleinen Bund Schnittlauch fein hacken.

Mit 3 EL Gurkenwasser, 7 EL Weinessig, 2 EL Öl, 100 ml Wasser, 2 TL scharfem Senf, 1/2 TL Paprikapulver, einer Messerspitze Cayennepfeffer und jeweils 1 Prise Zucker und Salz die Salatsoße anrühren und anschließend sämtliche Zutaten in einer Schüssel vermengen. Dazu reicht man frisches Bauernbrot oder resche Brezen.

Und ein Weißbier, das reicht man auch dazu. Zumindest im Idealfall. Wo der Papa dieses Rezept herhat, das wollte er nicht rausrücken. Aber eines steht fest: Von ihm ist es sicherlich nicht. Der hat nämlich in seinem ganzen Leben noch nie selber und ohne fremde Hilfe was Essbares zustande gebracht. Noch nicht einmal Weißwürst kriegt der hin, obwohl man die nur warm machen muss. Aber wenn der Papa die macht, dann sind die immer von oben bis unten aufgeplatzt und schmecken nur noch nach Wasser. Da hilft auch der beste Senf dann nix mehr. Den Wurstsalat aber, den hat er prima hingekriegt, gar keine Frage.

Danksagung

Barbara Laugwitz
Was hat mein großartiger Verlag doch für ein Glück mit dieser Verlegerin!

Liebe Barbara, ich danke Dir für Dein Vertrauen, unsere gemeinsamen Abende, die im gleichen Maße entspannt wie effektiv sind, und Deine offene und direkte Art. Ich fühl mich bei Dir in den besten Händen und Du hältst Dein Versprechen, das Du Deinem Vorgänger, Herrn Wolfgang Balk, in Bezug auf meine Person gegeben hast, in allen Belangen. Nein, Du übertriffst es sogar. Danke dafür!

Esther Böminghaus
Ein Zitat von *Forrest Gump* (einem meiner Lieblingsfilme) kommt wohl der Sache am nächsten. »Das Leben ist wie eine Schachtel Pralinen, man weiß nie, was man bekommt.« So ist es auch mit neuen Lektorinnen. Inzwischen weiß ich, was ich bekommen hab. Nämlich eine blitzgescheite, witzige Frau, die keine offenen Worte scheut und dennoch immer schön über der Gürtellinie bleibt. Liebe Frau Böminghausen (ja, das ist absichtlich so und eher was für Insider), die Arbeit mit Dir macht rundherum Spaß.

Hier möchte ich mich bei Euch beiden noch einmal sehr für die inspirierenden Momente in Italien bedanken. Vieles in diesem Buch hat genau in diesen Stunden seinen Anfang genommen. Vielleicht sogar das meiste.

Ester Fürst

Meine liebe Ester, ich danke Dir von Herzen, dass Du wieder mal beim Startschuss an meiner Seite warst und meine »Geburtswehen« – und die damit verbundenen Gefühlsschwankungen – tapfer ertragen hast. Ich könnte mir keine bessere Begleitung vorstellen.

Mein lieber Schatz, Martin

Dir danke ich besonders und über alle Maßen. Schon allein, weil Du an meiner Seite bist und Dich um alles kümmerst, was mich wahnsinnig macht. Deine Geduld für mein wechselhaftes Temperament während meiner Schreibphasen grenzt schon an Tapferkeit und allein dafür liebe ich Dich über alles. Du bist mein größtes Geschenk.

Sodala. Die Eberhofer-Fans

Danke! Danke! Danke!

Mehr kann man zu Euch einfach nicht sagen. Schon seit einigen Büchern (den letzten 3 oder sogar 4) verabschiede ich mich bei den abschließenden Kapiteln immer ein bisschen wehmütig von Niederkaltenkirchen und seinen Bewohnern. Einfach, weil ich denke: Irgendwann ist ja mal gut. Irgendwann ist auserzählt. Irgendwann wollen die Leute da draußen einfach keinen Eberhofer mehr. Das wär auch nicht schlimm. Schließlich hatten wir ja eine echt lange Zeit zusammen. Für mich persönlich war es die geilste Zeit meines Lebens. Noch nie zuvor hat mir eine Arbeit einen solchen Heidenspaß gemacht, wie diese Bücher zu schreiben. Aber wie gesagt, irgendwann ist es auch gut. Denkt man halt so.

Doch dann soll sich ein weiteres Mal rausstellen, dass ich da die Rechnung wohl wieder mal ohne Euch gemacht hab. Ihr wollt einen weiteren Franz. Und einen weiteren Rudi. Eine Oma. Eine Susi. Den Papa und den Leopold. Und jetzt besonders auch den Paul …

Und bitte schön, da sind sie wieder. Hier also ist sie ein weiteres Mal, diese durchgeknallte Truppe aus den Urtiefen der niederbayrischen Subkultur. Ihr habt es nicht anders gewollt.

Herzlichst
Eure Rita Falk

Leseprobe

ISBN der gedruckten Ausgabe 978-3-423-21330-1
eBook ISBN 978-3-423-41031-1

Kapitel 1

Ich geh also heute zum Simmerl (Dienstag Schlachttag: Blut- und Leberwürste). Ja, und da ist dann wieder diese Pelzmütze vor der Tür gelegen. Direkt vor der Eingangstür zur Metzgerei liegt eben diese Mütze. Ich weiß gar nicht, ob ich davon schon erzählt hab. Nein, wahrscheinlich nicht. Also: das war am Mittwoch (oder Donnerstag – egal), jedenfalls bin ich wie immer mit dem Ludwig meine Runde gegangen. Wir haben da eins-fünfundzwanzig gebraucht, für eine Eins-siebzehn-Runde, was aber hier keine Rolle spielt. Freilich ist der Ludwig wie immer brav vor mir her getrottet und hat auf einmal was aufgespürt. Ist dann ein paar Schritte voraus, hat was vom Boden aufgehoben und dem Herrle brav vor die Füße gelegt. Das war wie gesagt eine Pelzmütze. Und eine ziemlich kitschige obendrein, weil mit rosa Bändern und Glitzersteinen versehen. Die lag da so vor meinen Füßen und der Ludwig hat mit dem Schwanz gewedelt und sich gefreut. Dann plötzlich schnaufte eine Frau durch den Schnee und ich hab geglaubt, das ist jetzt sicher die Besitzerin von der Mütze und die ist froh, dass wir sie gefunden haben. Das war nicht ganz so. Weil: erstens war sie nicht froh, und zweitens war es keine Mütze. Bei genauerer Betrachtung hab ich dann vermutet, dass es ein Hund war, besser Hündlein, mit einem rosa Geschirr samt Glitzersteinen. Irgendwie hat die Frau (als sie wieder schnaufen konnte) mich angebrüllt, wieso ich mein Riesenmonster nicht besser im Griff hätte. Vermutlich hat sie den Ludwig gemeint. Dann hat sie mich angebrüllt, ob ich weiß, was so ein (der Name der Hunderasse spielt hier keine Rolle) Dingsbums eben kostet und wie empfindlich die sind.

Keine Ahnung.

Die Mütze lag immer noch am Boden und machte keinen Mucks. Wenn ich den Ludwig nicht so gut kennen würde, ich wär mir nicht sicher, ob die Mütze den Transport überlebt hat. Ja, dann hat die Frau das reglose Vieh auf den Arm gehievt, hat das nasse Laub von den Pfoten gezupft und ist wütend davongestampft. Ich hab mich wirklich gefragt, wie eine so zierliche Person so dermaßen stampfen kann. Aber gut.

Wie gesagt, dieser Zwischenfall hat uns unsere Bestzeit um acht Minuten überschreiten lassen, und das ist halt ärgerlich. Hab die Frau übrigens davor noch nie gesehen. Erst hab ich gedacht, das ist so ein Tagestourist, der will halt mal raus aus der Stadt und der kleinen Töle zeigen, dass man nicht nur an Laternenmasten schiffen kann. Aber nein, es muss wohl ein längerer Aufenthalt sein, weil eben heute die Mütze vor der Metzgerei lag.

Und heute ist Dienstag. Jedenfalls geh ich rein zum Simmerl, der sagt: »Servus Franz!«, und reibt sich die blutigen Hände an der Schürze ab. Dann seh ich die Frau wieder, die Besitzerin von der Mütze eben, und die tut so, als ob sie mich nicht bemerkt.

»Ist denn das Fleisch auch alles frisch?«, fragt sie den Simmerl. Der langt ihr eine Schweinshaxe über den Tresen und sagt: »Schauns', Frau, wenns' herlangen, dann könnens' den Puls noch fühlen.« Die Frau schüttelt den Kopf und nimmt ein Paar Wiener. Dann zahlt sie und geht raus. Wie sie wieder reinkommt, sagt sie, ich soll mein Riesenmonster von ihrem Pelz nehmen. Ich schau so durchs Fenster und da liegt der Ludwig am Boden und in seiner Bauchmulde liegt die Mütze. Ich sag: »Ludwig, steh auf!«, und der Ludwig steht auf.

Die Frau nimmt das Vieh auf den Arm und geht weg. Ich frag dann den Simmerl, ob er weiß, wer das ist, und er sagt: »Ja, freilich! Das weiß doch ein jeder. Ich frag mich wirklich manchmal, Franz, wie du eigentlich der Dorfgendarm sein kannst, wennst' immer der Letzte bist, der wo was erfährt. Blut- und Leberwürstl wie immer?«

»Sind denn die Würstl auch alle frisch?«, frag ich und muss grinsen.

»Frischer geht's nicht. Die Sau ist erst heut früh an der Blutvergiftung krepiert, kam von der Leberzirrhose.«

»Heut früh sagst? Ja, frischer geht's wirklich nimmer. Dann drei Stück von jeder, wie immer. Und jetzt erzähl, was du von der Frau weißt.«

Der Simmerl schneidet die Würste ab und packt sie in die Tüte.

»Ja, die. Die hat doch das alte Sonnleitnergut geerbt, hab ich gehört. Von der Tante oder der Großtante, was weiß ich. Die war ja auch schon ein paar Jahre im Pflegeheim davor. Ich kann mich an die Alte nimmer erinnern, du vielleicht?«

Ich schüttele den Kopf. Nein, ich kann mich nicht erinnern, dass überhaupt jemals irgendwer auf dem Sonnleitnergut gewohnt hat. Das ist ja auch kein Ort zum Wohnen. Wir haben uns da ja schon als Kinder in die Hosen geschissen, wenn wir bloß über die Mauer geschaut haben. Dieses alte Gemäuer mitten im Wald. Weit und breit kein Nachbar. Unheimlich. Und jetzt wohnt da so eine zierliche Frau mit einem winzigen Hund (vermute noch immer, dass es ein

Hund ist, gesagt hat sie es nicht) in diesem düsteren Kasten. Ich weiß nicht. Könnt mir auch was Schöneres vorstellen. Ja, der Ludwig kriegt dann noch eine Weiße vom Simmerl und dann gehen wir heim.

Die Oma macht uns die Blut- und Leberwürste mit Kraut und Kartoffelstampf und der Papa frisst wie ein Schleuderaffe. Hinterher braucht er ein Schnapserl für den Magen und zieht sich wieder die Beatles rein. Ziemlich laut. Und ich bin froh, dass die Oma schon taub ist und sich nicht jeden Abend den gleichen Scheißdreck anhören muss. Ich geh dann mit dem Ludwig die Runde (eins-zwanzig, ich glaub, die Würstl waren zu schwer im Magen) und danach schau ich noch auf ein Bier oder zwei zum Wolfi rein. Das ist schön.

Wie ich daheim zur Tür reinkomm, fall ich zuerst einmal über einen Zementsack. Das ist scheiße, weil jetzt mein Knie aufgeschlagen ist. Wenn ich nicht bald mal Gas geb, wird der Saustall immer ein Saustall bleiben und ich muss wieder rüberziehen ins Haus. Das will ich aber auf gar keinen Fall! Schon allein wegen den Beatles. Also muss ich mich jetzt mal zusammenreißen und mit dem blöden Umbau weitermachen. Weil, wenn der nämlich einmal abgeschlossen ist, dann ist das ein Wohnkomfort vom Allerfeinsten: 50-cm-Außenwände, Rundbogenfenster, Deckengewölbe, Offenes Wohnen mit über hundert Jahre alten Stützbalken und ebenso alten Kalksteinkacheln. Jeder Architekt würde in Zuckungen geraten. Vor den Wohnluxus jedoch hat der liebe Gott die Arbeit gestellt. Und die Materialkosten. Und den Obi.

Der Ludwig haut sich dann auf den Zementsack und schon schnarcht er. Ich stell mir den Heizstrahler an, leg mich aufs

Kanapee und schlaf ein. Aufwachen tu ich dann schweißgebadet, wie immer. Weil es auf dem Kanapee ungefähr fünfzig Grad hat und im restlichen Saustall ist es knapp über dem Gefrierpunkt, wie immer. Die Drähte vom Heizstrahler sind blau und nicht mehr gelb oder orange, und wie ich den Stecker rauszieh, sprüht's überall Funken. Nein, ich muss mit dem Umbau jetzt weitermachen, so hat das alles keinen Zweck mehr. Wenn's in der Arbeit ruhig zugeht, was aller Voraussicht und Erfahrung nach so ist, dann pack ich's jetzt an.

Am nächsten Nachmittag fahr ich die Oma zum Aldi, weil der den Zucker im Angebot hat. Die Oma kauft zwanzig Kilogramm und eine Bluejeans, weil die auch im Angebot ist.

»Der Papa braucht ganz dringend eine neue, weil ich es satt hab, den löchrigen Fetzen, den er am Leib trägt, jede Woche zu flicken«, sagt sie. Sie hört halt nicht, was sie sagt, drum ist es ziemlich laut und die anderen Einkäufer schauen alle her. Wir gehen dann an die Kasse und die Oma fragt die Frau dort: »Ist das schon eine gescheite Qualität, die Bluejeans?« Die Kassiererin sagt, einwandfrei, sie hat selber zwei, und die Oma kann sie nicht hören. Ich halte dann den Daumen so nach oben und die Oma kapiert's.

Auf dem Heimweg halt ich noch beim Obi an wegen Schrauben und Dübeln und ein paar Dämmplatten. Die Oma will nicht mit rein, weil ihr die Hühneraugen wehtun, sagt sie, und so bleibt sie halt im Auto sitzen.

Leider find ich keinen von diesen singenden, wahnsinnig geschickten, schlauen und flinken Verkäufern. Wobei das nicht ganz stimmt. Flink sind sie eigentlich schon, weil: immer, wenn ich einen entdecke – schwups – ist er auch schon wieder weg. Vermutlich zur Singstunde. Na, jedenfalls hab ich dann irgendwann mein Zeug zusammen und geh so zum Auto. Freilich hab ich, weil ja die Oma sitzen geblieben ist, den Autoschlüssel stecken lassen. Und das ist scheiße, wie sich jetzt rausstellt. Die Oma ist nämlich eingeschlafen und die Türen sind zu wegen Zentralverriegelung. Wahrscheinlich hat sie abgesperrt, damit sie nicht geklaut wird. Ja, und wenn man die Oma kennt, weiß man, da hilft kein Klopfen oder Rufen. Da hilft nur Warten. So renn ich mit dem Einkaufswagen immer um das Auto rum, wegen der Kälte. Zu weit weg will ich mich nicht entfernen (hätte ja derweil einen Kaffee trinken können in dem Bistro vom Obi – aber nein), weil: es hätte ja sein können, dass die Oma kurz aufwacht und dann bin ich beim Kaffeetrinken. Also lauf ich zweieinhalb Stunden um das Auto rum. Einmal kommt der Hausdetektiv und fragt, ob er mir helfen kann. Ich zeig ihm meinen Dienstausweis und sag, ich arbeite undercover. Er meint, dass ich nicht sehr unauffällig agiere. Und ich empfehle ihm, er soll sich jetzt lieber schleichen, weil er nämlich der Einzige wär, der grad auffällt.

Ja, und dann wacht die Oma irgendwann auf und öffnet die Tür. Es ist jetzt draußen schon stockmauernfinster und sie brüllt mich an: »Was in Dreiherrgottsnamen hast du jetzt da so lang drin gemacht?«

Jesus Christus!

Der Papa sagt hernach, die Jeans ist scheiße und sie soll sie zurückbringen und lieber noch mal zwanzig Kilogramm Zucker holen.

Später ruf ich dann den Flötzinger an und der meldet sich mit: »Gas, Wasser, Heizung Flötzinger.«

»Servus Flötzinger«, sag ich. »Nächste Woche kannst bei

mir mit der Heizung anfangen. Bis dahin wär ich dann so weit, dass es halt passt.«

»Du kannst mich am Arsch lecken«, sagt er. »Ich hab nämlich jetzt vierzehn Wochen lang auf deinen Scheißauftrag gewartet. Und jetzt hab ich was anderes. Einen Riesenauftrag hab ich jetzt. Und das kann dauern.«

Danach treffen wir uns beim Wolfi und da erzählt er mir, dass er jetzt am Sonnleitnergut Gas, Wasser und Heizung macht.

»Die Auftraggeberin ist eine echte Sahneschnitte«, schwärmt er mir her. »Eine gewisse Dechampes. Dechampes-Sonnleitner, soviel ich weiß. Sagt dir das was?«

»Dechampes? Nein, nie gehört.«

»Ja, die Mutter glaub ich hat einen Franzosen geheiratet, oder so.«

»Aha.«

»Ja, und von der hab ich jetzt einen Auftrag. Einen dringenden. Und das passt jetzt ganz einwandfrei, weil nämlich mein Weib mitsamt den Kindern über die Weihnachtsferien zu den Schwiegereltern nach England fährt. Und dann«, sagt er, »wenn die Mary mit dem Ignatz-Fynn und der Clara-Jane erst mal weg ist, könnte man ja anfangen, am Sonnleitnergut das eine oder andere Rohr zu verlegen.«

Ja, mir hilft das aber auch nicht weiter, weil's mir nix nützt, wenn der Flötzinger am Sonnleitnergut Rohre verlegt.

Ich komm dann ziemlich spät heim und schlaf gleich auf dem Kanapee ein, obwohl der Papa wieder die Beatles hört (›Michelle‹). Um Viertel nach drei wach ich auf und der Papa hört immer noch Beatles. Ich geh dann mit meiner Dienstwaffe ins Haus rüber und schieß ein paarmal auf den Plattenspieler. Aus ist es mit der Michelle und tausend schwarze

Scherben fliegen durchs Zimmer. Paul und George und Ringo und John sind jetzt still. Ich puste den Rauch von meiner Pistole und leg mich wieder aufs Kanapee. Kurz bevor ich einschlaf: ›Let it be‹. Offenbar funktioniert der Kassettenrecorder noch.

Mark David Chapman hat den John Lennon erschossen – Gott hab ihn selig. Sein Vater muss ein Beatlesfan gewesen sein.

Weihnachten. Heilig Abend wie immer: Kartoffelsalat und Würstl, Weihnachtsschallplatte von den Regensburger Domspatzen, Mitternacht Christmette mit der Oma. Wir schlafen wieder alle zwei ein und am Schluss weckt uns der Pfarrer, bevor er zusperrt. Das macht er jetzt seit drei Jahren. Weil: damals hat er uns nämlich vergessen in der Kirche und wie wir aufgewacht sind, haben wir mitten in der Nacht das halbe Dorf raustrommeln müssen anhand der Kirchentür.

Am ersten Feiertag kommt dann der Leopold mit seiner rumänischen Roxana und die Oma brät uns ein Ganserl. Der Papa freut sich und der Leopold tut auch so, als würd er sich freuen, die alte Schleimsau. Die Roxana redet beim Essen wieder kein Wort, zumindest nicht mit uns anderen, zum Leopold sagt sie einmal: »Läobold, kannst du Salz gäben?«, und Läobold gibt Salz. Sonst sagt sie nix. Sie richtet ein paarmal über den Tisch hinweg ihre rehbraunen Augen auf mich und klemmt eine dauergewellte Haarsträhne hinters Ohr. Irgendwann hab ich dann ihren strumpfsockigen Fuß auf meinem Gemächt, dass es mir die Augen rausdrückt. Ich muss husten und der Semmelknödel hüpft in meiner Kehle rauf und runter, rauf und runter … Wie ich aufsteh, hängt ein lila Faden von ihrem Strumpf an meinem Reißverschluss und sie hat eine fette Laufmasche. Und obwohl die Oma später brüllt: »Schau Bub, du hast da einen lila Faden an deinem Hosenstall«, und noch später: »Schau Roxana, du hast da ein Trumm Laufmasche in deiner Strumpfhose«, merkt keiner was. Nach dem Essen macht die Oma die Küche und ich frag den Leopold, ob seine Roxana dabei nicht helfen kann. Der Leopold sagt: »Sie muss das nicht, wenn sie nicht mag.«

Und offensichtlich mag sie nicht. Stattdessen schaut sie eine Frauenzeitschrift an, mit unglaublich dürren Weibern und unglaublich hässlichen Frisuren. Ich helf der Oma dann in der Küche, und der Papa und der Leopold reden derweil über die Buchhandlung.

Danach gibt's Kaffee und einen Stollen von der Oma, und die Rosinen darin waren vorher monatelang im Vogelbeerschnaps geschwommen. Der Leopold hat ein Geschenk für die Oma und den Papa dabei, für mich keins, wie jedes Jahr. Die Oma kriegt eine neue Schürze mitsamt Topflappen, wie jedes Jahr. Und der Papa einen brandneuen Beatlesbildband mit ungefähr einer Million bisher unveröffentlichten Hochglanzfotos. Der Papa umarmt den Leopold mit Tränen in den Augen und der Leopold präsentiert mir papa-hinterrücks den Mittelfinger. Dann sagt er: »Lass uns doch zum Kaffee ein bisschen Beatles hören, Papa. Na, was meinst?«

Ich krieg gleich das Kotzen. Dann müssen wir bei Kaffee und Stollen und Beatles dem Leopold zuschauen, wie er auf der Couch sitzt mit dem Arm um die Roxana und der Hand auf ihrem Busen. Und wir müssen zuhören, wie er von seiner blöden Buchhandlung erzählt. Von irgendwelchen Schriftstellern, die mordswichtig sind und bei ihm ein- und ausgehen. Und von irgendwelchen Bestsellern, die seine Kasse ordentlich klingeln lassen.

»Sag einmal, Franz, wann hast du eigentlich das letzte Mal ein wirklich gutes Buch gelesen? Also, ›Fix und Foxi‹ nicht mitgerechnet?«, fragt er mich plötzlich mit provokantem Unterton.

»›Asterix und Obelix‹?«, frag ich zurück.

Er schüttelt den Kopf.

Verdammt!

»Lassen wir das«, sagt der Papa.

»Ja, jeder tut, was er kann, nicht wahr?«, sagt der Leopold. Und dass seine Roxana überhaupt nix mehr tun muss, sagt er. Weil die schon genug mitgemacht hat. So nach dem Motto: in Rumänien hat sie gelitten, jetzt lebt sie gut – dank ihrer Titten. Der Papa ist so stolz auf ihn und die Oma kann Gott sei Dank nichts davon hören.

Nach einer Weile fragt mich der Leopold, was denn bei mir so läuft. So jobmäßig.

»Gibt's denn da überhaupt was zu tun in dem Kaff? Weil: so viel Verbrechen wird's ja da nicht geben, oder?«

Dabei grinst er dümmlich und knetet den Busen von Miss Romania.

Er hasst mich, seit ich auf der Welt bin. Weil ich nämlich Schuld hab am Tod von der Mama, sagt er. Weil die halt gleich nach meiner Geburt gestorben ist. Irgendwie haben unsere Blutgruppen und Rhesusfaktoren nicht zusammengepasst, was weiß ich. Jedenfalls ist sie gestorben und ich bin schuld. Ich hab noch in die Windeln geschissen, da hat er mir schon gesagt, dass ich ein Versager bin. Er hat gesagt, mein ganzes Leben wär ein einziger Fehler und den ersten hätt ich schon bei der Geburt gemacht. Weil ich noch nicht mal auf die Welt kommen kann wie ein anständiger Mensch, hat er gesagt. Der Leopold ist halt ein Arschloch. Aber das hab ich erst viel später begriffen. Und es ist traurig, wenn man das über seinen Bruder sagen muss. Aber so ist es halt. Er ist ein mieser Langweiler mit dem Hang zum Hinterfotzigen. Drum ist ihm auch seine erste Frau davon. Und jetzt hat er die kleine Rumänenschlampe am Hals, die mir schon bei ihrer eigenen Hochzeitsfeier an die Hose wollte. Und ich möchte wirklich gern wissen, ob er die aus dem Puff oder aus der Zeitung hat. Er sagt ja, er hätt sie in der Buchhandlung kennengelernt. Was die wohl für ein Buch gekauft hat? Vermutlich so was wie ›Wie angele ich mir einen Buchhändler mit viel Geld und wenig Hirn‹, oder ›Raus aus dem Puff und rein in den Muff‹, oder höchstens noch ›Tausendundeine Idee für künstliche Fingernägel‹. Jedenfalls liebt der Läobold die Rumänen-Roxy und sie verarscht ihn halt. Was wiederum ein eher feiner Zug an ihr ist.

Dann, wo die Oma ins Bett geht, hören wir im Bayerischen Rundfunk die ›Heilige Nacht‹ vom Ludwig Thoma an. Die Roxana nicht, sie hat derweil einen Kopfhörer auf und feilt sich die künstlichen Nägel. Sie schaut eben lieber Fernsehen. Am liebsten Sendungen, wo frustrierte Ehefrauen kreuzdummer Männer vertauscht werden oder wo ein Zwitterding zwischen Klosterfrau und Sado-Maso-Domina irgendwelchen Kindern von Gratlerfamilien auf der stillen Treppe Zucht und Ordnung beibringt. Sozialpornos halt. Jedenfalls kann ich dann beim Radiohören den Leopold ganz exakt beobachten. Und er macht praktisch alles genauso wie der Papa. Wenn der Papa beim Zuhören lächelt, huscht auch dem Leopold ein Grinser übers Maul. Wenn der Papa glasige Augen kriegt, von all der Wehmut, quetscht sich auch der Leopold ein Tränlein aus dem Winkel. Er ist eine Schleimsau sondergleichen.

Kapitel 2

Kurz vorm Schluss vom Thoma läutet das Telefon. Und zwar das dienstliche. Ich merk's gleich gar nicht, weil's halt nicht so oft läutet und schon gar nicht in der Nacht. Genau genommen hat es in der Nacht zuletzt im April geläutet, so kurz nach drei. Es war der Simmerl, der damals angerufen hat. Weil er halt mit einem Riesenrausch im Gesicht mit seinem BMW samt Sauhänger in die Telefonzelle am Rathaus gefahren ist und hernach behauptet hat, die ist da noch nie gestanden. Die steht da schon seit der Erfindung der Telefonzellen, aber scheiß drauf. Der Simmerl hat hinterher eine neue bezahlt und die war dann nicht mehr gelb, sondern rosa. Ja, das war jedenfalls der letzte nächtliche Einsatz für mich. Und da ist es dann schon ziemlich ärgerlich, wenn's das ganze Jahr über ruhig ist, und grad an Weihnachten, wennst' so zwei, drei Glaserl Glühwein intus hast, läutet das blöde Teil. Andererseits ist es dann schon wieder ziemlich gut, weil: da schaut er jetzt nämlich blöd, der Leopold.

»Ja«, sag ich so. »Das ist halt ein verdammter Stress bei der Polizei. Da hast noch nicht einmal in der Weihnachtsnacht deine Ruh.«

Dann weck ich den Ludwig auf und wir ziehen los. Die Frau am Telefon (das ist die von neulich, die mit der Mütze, bei der der Flötzinger demnächst Rohre verlegt) hat vom Sonnleitnergut aus angerufen und war ziemlich hysterisch. Sie hat gesagt, es schleicht sich jemand ums Haus und sie hat eine Mordsangst. Und auch das Klärchen. Mir war's auch nicht grad wohl, weil mir das alte Gut ja schon als Kind gruselig war. Aber wo die da jetzt zu zweit dort sind, denk ich mir, ist es vielleicht nicht gar so schlimm. Und dann haben sie doch auch noch den Hund, wobei der vielleicht nicht so arg hilfreich ist. Aber Hund bleibt Hund. Weil: wenn jemand dem Herrle oder Fraule was tun will, wird ein jeder Hund zur Bestie. Außer vielleicht, der Täter hat eine Weiße dabei. Dann schaut's eher schlecht aus.

Jedenfalls fahren wir dann mitten in der Nacht durch den Wald und kommen schließlich am Gut an, der Ludwig und ich. Und da ist eben diese Frau Dechampes-Sonnleitner im Nachthemd mit der Mütze im Arm und passt uns schon am Gartentürl ab. Sie ist ziemlich verdattert, dass die Polizei, die wo sie gerufen hat, jetzt ich war. Weil: sie hat mich wahrscheinlich für einen Bauernlackel gehalten oder einen Gas-Wasser-Heizungs-Pfuscher, oder was weiß ich. Jedenfalls nicht für einen Bullen, das sagt sie so oder ähnlich. Dann frag ich sie, was genau passiert ist, und ob ich noch mit dem Klärchen reden kann. Weil: ich hab vermutet, das Klärchen ist ein älteres Weiblein, vielleicht die Tante oder Oma oder so. Ich hab das so geglaubt, weil meine eigene Oma immer die Leni war im ganzen Dorf, bis sie dann zu schrumpeln angefangen hat. Wie sie halt älter wird und älter, wird sie halt auch kleiner und schrumpeliger. Vorher Weintraube, später Rosine. Und wie die Oma dann Rosine war, hat sie halt nicht mehr Leni geheißen, sondern Lenerl. Weil auf winzige schrumpelige Menschen so ein -erl ganz gut passt. Hab dann also gemeint, Klärchen war früher eine Klara und da jetzt Rosine, eben nun Klärchen. Es stellt sich aber raus, dass die Mütze Klärchen heißt. Was aber auch passt, weil die auch klein ist und schrumpelig.

Ja, und dann nehm ich erst mal die Personalien auf. Natürlich nicht vom Klärchen, sondern von der Besitzerin davon. Einen Pass hat sie grad nicht zur Hand, was aber wurst ist, weil sie ja sprechen kann: Halbfranzösin, väterlicherseits. Vorname: Mercedes. Mercedes! Benz! Achtundzwanzig Jahre, eins-zweiundsechzig groß, einundfünfzig Kilo. Dunkelbraune Haare, Augenfarbe blau. Sie beantwortet alles einwandfrei.

Erst bei der Frage nach dem Brustumfang wird sie stutzig. Ich mach dann die Taschenlampe an und such im Schnee nach Fußspuren. Werde auch fündig und kann die Abdrücke sofort identifizieren. Weil halt sonst niemand im Dorf solche Quadratlatschen hat wie der Flötzinger. Die Spuren führen von der Einfahrt her auf einen Stapel Brennholz, der an einem Schupfen lehnt und einen perfekten Aufstieg auf denselben ermöglicht. Da kraxele ich dann rauf und hab einen großartigen Blick in das einzige beleuchtete Zimmer. Auf dem Schupfendach neben meinen eigenen Fußspuren: die Quadratlatschen. Ich schau mir das so an, ziemlich lang sogar, weil: will professionellen Eindruck machen. Sie steht da in dem dünnen Fetzen und friert unübersehbar kolossal. Die Mütze liegt wieder in der Bauchmulde vom Ludwig und friert genauso. Irgendwann sag ich dann: »Also, der Kerl ist da oben gestanden und hat Ihnen durchs Fenster geglotzt?«

»Genau da oben«, sagt sie und deutet auf den Schupfen.

»Wie lang ungefähr?«

»Ja, das weiß ich doch nicht. Eine Zeit lang vermutlich. Wie ich ihn dann bemerkt hab, ist er natürlich weg wie nichts.«

»Weg wie nix, also? Und beschreiben könnens' ihn nicht?«, frag ich, obwohl der Täter längst feststeht.

Sie schüttelt den Kopf.

»Es war doch stockfinster da draußen.«

Pause.

Dann: »Ich hab solche Angst.«

»Da brauchens' jetzt gar keine Angst haben, Frau, ich kümmere mich drum«, sag ich ziemlich heroisch.

Sie nickt und lächelt. Dankbar.

»Alles klar«, sag ich. »Ich werde die Angelegenheit regeln. Jetzt gehen Sie schön ins Haus, ich werde Sie morgen über den Stand der Ermittlungen informieren.«

Dann fahr ich zum Flötzinger.